헌정사

이 책을 나의 아내 라베른과 나의 가족과 전 세계에 있는 도브크리스천펠로우십 인터내셔널(Dove Christian Fellowship International) 가족에게 바친다. 우리는 거의 30년 동안 함께 주님을 섬기는 특권을 누렸다. 또한 인생 가운데 강력한 영적 기초를 놓기 위해 이 책을 읽는 모든 독자들에게 바친다. 무엇보다도 우리 가운데 그분의 생명을 세우겠다고 약속하신 분, 우리 주 예수 그리스도께 이 책을 드린다. 나는 그분께 영원히 감사드린다.

이 닦아 둔 것 외에 능히 다른 터를 닦아 둘 자가 없으니
이 터는 곧 예수 그리스도라 (고전 3:11)

Discovering the Basic Truths of Christianity

by Larry Kreider

Copyright ⓒ 2009 by Larry Kreider
Published by Destiny Image
P. O. Box 310, Shippensburg, PA 17257-0310

Korean Translation Copyright ⓒ 2011 by PureNard
2F 774-31, Yeoksam 2dong, Gangnam-gu, Seoul, Korea
The Korean edition is published by Arrangement with Destiny Image All rights reserved.

본 제작물의 한국어판 저작권은 Destiny Image와의 독점 계약으로 한국어 판권은 '순전한 나드'가 소유합니다. 저작권자의 허락 없이 이 책의 일부 또는 전체를 무단 복제, 전재, 발췌하면 저작권법에 의해 처벌을 받습니다.

신앙의 기초 세우기

초판발행 | 2013년 2월 26일

지 은 이 | 래리 크레이더
옮 긴 이 | 김광석

펴 낸 이 | 허철
편　　집 | 김혜진
디 자 인 | 이보다나
인 쇄 소 | 예원프린팅

펴 낸 곳 | 도서출판 순전한 나드
등록번호 | 제2010-000128
주　　소 | 서울 강남구 역삼2동 774-31 2층
도서문의 | 02) 574-6702 / 010-6214-9129
편 집 실 | 02) 574-9702
팩　　스 | 02) 574-9704
홈페이지 | www.purenard.co.kr

Printed in Korea

ISBN 978-89-6237-136-9 03230

신앙의 기초 세우기

래리 크레이더 지음 | 김광석 옮김

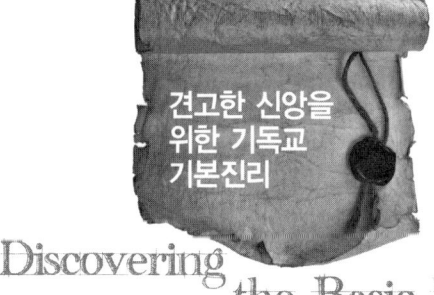

견고한 신앙을 위한 기독교 기본진리

Discovering the Basic Truths of CHRISTIANITY

감사의 글

업무능력이 탁월한 나의 비서이자 편집자인 캐런 루이즈에게 특별히 감사를 표한다. 또한 전 세계의 수많은 DCFI 가족들에게 감사를 드린다. 그들은 나와 거의 30년 동안 함께 섬기며 성경의 기본진리들을 배웠다. 우리는 영적 여정을 함께하며 하나님의 말씀에서 나온 이 진리들을 삶으로 살아내는 법을 계속해서 배우고 있다.

그리스도의 몸으로서 다양한 교단에 속한 수많은 영적 지도자들에게도 감사를 드린다. 그들은 이 책을 형성하는 데 셀 수 없이 많은 영적 통찰들을 제공해 주었다.

그리고 DCFI 리더팀에게 매우 감사하다는 말을 전하고 싶다. 나는 25년 이상 그들과 함께 섬기는 영예를 누렸으며, 그들은 지칠 줄 모르는 열정으로 사역에 임하여 나에게 이 책을 쓸 여유를 허락해 주었다. 그들과 함께 주님을 섬기는 것이 너무나 즐겁다!

추천사

예수 그리스도의 몸인 교회를 향한 래리 크레이더의 열정은 다차원적이다. 복음전도의 기폭제이며 교회개척의 선구자인 크레이더 목사는 초신자들에게 삶을 변화시키는 진리를 불어넣어 준다. 또한 하나님 나라의 지속적인 성장을 위해 참된 제자들을 세우고, 그들이 삶으로 증거하며 건강하게 성장할 수 있도록 유용한 자료를 제공해 준다.

★ 잭 W. 헤이포드(Jack W. Hayford)
인터내셔널 포스퀘어처치스교단 회장, 킹스칼리지 & 세미너리 학장

우리는 교회 안에서 너무나 많은 경우 기초를 무시한다. 제대로 성장하지 못한 채 어린아이와 같은 신앙에 머무는 성도들이 많은 것도 이 때문이다. 나는 래리 크레이더가 억지로라도 우리를 다시 기독교의 기본진리로 이끌어주어 마냥 기쁘다. 그의 책은 당신이 진실로 믿고 있는 것이 무엇이며, 또한 그것이 실제 삶 가운데 어떻게 역사하는지를 알게 해 줄 것이다. 래리는 그리스도의 몸에 놀랍고 귀한 보화를 선물하였다!

★ C. 피터 와그너(C. Peter Wagner)
와그너리더십협회 학장

목차

_4 감사의 글
_5 추천사
_8 들어가는 말

PART I | 예수 그리스도를 주님으로 모시기

_12 Chapter 1 견고한 기초를 세우는 법
_25 Chapter 2 대가를 계산하라
_36 Chapter 3 주님을 향한 완전한 신뢰
_47 Chapter 4 차가운가? 뜨거운가? 아니면 미지근한가?

PART II | 새로운 삶의 방식

_60 Chapter 5 행위 vs 믿음
_74 Chapter 6 진정한 믿음
_87 Chapter 7 강력한 혼합물, 믿음과 말씀
_98 Chapter 8 우리는 승리의 삶을 살 수 있다

PART III | 신약성경의 세례들

_114 Chapter 9   물세례
_126 Chapter 10 더 많은 세례들
_137 Chapter 11 성령세례 I
_149 Chapter 12 성령세례 II

PART Ⅳ | 영원을 위한 삶

- **166** Chapter 13 　축복과 치유의 임파테이션
- **177** Chapter 14 　권세의 임파테이션
- **187** Chapter 15 　우리는 영원히 살 것이다
- **198** Chapter 16 　하나님은 모든 자를 심판하신다

PART Ⅴ | 저주로부터의 자유

- **212** Chapter 17 　저주란 무엇인가?
- **225** Chapter 18 　원수가 훔쳐간 것 되찾기
- **239** Chapter 19 　예수의 이름으로 자유하기
- **255** Chapter 20 　당신도 완전히 자유할 수 있다

PART Ⅵ | 하나님의 은혜 안에 살기

- **274** Chapter 21 　은혜란 무엇인가?
- **288** Chapter 22 　하나님의 은혜에 반응하기
- **300** Chapter 23 　산을 향해 은혜 선포하기
- **312** Chapter 24 　일상을 위한 은혜

- **324** 참고도서

들어가는 말

장엄한 종탑을 세우기 위해 일꾼들이 첫 번째 돌을 놓았다. 그들의 건축 자재와 기술은 르네상스 시대 당시 최고였다. 그러나 얼마 안 되어 무언가가 엄청나게 잘못되었다는 것이 드러났다. 건물이 약간 '기운 것'이 눈에 보이기 시작한 것이다.

탁월한 디자인으로 인해 사람들은 건물의 기초에 생긴 문제에 대해 개의치 않았다. 그런데 불행하게도 이 종탑은 해발 3미터밖에 되지 않는 진흙 위에 세워졌다. 이런 배경 속에 탄생한 '피사의 사탑'은 오늘날 건축학계에서 기이한 건물로 명성이 높다.

거의 40년 동안 청소년 사역자와 목사 그리고 지도자로 섬기면서, 나는 전 세계에서 갓 믿은 그리스도인들의 삶 가운데 이와 동일한 시나리오가 펼쳐지는 것을 목도했다. 많은 사람들이 예수 그리스도에 대한 믿음과 뜨거운 열정으로 신앙생활을 시작하지만, 예기치 못한 문제에 부딪칠 때 속수무책으로 무섭게 침몰하기 시작한다. 우리는 젊은 그리스도인들(그리고 충분히 잘 알 만한 연륜의 그리스도인들)이 그들의 능력과 은사 그리고 비전의 자재를 사용하여 결함이 있는 종탑을 세우는 모습을 보았다. 불행하게도 그들의 기초는 피사의 사탑을 받치고 있는 진흙처럼 불안했다. 이러한 신앙을 청산하고 새로운 삶을 살고자 한다면, 견고한 성경적 기초가 필요하다.

그리스도인의 믿음은 예수 그리스도와 우리에게 주신 그분의 말씀인 성경의 기초 위에 세워져야 한다. 이 책은 기독교 교리의 기초를 담고 있다. 신앙의 영적 기반을 견고히 하려면 이러한 기초들이 매우 중요하다.

《신앙의 기초 세우기》(Discovering the Basic Truths of Christianity)에서 우리는 예수 그리스도와 그분이 주시는 은혜와 자유, 그리고 히브리서 6장 1-2절에서 발견할 수 있는 기초적인 진리 위에 집을 세울 것이다.

하나님의 말씀에서 유래한 이 진리들은 오늘날의 다양한 이야기와 함께 제시되어 기독교의 기본진리를 쉽게 이해하는 데 도움이 될 것이다. 만일 당신이 이미 성숙한 그리스도인이라면 이 책은 다른 사람들을 멘토링하는 데 유용한 도구가 될 것이다. 그분의 말씀이 오늘 당신에게 생명이 되길 기도한다.

하나님의 축복이 함께하시길!

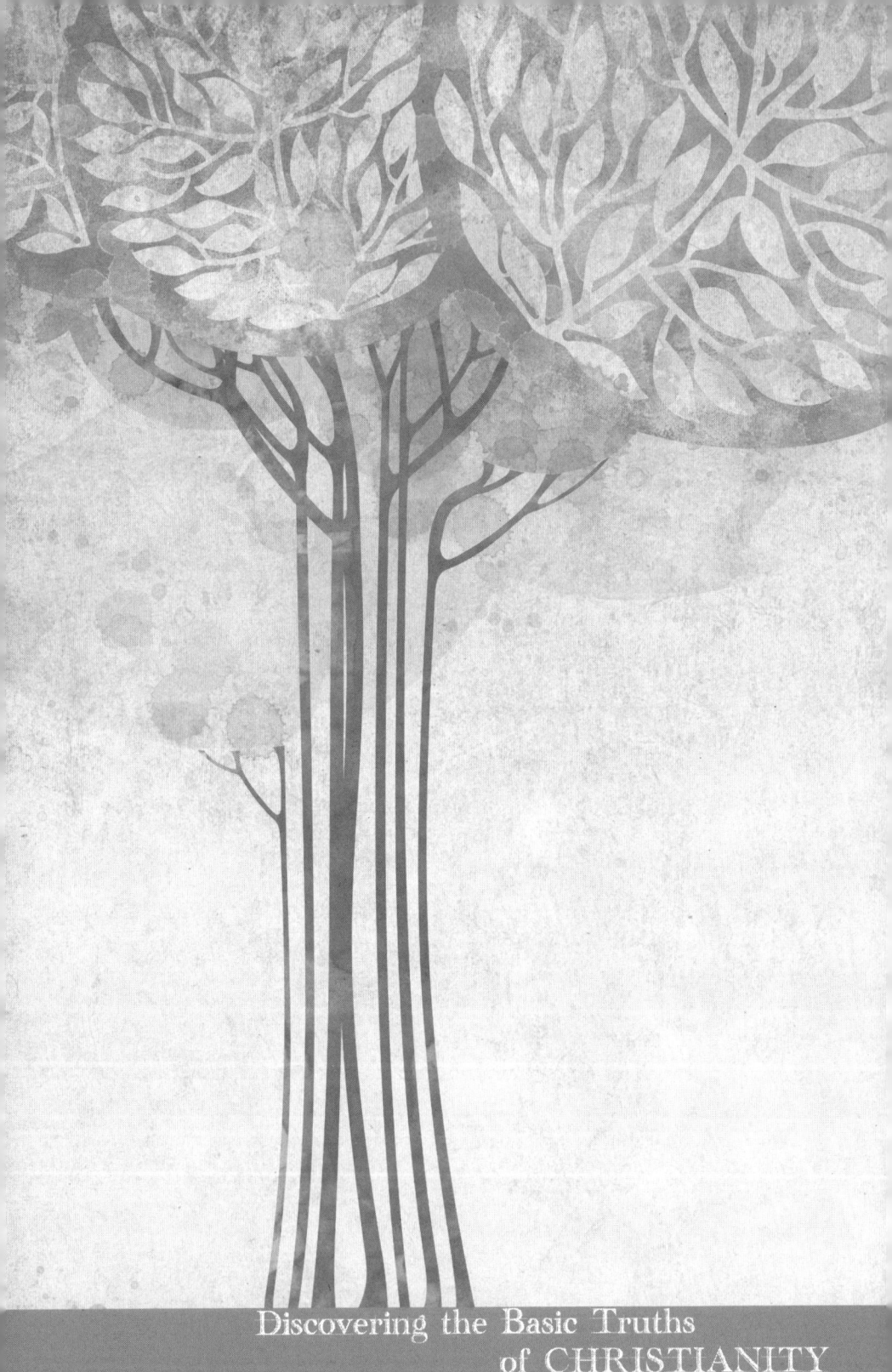
Discovering the Basic Truths of CHRISTIANITY

PART 1
예수 그리스도를 주님으로 모시기

어떻게 해야 놀라우신 하나님과 관계를 맺을 수 있을까? 바로 예수 그리스도를 통해서이다. 하나님은 주도권을 가지시고 먼저 예수 그리스도 안에서 자신을 계시하셨다. 그분은 그리스도를 통해 우리에게 다가오셨다. 우리는 예수님을 앎으로써 아버지 하나님을 알 수 있다. 예수님을 통해 우리는 아버지 하나님을 본다. 그러므로 하나님을 알기 위해 예수 그리스도를 영접하고 믿어야만 한다. 어떤 사람들은 하나님께로 가는 방법이 많다고 말하지만 성경은 그렇게 말하지 않는다. 즉 어느 누구도 예수 그리스도를 통하지 않고서는 하나님께로 가지 못하며, 천국에도 갈 수 없다(요 14:6, 행 4:12). 우리는 예수께서 "길이요 진리요 생명"이신 것을 믿어야 한다. 왜냐하면 오직 예수 그리스도를 통해서만 하나님께로 갈 수 있기 때문이다(요 14:6).

견고한 기초를
세우는 법

예수님과의 개인적인 만남

오래 전에 나는 건설 현장에서 인부로 일했다. 당시 나는 집을 짓는 데 가장 중요한 첫 번째 단계가 견고한 기초를 놓는 것이라는 것을 배울 수 있었다. 마찬가지로 그리스도인의 삶도 예수 그리스도라는 견고한 기초 위에 세워져야만 한다. 그분은 기독교 신앙의 기초이시다. "이 닦아 둔 것 외에 능히 다른 터를 닦아 둘 자가 없으니 이 터는 곧 예수 그리스도라"(고전 3:11). 만일 그리스도가 아닌 다른 것에 기초를 세운다면 우리의 영적 기초는 잘못되어 시험과 폭풍이 몰려오면 쉽게 무너지고 말 것이다. 시험은 반드시 온다. 그러나 만일 기초가 탄탄하면 바람이 아무리 강하게 분다 할지라도 흔들림 없이 설 수 있다.

일단 당신이 그리스도와 개인적으로 교제하는 기초를 제대로 놓는다면 계속해서 견고히 설 수 있을 것이다. 그리스도께서는 "내가 곧 길이요 진리요 생명이니 나로 말미암지 않고는 아버지께로 올 자가 없느니라"고 말씀하셨다 (요 14:6).

많은 사람들이 그리스도인이 된다는 것의 의미를 오해하고 있다. 어떤 사람들은 미국과 같은 기독교 국가에 살면 모두가 그리스도인이라고 생각한다. 다른 사람들은 부모가 그리스도인이기 때문에 자신도 그리스도인이라고 생각한다. 그러나 예수님의 제자가 된다는 것은 인종이나 국가, 가족과 같은 배경에 근거하지 않는다. 그 근거는 관계에 있다. 하나님에 대해 안다고 해서 그분을 개인적으로 아는 것은 아니다. 당신은 영국 여왕에 대해 알고 있을지 모르지만, 아마도 그녀를 개인적으로는 모를 것이다. 이와 마찬가지로 하나님과 관계를 맺지 않고서 그분을 알 수는 없다. 기독교는 살아 계신 하나님과 관계를 맺는 것이다.

리즈는 옆집에 새로운 이웃이 이사 온 후로 기독교에 끌렸다. 그녀는 다음과 같이 말했다. "쥬디는 하나님에 대해 아주 친밀한 용어를 사용해서 말해요. 그래서 저는 그녀가 정말로 그분을 잘 안다는 것을 알 수 있었죠. 그녀는 하나님께서 마치 그녀와 함께 한 집에 사시는 것처럼 행동했어요." 쥬디처럼 하나님과 친밀한 관계를 맺고 싶었던 리즈는 자신의 삶을 그리스도께 내어드렸다.

그리스도인의 삶의 기초는 우리와 개인적으로 교제하기 원하시는 예수 그리스도 위에 세워져야만 한다. 이 책을 통해 하나님께서 예수 그리스도를 통해 우리에게 계시되신다는 사실을 알게 될 것이다.

영생은 곧 유일하신 참 하나님과 그가 보내신 자 예수 그리스도를 아는 것이니이다
(요 17:3)

하나님은 우리를 개인적으로 알기 원하신다

우주와 그 안에 있는 모든 것은 질서와 모양을 가지고 있다. 우주의 복잡한 구조와 아름다움은 어딘가에 매우 탁월한 창조주가 있다는 것을 암시한다. 하나님은 그분을 드러내시기 위해 우주를 아름답게 지으셨다(시 19:1). 로마서 1장 20절에서 사도 바울은 하나님께서 자연을 통해, 그리고 하나님에 대한 내적·본능적 인식을 통해 그분을 우리에게 알리셨다고 말한다(롬 1:20).

자연을 통해 우리는 그분의 존재에 대한 증거를 발견하지만, 거기에 머무는 것이 아니라 실제로 그분을 믿음으로 받아들여야 한다.

> 믿음이 없이는 하나님을 기쁘시게 하지 못하나니 하나님께 나아가는 자는 반드시 그가 계신 것과 또한 그가 자기를 찾는 자들에게 상 주시는 이심을 믿어야 할지니라
> (히 11:6)

만일 누군가가 하나님을 믿고 싶지 않다면, 그는 그 이유를 많이 찾아낼 수 있다. 그러나 이에 대해 자세히 생각해 보면, 실제로는 하나님을 믿는 것보다 믿지 않는 데 더 많은 믿음이 필요하다. 아름다운 석양을 바라보라. 아니면 해변에 부서지는 파도를 보라. 그러면 이 모든 것을 지으신 디자인의 대가 창조주 하나님을 믿지 않는 것이 오히려 더 힘들다.

많은 사람들은 하나님을 우리와 동떨어진 세계에 계신 비인격적인 존재로, 그리고 피조물을 무관심하게 바라보다가 그들이 자신의 삶에 역사해 달라고 간절히 부탁할 때에만 개입하시는 분으로 생각한다. 그러나 이런 관점은 완전히 잘못된 것이다.

성경은 인간을 찾으시는 하나님에 대해 끊임없이 이야기한다. 왜냐하면

그분은 인간과 교제하길 원하시기 때문이다. 우주의 창조주이시며 통치자이신 하나님은 만세 전에 계셨고, 그분의 형상을 따라 사람을 만드셨다. 하나님은 "우리의 형상을 따라 우리의 모양대로 우리가 사람을 만들고"라고 말씀하셨다(창 1:26). 그분은 인간이 그분의 형상을 반영하길 원하셨다. 우주의 창조주께서는 우리와 개인적인 관계를 맺고 싶어 하신다! 그분은 우리가 그분을 알길 원하시고, 우리의 가장 친한 친구가 되길 원하신다(요일 4:9).

예수, 하나님께 이르는 유일한 길

우리는 하나님 그리고 이웃과 친밀한 사랑의 관계를 맺기 위해 지음 받았다. 관계는 하나님의 중심에 있다. 우리는 어떤 것에도 방해받지 않는 하나님과의 친밀한 관계를 누리기 위해 지음 받은 존재다. 누구보다 하나님께서 그것을 원하셔서 우리를 창조하셨다. 그러나 최초의 인간인 아담과 하와는 죄 없이 창조되어 에덴동산에서 하나님과 완전한 교제를 누렸지만, 하나님께 반역했다. 하나님이 금하신 동산 중앙의 나무 열매를 먹어도 된다고 유혹하는 사탄의 궤계에 넘어가 불순종의 죄를 범하여 에덴에서 쫓겨난 것이다(창 3:6, 14-19).

하나님은 그들이 죄 가운데 멸망하도록 내버려두셨는가? 아니다! 그분은 그들을 사랑하셨고 계속해서 그들에게 다가가셨다. 성경에서 우리는 인간이 하나님을 찾는 것이 아니라, 하나님께서 인간에게 다가가시는 모습을 볼 수 있다.

> 너희가 나를 택한 것이 아니요 내가 너희를 택하여 세웠나니 (요 15:16)

그러나 인간이 어떻게 영원하신 하나님을 알 수 있는가? 하나님은 무한

하시고, 전능하시며, 전지하시다(사 40:12-18, 55:8-9). 이처럼 놀라우신 하나님과 어떻게 해야 관계를 맺을 수 있을까? 바로 예수 그리스도를 통해서이다. 하나님은 주도권을 가지시고, 먼저 예수 그리스도 안에서 자신을 계시하셨다. 그분은 그리스도를 통해 우리에게 다가오셨다. 우리는 예수님을 앎으로써 아버지 하나님을 알 수 있다. 예수님께서는 친히 다음과 같이 말씀하셨다.

> 너희가 나를 알았더라면 내 아버지도 알았으리로다 … 나를 본 자는 아버지를 보았거늘 어찌하여 아버지를 보이라 하느냐 (요 14:7, 9)

예수님을 통해 우리는 아버지 하나님을 본다. 그러므로 하나님을 알기 위해 예수 그리스도를 영접하고 믿어야만 한다.

어떤 사람들은 하나님께로 가는 방법이 많다고 말하지만, 성경은 그렇게 말하지 않는다. 즉 어느 누구도 예수 그리스도를 통하지 않고서는 하나님께로 가지 못하며, 천국에도 갈 수 없다(요 14:6, 행 4:12). 성경은 모든 사람이 구원을 받는 것은 아니며(마 25:41-42), 우리가 얼마나 진지한지와 상관없이 무엇을 믿느냐가 정말로 중요하다고 말한다(행 17:22-31).

우리는 예수께서 "길이요 진리요 생명"이신 것을 믿어야 한다. 왜냐하면 오직 예수 그리스도를 통해서만 하나님께로 갈 수 있기 때문이다(요 14:6).

죄로 인해 잃은 바 된 자

하나님이 보시기에 의로운 자가 되기 위해, 우리는 먼저 우리가 잃은 바 된 자라는 사실을 깨달아야만 한다.

모든 사람이 죄를 범하였으매 하나님의 영광에 이르지 못하더니 (롬 3:23)

우리 모두는 죄를 범하였다. 헬라어로 죄는 '과녁(하나님의 완전한 뜻)을 벗어나다'란 뜻을 지닌다.[1] 사람이 매번 과녁의 정중앙을 맞추기란 불가능한 일이어서 우리는 때로 그것을 벗어난다. 하나님의 완전한 뜻의 과녁을 벗어난 상태를 일컫는 죄는(이는 그분의 말씀인 성경에 계시되어 있는 대로다) 우리를 하나님에게서 분리시킨다. 우리 모두는 하나님께 불순종했고, 그 때문에 예수님께서 인류의 죄의 문제를 해결하기 위해 오셨다. 그분은 먼저 우리에게 죄가 있음을 말씀하시고 그 죄를 깨닫게 하신다.

그가 와서 죄에 대하여, 의에 대하여, 심판에 대하여 세상을 책망하시리라 (요 16:8)

19세기의 전도자인 D. L. 무디에게 누군가가 물었다. 그것은 자신이 한두 가지의 아주 작은 죄를 범했을 뿐인데, 하나님께서 어떻게 그를 거절하실 수 있는지에 관한 것이었다. 무디는 그의 질문에 이렇게 대답했다. "만일 어떤 사람이 쇠사슬에 묶인 채 공중에 매달려 있다고 합시다. 그 쇠사슬의 고리들이 아무리 완벽한 상태에 있을지라도 단 하나의 고리라도 약해지면 그는 땅으로 떨어지게 됩니다. 마찬가지로 우리가 하나님으로부터 영원히 분리되는 데는 단 하나의 죄만으로도 충분합니다."[2] 무디의 말이 옳다. 아무리 사소한 것이라도 한 가지 죄만 범해도 우리는 하나님에게서 분리된다. 하나님은 우리를 사랑하시지만, 그분은 죄를 미워하신다.

죄는 마치 암과 같다. 만약 가족 중 한 명이 피부암에 걸려 팔에 종양이 생겼다면, 나는 볼 때마다 그것을 미워할 것이다. 죄에 대해 하나님도 이와 같이 느끼신다. 그분은 죄가 그분과 교제하기 위해 만드신 자들을 파괴시킨다는 것을 아신다. 하나님은 우리를 사랑하신다. 그분은 우리를 멸하길 원치 않으신다. 그러나 우리가 고집스럽게 죄를 붙든다면, 우리는 그로 인해 멸망할 것이다.

일단 우리가 과녁을 벗어났다는 것을 깨달았다면, 주님께서 정죄를 받아 잃은 바 된 우리를 구해 주실 수 있다는 것을 믿어야 한다(요 3:18).

회개하고 믿으라

하나님께서는 그분의 크신 자비와 사랑 때문에 죄에 빠진 인류를 그대로 두실 수가 없었다. 그분은 우리를 너무 사랑하셔서 우리가 죄 가운데 멸망하는 것을 원치 않으셨다. "오직 주께서는 너희를 대하여 오래 참으사 아무도 멸망하지 아니하고 다 회개하기에 이르기를 원하시느니라"(벧후 3:9).

우리가 죄 가운데 죽는 것은 하나님의 뜻이 아니다. 그러나 죄는 무서운 형벌, 즉 사형의 형벌을 요구한다. "죄의 삯은 사망"(롬 6:23)이라는 말씀에 따라 우리는 죄의 삯으로 사망이라는 대가를 지불해야 하는 것이다.

우리가 행한 대로 받는 것이 마땅하다. 만일 우리가 죄를 지으면, 즉 하나님을 떠나 혼돈과 무질서 가운데 행했다면 그에 대해 우리가 받는 삯은 사망이다(사망이란 영원히 하나님과 영적으로 분리되는 것이다). 그러나 기쁜 소식은 하나님께서 탈출구를 제공하신다는 사실이다. 비록 죄의 삯이 사망이지만, 하나님은 예수 그리스도를 통해 우리에게 구원과 영생을 거저 주신다. "하나님의 은사는 그리스도 예수 우리 주 안에 있는 영생이니라"(롬 6:23).

하나님은 예수님을 보내셔서 새 나라를 주셨으며, 주님은 그 나라를 우리 마음속에 세우러 오셨다. 우리가 죄를 회개하고 그분의 복음의 진리를 믿을 때 이런 일이 일어난다. "예수께서 갈릴리에 오셔서 하나님의 복음을 전파하여 이르시되 때가 찼고 하나님의 나라가 가까이 왔으니 회개하고 복음을 믿으라 하시더라"(막 1:14-15).

하나님의 뜻은 모든 사람이 죄에서 돌이켜 그분께로 돌아가는 것이다. 그분은 모든 사람이 참된 회개의 자리로 나오길 원하신다. 왜냐하면 하나님께서 친히 "어디든지 사람에게 다 명하사 회개하라"고 하셨기 때문이다(행 17:30).

회개는 '바꾸다, 돌아서다, 방향을 전환하다, 변화하다'란 뜻이다.[3] 만일 당신이 어떤 방향을 향해 가고 있는데 그 상황에서 회개하는 것은 돌이켜 반대 방향으로 가기로 결단하는 것을 의미한다. 만일 자동차를 타고 가는데 잘못 가고 있다는 것을 깨닫는다면 돌이켜서 방향을 바꾸어 가야만 한다. 이처럼 회개는 실질적으로 마음과 행동을 바꾸는 것을 뜻한다.

어느 날 내 친구가 운전을 하며 기독교방송을 듣고 있었다. 그런데 이런 내용의 설교가 라디오에서 흘러나왔다. "지금 누군가가 길을 달리고 있습니다. 그런데 그는 당장 방향을 돌려 하나님께로 가야만 합니다." 말씀을 들은 친구는 마음에 찔림을 받았다. "바로 내가 그런데!" 그는 차를 도로변에 세우고는 눈물로 지금껏 지은 죄를 회개하고 그리스도를 따르기로 결심했다. 그 이후로 그의 인생은 완전히 달라졌다. 이처럼 자신의 죄를 깨달았을 때, 우리는 인생의 방향을 돌려 하나님 아버지께로 가야만 한다.

회개에 대한 좋은 설명을 하나 소개하겠다.

> *회개란, 삶 가운데 하나님을 기쁘시게 하지 못하는 모든 것에서 돌아서기로 결단하는 것이다. 그분을 마음에 초청하기 전, 자신의 힘으로 더 나은 자가 되기 위해 하는 것이 아니다. 반대로 우리가 우리 자신을 용서하거나 개선할 수 없기 때문에 그분이 우리에게 오셔야 하는 것이다. 그리고 주님이 우리 안에 오실 때, 그분이 원하시는 대로 모든 것을 바꾸실 수 있도록 그분의 뜻에 순종해

야 한다. 거기에는 어떤 저항도 있을 수 없으며, 우리의 요구를 관철시키기 위해 타협하려고 해서도 안 된다. 오히려 그리스도의 주 되심에 무조건 항복해야만 한다.4)

예수님을 '주님'으로 고백하라

우리는 죄로 인해 하나님으로부터 분리된 우리를 예수 그리스도께서 구원하실 수 있다고 믿고 고백함으로써 그리스도께로 나아간다. 서로에 대한 헌신을 고백함으로 부부의 결혼관계가 시작되는 것처럼, 예수 그리스도를 우리의 주님으로 인정함으로 하나님과의 관계가 시작된다. "네가 만일 네 입으로 예수를 주로 시인하며 또 하나님께서 그를 죽은 자 가운데서 살리신 것을 네 마음에 믿으면 구원을 받으리라"(롬 10:9).

한 친구는 자신이 그리스도인이 맞는지에 대한 확신이 서지 않아 고민했다. 나는 그에게 성경을 내밀며 로마서 10장 9절을 읽어 보라고 했다. 이 구절을 반복해서 읽자 마침내 그의 마음속에서 믿음이 솟아올랐다. 어느 날 그는 상기된 얼굴로 말했다. "이제는 내가 정말로 그리스도인이라는 것을 알겠어." 왜 이제야 알게 되었는가? 그는 더 이상 믿음의 근거를 그의 감정에 두지 않고 하나님의 말씀에 두었기 때문이다. 그는 자신의 입으로 예수님이 주님이심을 고백했고 참된 구원을 경험했다.

예수 그리스도를 우리 삶의 주님으로 안다는 것은 무슨 의미인가? '주님'이란 단어는 '통치자, 왕, 상사, 우리 삶을 완전히 주관하시는 분'이란 의미를 갖는다. 그러나 이것은 그 이상의 것이다. 그분을 주님으로 고백한다는 것은 또한 그리스도의 신성을 고백하는 것이다. 예수님을 주님으로 모실 때, 우리는 그분이 우리 삶의 모든 것을 통치하실 뿐만 아니라 그분이 하나님이신 것을 고백하는 것이다.

예수님께서 이 땅에 계실 당시 통치자였던 시저(Caesar)는 백성들에게 "시저는 주님이시다"라고 고백하도록 강요했다. 그러나 그리스도인들은 시저가 그들이 순종해야 할 최종 권위자라고 고백하기를 거부했다. 그들은 오로지 "예수님이 주님이시다"라고 선포했다. 그래서 너무나 많은 사람들이 사자에게 던져지거나 시저의 정원에서 저녁 파티를 밝히기 위한 인간 횃불이 되어 타 죽었다. 신약성경이 기록되던 시절의 초대교인들은 주님의 주되심을 분명하게 이해하고 있었는데, 그것은 그들에게 온전한 헌신을 요구했다.

성경에서 구주(Savior)란 말은 37번, 주(Lord)란 말은 무려 7,736번 언급되었다. 신약성경에는 구주란 말은 24번, 주란 말은 717번 언급되었다.5) 이 두 단어는 모두 중요하지만, 예수님께서 우리 삶의 주인이시라는 것이 더욱 강조된 것이다.

오늘날 우리는 예수님을 주님으로 고백하는 특권을 누린다. 왜냐하면 그래야만 하기 때문이 아니라 우리가 그렇게 하기로 선택했기 때문이다. 그러나 예수님이 재림하시는 날에는 모든 사람이 그분의 주 되심을 인정하고 그 앞에 무릎을 꿇을 것이다.

> 하늘에 있는 자들과 땅에 있는 자들과 땅 아래 있는 자들로 모든 무릎을 예수의 이름에 꿇게 하시고 모든 입으로 예수 그리스도를 주라 시인하여 하나님 아버지께 영광을 돌리게 하셨느니라 (빌 2:10-11)

구원을 받으라

예수님께서는 2,000년 전에 당신을 대신하여 십자가를 지셨다. 이는 다음의 사실을 알리시기 위함이었다. "그리스도께서도 단번에 죄를 위하여 죽으사 의인으로서 불의한 자를 대신하셨으니 이는 우리를 하나님 앞으로 인도하려 하심이라"(벧전 3:18).

당신이 그분을 주님으로 영접할 때, 그분은 당신을 자녀로 삼으신다. "영접하는 자 곧 그 이름을 믿는 자들에게는 하나님의 자녀가 되는 권세를 주셨으니"(요 1:12). 일전에 스코틀랜드의 청소년들에게 말씀을 전할 때, 주머니에서 돈을 꺼내어 한 청년에게 이런 제안을 했다. 나는 그에게 "당신은 '나는 이 돈을 믿습니다'라고 말할 수 있습니다"라고 말했다. 그리고 그 돈이 그의 것이 되려면 그것을 받아야만 한다는 것도 말했다. 나는 "이 돈을 받으면 이것은 내가 거저 주는 선물이 됩니다. 이 돈을 얻기 위해 당신이 한 것은 아무것도 없지만 이 돈은 당신 것입니다"라고 말했다. 물론 그는 그 돈을 받았다!

당신도 하나님께서 주시는 선물을 받아야만 구원을 얻는다. 그것은 당신이 노력한다고 해서 얻을 수 있는 것이 아니다. 당신에게 구원 받을 만한 자격이 없지만 하나님은 그것을 주신다. 그분이 당신을 사랑하시기 때문이다. 만일 하나님께서 주시는 선물을 받아들이고 예수님을 주님으로 초청한다면, 당신은 구원과 영생을 얻게 된다.

잠시 시간을 내어 예수님을 영접하는 기도를 드리라. 오늘 그리스도 안에서 새 삶을 시작하라! 당신을 격려하고 영적으로 성장할 수 있도록 도움을 줄 수 있는 사람을 찾아가 말하라. 당신이 그분을 알게 되고 그분의 음성에 반응할 때, 주님께서 당신을 놀랍게 사용하실 것을 기대하라. 이 시간 하나님께서 당신을 축복하시길 기도한다!

영접 기도

*저는 예수 그리스도를 제 삶의 주님과 왕으로 인정하고 고백합니다. 저는 그분이 죽은 자 가운데서 살아나셨다는 것을 믿습니다. 주님, 저는 제가 너무나 많이 '과녁을 벗어났으며' 제 마음대로 살았음을 고백합니다. 그러나 지금 이 순간부터 예수 그리스도를 저의 죄를 위한 대속의 제물로 받아들이고, 그 안에서 새로운 피조물이 되었음을 선포합니다. 옛 것은 지나갔고 모든 것이 새롭게 되었습니다. 그리스도는 제 안에 살아 계십니다!

그리스도를 주님으로 고백하고 그분께서 죽은 자 가운데 살아나신 것을 믿을 때, 제가 구원받았다는 것을 압니다! 저는 당신이 거저 주시는 선물인 영생을 받았습니다. 아멘!

견고한 기초를 세우는 법

|묵상을 위한 질문

1. 하나님에 관한 모든 것을 알면서도, 어떻게 실제로는 그분을 모를 수 있는가? 우리는 어떻게 하나님을 알 수 있는가?(요 14:6)

2. 당신은 무엇을 근거로 인간이 잃은 바 된 존재라는 것을 알았는가?

3. 삶에 있어서 예수님을 주님으로 영접한다는 것은 어떤 의미가 있는가?

4. 그리스도를 믿는 것과 영접하는 것의 차이는 무엇인가? 구원은 거저 주시는 선물이다. 당신은 예수 그리스도라는 하나님의 선물을 받기 원하는가?

Chapter 2

대가를 계산하라

전적인 헌신

오래 전에 청소년 사역을 하면서 젊은이들에게 "여러분이 친구와 좋은 관계를 유지하고 마음의 평안과 삶의 형통을 원한다면 예수님께 나오십시오"라고 말하곤 했다. 당시 많은 젊은이들이 예수님께 헌신했지만, 2달 후 그들은 이전의 삶으로 다시 돌아갔다. 많은 경우에 그들은 그리스도께 헌신하기 전보다 상태가 더 안 좋아졌다. 그들은 예수님이 그들의 주(主)가 되어야 한다는 사실을 이해하지 못했다. 그들은 예수 그리스도를 주님으로, 즉 그들의 삶을 다스리시는 완전한 통치자로 섬기기 위해서가 아니라 그들의 필요를 위해 예수님께 나왔다.

성경은 로마서 10장 13절에서 "누구든지 주의 이름을 부르는 자는 구원을 받으리라"고 말한다. 주의 이름을 부른다는 것은 우리가 매일 매시간 그분을 주인으로, 상사로 그리고 삶의 모든 영역의 통치자로 삼는 것을 의미한다. 그러려면 완전한 헌신이 요구된다.

많은 경우에 그리스도인들은 '약한' 예수님을 선포한다. 나도 그런 잘못을 범했다. 그러나 이런 접근법을 바꿨을 때, 영원한 열매를 보았다. 그 후로 나는 새로운 그룹의 젊은이들에게 이렇게 말했다. "예수님은 여러분의 삶의 모든 것의 주인이셔야만 합니다. 만약 필요하다면 예수님을 위해 기꺼이 죽겠습니까?" 나는 그들의 반응에 놀랐다. 예수님께서 누가복음 14장 33절에서 요구하신 대로, 그들은 그리스도께 헌신하기 전에 먼저 진지하게 대가를 계산하였다. "이와 같이 너희 중의 누구든지 자기의 모든 소유를 버리지 아니하면 능히 내 제자가 되지 못하리라." 그 결과 그들은 지속적인 변화를 경험했다.

한 사람이 스위스의 기독교 정치인에게 이렇게 질문했다. "만일 당신이 하나님에 대해 관심이 있는 청년에게 복음을 전했다고 합시다. 당신은 그에게 그리스도를 따르려면 모든 것을 포기해야 한다고 말했습니다. 그런데 그는 말씀을 받아들일 준비가 되어 있지 않았습니다. 그 직후 그가 밖으로 나갔는데 그만 자동차에 치어 죽고 말았습니다. 그렇다면 당신은 당신의 '강경 노선'에 대해 어떻게 느끼시겠습니까?" 다소 공격적인 질문에 나이 많은 스위스 신사는 이렇게 답했다. "먼저 앉아서 운 다음 몸을 추스른 후 다음 사람에게 똑같이 말할 것입니다." 그는 완전한 헌신은 영원한 헌신이라는 것을 알았다. 그는 진리를 전했고, 그것을 들은 사람이 결정을 내리도록 했다.

예수님은 완전한 헌신을 요구하신다. 참된 그리스도인은 삶의 모든 영역에서 그리스도를 주님으로 모신다. 이러한 헌신을 하기 위해 우리는 먼저 진지하게 대가를 계산해야 한다.

먼저 대가를 고려하라

큰 무리가 예수님을 따르고 있었다. 그들은 놀라운 권세를 가지고 말하는 이 새로운 지도자를 따른다는 사실에 흥분을 감추지 못했다. 그러나 예수님은 그들의 결속력이 대부분의 경우 표면적이라는 것을 아셨다. 그분은 참으로 그분을 따르는 것이 무엇을 의미하는지를 그들이 제대로 알기 원하셨다. 그래서 주님은 그들에게 이렇게 말씀하셨다. "너희 중의 누가 망대를 세우고자 할진대 자기의 가진 것이 준공하기까지에 족할는지 먼저 앉아 그 비용을 계산하지 아니하겠느냐 그렇게 아니하여 그 기초만 쌓고 능히 이루지 못하면 보는 자가 다 비웃어"(눅 14:28-29).

예수님은 그분을 따르는 데 뒤따르는 대가에 대해 매우 분명한 메시지를 전하셨다. 주님은 각 사람이 제자가 된다는 뜻을 정확히 이해하고, 이를 가벼이 여겨서는 안 된다는 것을 강조하셨다. "무릇 내게 오는 자가 자기 부모와 처자와 형제와 자매와 더욱이 자기 목숨까지 미워하지 아니하면 능히 내 제자가 되지 못하고"(눅 14:26). 하나님을 사랑하는 것과 우리의 가장 소중한 가족을 사랑하는 것과의 차이는 사랑과 증오만큼이나 차이가 크다. 우리는 이웃을 나 자신을 사랑하듯 사랑하라는 명령을 받았다(눅 10:27). 그러나 그것은 하나님을 향한 사랑과는 비교가 되지 않는다. 만일 예수님이 내 삶의 주인이시라면, 그분은 나의 결혼생활, 재정, 가족, 소유, 미래의 주인이시다. 그분은 모든 것의 주인이시다!

오래 전 한 유대인 친구를 인도하여 그리스도를 믿도록 했다. 그 결과 가족과 친구들이 그녀를 배척하였고 대화조차 거부했다. 그 일을 계기로 그녀는 예수님을 삶의 주인으로 삼는 것에 대한 대가를 분명히 이해했다.

200년 전에 활동했던 복음전도자 찰스 피니는 대학 캠퍼스에서 학생들에게 복음을 전하곤 했다. 그의 사후 이뤄진 한 조사에 따르면 그를 통해 캠퍼스 전도집회에서 예수님께 헌신한 자들 중 80퍼센트가 수년 후에도 하나님을 위해 살며, 신앙생활에서도 승리하고 있었다.[1] 오늘날 통계에 따르면 전도집회에서 예수님께 자신의 삶을 드리고 나서 수년 후에 84-97퍼센트의 사람들이 신앙에서 멀어진다고 한다.2) 피니는 전도한 후 학생들과 함께 점심을 먹고 정말로 회개하고 하나님과의 관계를 바르게 하길 원한다면 다시 찾아오라고 말하곤 했다. 다시 찾아와 회개할 때, 그들은 감정적인 결신보다는 예수님께 헌신할 때의 대가에 대해 진지하게 생각했다.

자신을 부인하고 십자가를 지라

예수님께 온전히 헌신한다는 것은 무엇을 의미하는가? 이에 대한 이해를 돕기 위해 닭과 돼지에 대한 이야기를 소개하겠다. 어느 날 닭과 돼지가 함께 길을 걷다가 몇몇 굶주린 사람들을 지나쳤다. 닭은 돼지에게 "저들에게 아침으로 달걀과 햄을 주면 어떨까?"라고 말했다.

돼지는 "너는 그렇게 말하기가 쉽지"라고 대답했다. "너에게는 그게 하나의 희생이지만, 나에게는 완전한 헌신이야." 그 사람들을 먹이려면 돼지는 죽어야 했다.

그리스도인들도 문자 그대로 예수님께 삶을 드릴 때 자신의 욕망에 대해 온전히 죽어야만 한다. 예수님은 우리가 십자가를 져야 하며, 만일 그렇지 않을 경우 그분의 제자가 될 수 없다고 말씀하셨다(눅 14:27, 33).

예수님 시대에 대중 앞에서 십자가를 지는 것은 처형을 받아야 할 범죄자의 낙인이었다. 모든 사람들은 그가 죽을 것이라는 것을 알았다. 이처럼 그리스도의 제자가 되려면, 생명을 비롯하여 삶에 대한 모든 권리를 완전히 포기하는 값비싼 대가를 치러야 한다. 십자가를 진다는 것은 자아에 대해 죽는 것을 의미한다. 누가복음 9장 23절-24절은 날마다 "제 십자가를 지고" 예수님을 따라야 한다고 말씀한다.

> 또 무리에게 이르시되 아무든지 나를 따라오려거든 자기를 부인하고 날마다 제 십자가를 지고 나를 따를 것이니라 누구든지 제 목숨을 구원하고자 하면 잃을 것이요 누구든지 나를 위하여 제 목숨을 잃으면 구원하리라 (눅 9:23-24)

죄에 대해 죽을 때 당신은 당신의 생명을 구원한다! 그러면 당신은 로마서 6장 22절 말씀에 따라 죄의 노예 상태에서 해방되어 하나님을 섬기게 된다. "그러나 이제는 너희가 죄로부터 해방되고 하나님께 종이 되어 거룩함에 이르는 열매를 맺었으니 그 마지막은 영생이라."

필라델피아에 사는 한 젊은 여인은 오랫동안 매춘과 마약의 노예로 살았다. 그런 그녀가 삶을 예수님께 드렸을 때, 자신이 예수님의 종이라는 사실을 상기하기 위해 십자가 모양의 귀걸이를 하기 시작했다. 그녀는 이제 더 이상 죄의 노예가 아니다. 대신 그녀는 십자가를 지고 예수님을 따르기로 결정했다.

구원은 하나님께서 거저 주시는 선물이지만, 이 귀한 선물을 받을 때에는 살아 계신 하나님을 섬기고 아무것도 다시 움켜쥐지 않을 책임이 따른다.

만물의 주인, 예수

누군가 당신에게 차를 팔겠다고 제안하면서 차 앞자리의 수납박스는 자신이 소유하고 싶다고 말한다고 가정해 보자. 아마 당신은 이렇게 말할 것이다. "말로 안 되는 소리를 하네! 수납박스는 이 차의 일부야. 따라서 내가 차를 사면 그것 또한 내 소유인 거야! 차에 속한 모든 것이 다 내 것이라고!" 어떤 사람들은 이런 식으로 예수님께 나올 수 있다고 생각한다. "예수님, 제 삶을 당신께 드립니다. 그러나 이 한 가지는 빼고 나머지 모두를 드립니다." 그들이 움켜쥐고 내어놓지 못하는 한 가지는 재정, 미래, 그들의 생각 혹은 어떤 악한 습관일 수도 있다.

한 젊은 부자 청년이 예수님께 어떻게 해야 영생을 얻을 수 있는지 물었다(마 19:16-22). 예수님은 이 청년이 붙들고 있는 한 가지가 그의 재산이라는 것을 아셨다. 그래서 주님은 그에게 재산을 다 팔아 가난한 자들에게 주라고 하셨다. 그러자 청년은 슬퍼하며 떠나갔다. 왜냐하면 그에게 재산은 예수님과 동행하는 것보다 더 중요했기 때문이었다. 그의 인생에서 재물이 수위를 차지했던 것이다. 예수님은 그에게 25퍼센트만 계약금으로 내고 나머지는 할부로 지불하도록 하는 쉬운 길을 제시하지 않으셨다. 돈이 이 청년의 우상이라는 것을 아신 예수님은 돈 대신 주님을 그의 마음의 왕좌에 모셔 들여야 한다는 것을 아셨다. 예수님이 모든 것의 주인이셔야 하며, 그렇지 않을 경우 그분은 전혀 주님이 되실 수 없다.

퍼즐을 맞추다가 마지막 한 조각이 없으면 크나큰 좌절감을 느끼게 된다. 왜 그런가? 그 한 조각 때문에 작품이 완성될 수 없기 때문이다. 한 조각이라도 빠지면 결코 완성품이 될 수 없다. 아주 작은 것이라도 죄를 지은 사람은 굉장한 좌절감을 느낀다. 그들의 삶에는 무언가가 빠져 있으며 마음에는 평화가 없다. 그러나 예수님이 삶의 주인이 되실 때, 살아야 할 이유를 찾게 된다. 주님은 목적과 의미로 가득한 풍성한 생명을 주시기 위해 오셨다(요 10:10). 성경은 다음과 같이 말한다. "또 증거는 이것이니 하나님이 우리에게 영생을 주신 것과 이 생명이 그의 아들 안에 있는 그것이라 아들이 있는 자에게는 생명이 있고 하나님의 아들이 없는 자에게는 생명이 없느니라"(요일 5:11-12).

예수님을 주님으로 영접할 때, 우리는 그분의 생명을 경험하기 시작한다. 주님은 우리가 흥분된 마음으로 살기 원하신다!

하나님은 당신의 삶에 대해 놀라운 계획을 가지고 계시다. 그러나 당신이 전 존재를 주님께 온전히 드리지 않으면, 그분이 예비하신 것들을 결코 충만하게 경험하지 못할 것이다.

모든 것을 다 팔라

예수님은 우리가 그분을 따르기 위해 모든 것을 다 팔기를 기대하신다. 왜냐하면 주님이 우리를 찾으시고 구원하기 위해 모든 것을 포기하셨기 때문이다. 우리는 소위 값진 진주의 비유라 불리는 마태복음 13장 45절-46절의 이야기에서 이 놀라운 개념을 보게 된다.

> 또 천국은 마치 좋은 진주를 구하는 장사와 같으니 극히 값진 진주 하나를 발견하매 가서 자기의 소유를 다 팔아 그 진주를 사느니라

그리스도께서는 그분과 그분의 구원의 메시지에 반응하는 사람들을 찾아오셨다. 예수님은 값진 진주 하나를 사기 위해 그분의 생명(그분이 가지고 계신 모든 것)을 주셨다. 그리스도인 각자는 바로 비싼 가격을 주고 산 '진주 하나'이다(고전 6:20).

또한 값진 진주의 비유에서 예수님처럼 우리 또한 그분을 위해 모든 것을 다 팔기를 기대하신다는 것을 알 수 있다. 하나님을 찾다가 드디어 그분(값진 진주)을 발견한 사람들은 모든 것을 기꺼이 희생해야 한다.

초대교회의 제자들은 예수님을 위해 모든 것을 포기한다는 것이 무슨 의미인지를 잘 알았다. 예수님께서 어부였던 야고보와 요한에게 "나를 따르라"고 말씀하셨을 때, 그들은 배와 그물(그들의 사업과 생계)을 버리고 그분을 따랐다. 세관에 앉아 있는 마태에게 예수님이 "나를 따르라"고 말씀하시자 그

는 자신의 직위와 직장을 버리고 그분을 따랐다.

부자였던 세리 삭개오는 예수님을 보기 위해 나무 위에 올라갔다. 예수님은 걸음을 멈추시고 그를 올려다보시며 그의 집에 유하시겠다고 말씀하셨다. 이에 삭개오는 망설임 없이 나무에서 내려와 예수님을 집으로 모셔 갔으며, 이제껏 그가 속여 빼앗은 자들에게 돈을 돌려주고 소유의 절반을 가난한 자들에게 주겠다고 선포했다. 이에 예수님은 "오늘 구원이 이 집에 이르렀도다"라고 말씀하셨다(눅 19:9).

예수님은 오늘도 우리를 부르고 계신다. 예수님은 우리를 통해 그분의 생명을 사시길 원하신다. 삭개오처럼 지금 바로 그분의 부르심에 반응하여 모든 것을 예수님께 드리자.

모든 것이 그분께 속한다

예수님은 이 땅에 있는 것들에 마음이 끌리면, 우리가 그것의 노예가 될 것이라고 말씀하셨다. "너희 보물 있는 곳에는 너희 마음도 있으리라"(눅 12:34).

예수님을 위해 모든 것을 다 판다는 것은 우리의 삶이 자기 중심에서 예수님 중심으로 바뀌는 것을 의미한다. 이 땅의 보화는 더 이상 우리를 붙들지 못한다. 왜냐하면 우리는 더 이상 그것의 노예가 아니기 때문이다. 우리는 하나님을 섬기는 데 방해가 되는 모든 것을 주님께 드려야만 한다. 그것은 세상 것에 대해 우리가 가지고 있는 물질적·신체적·감정적 집착을 포함한다. 우리는 우리의 지갑, 저축통장, 집, 가족, 직장, 소망, 기쁨, 과거, 현재, 미래 등 모든 것을 하나님께 드려야 한다.

우리가 모든 것을 기꺼이 내려놓을 때, 하나님은 그것들을 다시 우리에게 맡기신다. 그분은 "나는 너의 집과 가족 그리고 돈을 다시 너에게 준다. 그러나 내가 원할 때마다 그것을 나에게 줘야 한다. 그것은 모두 나의 소유다"라고 말씀하신다. 모든 것을 주님께 드린다는 의미는 바로 이런 것이다. 그럴 때 우리가 이 모든 것의 소유주가 아니라 관리자인 것을 깨닫는다. 소유주는 오직 주님이시다!

내 가족도 예수님의 소유이다. 은행의 예금도 주님의 것이다. 내 집도, 자동차도 예수님께 속한다. 때로 나는 히치하이커를 태우기 위해 자동차를 세운다. 왜냐하면 내 차의 소유주가 예수님이시기 때문이다. 나는 그분께서 내가 곤궁에 처한 자를 돕기 원하신다고 믿는다.

후안 까를로스 오르티즈 목사는 아르헨티나 사람들의 이야기를 해 주었다. 그들은 그리스도인이 된 후에 그들의 집과 차와 소유를 팔아 교회에 드렸다. 그러면 교회는 그것을 다시 그들에게 돌려주면서 이렇게 말했다. "이 모든 것은 예수님께 속한 것입니다. 그러므로 그분을 섬기기 위해 이것들을 사용하십시오. 누군가가 거할 집이나 자동차가 필요할 때 당신에게 연락할 것입니다."[3] 하나님이 원하시는 것이 바로 이런 것이다!

영적으로 거듭나는 방법

예수님을 신뢰할 때, 우리는 그분을 주님으로 삼고 그분과 개인적인 관계를 맺는다. 우리는 그분께서 우리를 완전히 바꾸시도록 자신을 내어 드려야 하며, 그분이 능히 그렇게 하실 수 있음을 믿어야 한다.

영향력 있는 종교 지도자인 니고데모는 늦은 밤 남 몰래 예수님을 찾아와 그분이 메시아이심을 확신한다고 말했다. 메시아가 와서 왕국을 세우고 유대인들을 로마의 정권에서 해방시킬 것이라고 믿었던 선한 바리새인 니

고데모는 예수님이 이 일을 이루실 것이라고 믿었다. 그런 그가 예수님께서 "진실로 진실로 네게 이르노니 사람이 거듭나지 아니하면 하나님의 나라를 볼 수 없느니라"고 말씀하셨을 때 깜짝 놀랐다(요 3:3).

예수님께서 우리로 하여금 영적으로 거듭나 변화된 삶을 살게 하기 위해 오셨다는 것을 니고데모는 믿을 수가 없었다. 그는 거듭나는 것이 초자연적인 것이며, 그것이 영적으로 거듭나 영혼이 하늘에 속한 하나님의 나라로 들어가는 것이라는 사실을 이해할 수 없었다.

참으로 중생을 이해하려면 믿음이 필요하다. 왜냐하면 그것은 하나님의 기적이기 때문이다. 어쩌면 당신은 "내가 거듭났는지 아닌지 확신이 없습니다. 제가 어떻게 알죠?"라고 의아해할지 모르겠다. 갓 태어난 아이는 결코 "내가 태어났는지 아닌지 확신이 서지 않는다"라고 말하지 않는다. 당신은 거듭났거나 아니면 거듭나지 않았거나 둘 중 하나이다. 영적인 의미에서 그리스도가 내재하셔서 새로운 피조물이 되었든지, 아니면 그분이 내재하지 않으시며 아직 믿음 안에 있지 않든지 둘 중 하나이다(고후 13:5). 만일 당신이 거듭났다면 당신 안에 사시는 그리스도의 새로운 생명을 살기 시작하라.

> 내가 그리스도와 함께 십자가에 못 박혔나니 그런즉 이제는 내가 사는 것이 아니요 오직 내 안에 그리스도께서 사시는 것이라 이제 내가 육체 가운데 사는 것은 나를 사랑하사 나를 위하여 자기 자신을 버리신 하나님의 아들을 믿는 믿음 안에서 사는 것이라 (갈 2:20)

이 얼마나 놀라운 선언인가! 당신이 그리스도를 삶에 영접할 때, 그분은 실제로 당신 안에서 사신다. 2,000년 전 이 땅을 밟으셨던 그 동일한 예수님이 지금 당신 안에 사시는 것이다!

대가를 계산하라

|묵상을 위한 질문

1. 경험에 비춰 볼 때, 예수님을 위해 목숨을 버리는 것이 어떻게 실제로 목숨을 구하는 것이 되었는가?

2. 당신은 어떤 식으로 자신을 위해 '작은 것'을 계속해서 간직하려 하는가?

3. 이 땅의 것들을 어떤 방식으로 소유하지 않고 관리하는가?

4. 영적으로 거듭나는 것이 왜 그렇게도 중요한가?

Chapter 3

주님을 향한 완전한 신뢰

믿음 vs 신뢰

그리스도인은 주님께 완전히 헌신해야만 한다. 우리는 하나님 나라의 담장에 걸터앉아 세상과 양다리를 걸치고 살 수 없다. 우리를 너무나 사랑하신 하나님은 예수님을 보내셔서 우리 죄를 위해 희생시키셨다. 하나님의 말씀은 우리가 영생을 얻기 위해서는 그분을 믿어야 한다고 말한다. "하나님이 세상을 이처럼 사랑하사 독생자를 주셨으니 이는 그를 믿는 자마다 멸망하지 않고 영생을 얻게 하려 하심이라"(요 3:16). 그분을 믿는다는 것은 무엇을 의미하는가? 오늘날 많은 사람들이 하나님을 믿는다거나 그분의 존재를 믿는다고 고백한다. 그러나 심지어 귀신들도 하나님의 존재를 믿는다. "네가 하나님은 한 분이신 줄을 믿느냐 잘하는도다 귀신들도 믿고 떠느니라"(약 2:19).

단지 믿는다고 말하는 것만으로는 충분하지 않다. 지적으로 믿는 것과 신뢰하는 것 사이에는 매우 큰 차이가 있다. 진실로 믿는다는 것은 완전히 신뢰하는 것이다. 우리 자녀들이 어렸을 때 계단 꼭대기에 서서 "아빠, 저를 잡아 주세요"라고 하며 뛰어내리곤 했다. 그들은 내 존재를 믿었을 뿐만 아니라 나를 완전히 신뢰하여 그들이 뛰어내릴 때 내가 안전하게 받아 안아줄 것을 확신했다. 나이아가라 폭포를 외줄타기로 건너간 사람이 있다. 그는 청중에게 자신이 로프 위를 외바퀴 손수레를 끌고 걸을 수 있다고 믿는지 물었다. 그러자 그들은 "그렇습니다!"라고 대답했다. 그러나 그가 그 손수레에 탈 사람이 필요하다고 말하자 어느 누구도 선뜻 나서지 않았다. 그들의 믿음에는 완전한 신뢰가 없었던 것이다.

당신은 "그러면 진지하면(sincere) 되지 않느냐?"라고 말할지 모르겠다. 그러나 진지한 것만으로는 충분하지 않다. 어떤 사람들은 진지하기는 하지만, 잘못된 방향으로 가기도 한다. 내 친구 한 명은 자신이 펜실베니아 해리스버그를 향하고 있다고 믿으며 고속도로를 달렸지만, 방향을 잘못 잡아 결국 뉴저지 애틀랜틱시티에 도착했다. 가야 할 목적지에서 수백 마일이나 잘못 간 것이다. 그는 매우 진지했지만 그 방향이 잘못되었다.

때로 어떤 사람들은 "교리가 바르기만 하면 괜찮다"고 말한다. 그러나 바른 교리를 믿거나 성경적 기초를 아는 것만으로는 구원을 받을 수 없다. 우리는 진정 예수 그리스도를 주님으로 믿어야 하며, 그분과의 개인적인 사랑의 관계 속으로 들어가야 한다.

그분이 하나님이시기 때문에

우리는 한 가지 이유 때문에 하나님을 신뢰한다. 그것은 바로 하나님이 하나님이시기 때문이다. 그분이 자신이 어떤 분이신지에 대해 말씀하신 것을 믿을 때, 우리는 마음을 다해 그분을 사랑할 것이다.

사도 바울은 디모데후서 1장 12절에서 이렇게 신포함으로 그리스도에 내

한 그의 확실한 신뢰를 보여준다. "내가 믿는 자를 내가 알고 또한 내가 의탁한 것을 그날까지 그가 능히 지키실 줄을 확신함이라." 바울은 "내가 믿는 것을 안다"고 말하지 않았다. 그는 "내가 믿는 자를 안다"고 말했다. 이처럼 그는 한 인격(예수 그리스도)과 깊고 영속적인 관계를 맺었다.

하나님은 우리가 맹목적으로 그분을 신뢰하길 원치 않으신다. 그분은 성경을 통해 자신이 어떤 분이신지를 계시하신다. 이 성경 지식에 근거하여 하나님이 어떤 분이신지 알게 될 때, 우리는 더욱 온전하게 그분을 신뢰할 수 있다. 신뢰는 예측 가능성과 성품에 근거한다. 우리는 성경을 통해 하나님의 일관성과 성품에 대해 배우고 알게 된다. 성경은 하나님이 어떤 분이신지, 그리고 역사를 통해 인류에게 그 사랑과 헌신을 어떻게 보여주셨는지를 계시해 준다.

우리는 그분이 주시는 유익 때문에 주님을 신뢰하지 않는다. 그분께서 "날마다 우리에게 유익을 주시는"(시 68:19 NKJV, 개역개정 성경에는 '날마다 우리 짐을 지시는'으로 번역되어 있다 - 역주) 것이 사실이지만 우리는 그분을 사랑하기 때문에 그분을 신뢰한다. 한 젊은이가 일전에 나에게 이렇게 불평한 적이 있다. "하나님은 저를 위해 일하시지 않아요. 하나님을 신실하게 섬겼던 제가 한 크리스천 자매와의 관계를 발전시키고 싶었지만 그렇게 되지 않았어요. 저는 더 이상 하나님을 신뢰할 수 없습니다." 분명히 그는 이기적인 이유로 하나님을 섬겼다. 자신이 원하는 것을 얻기 위해 하나님을 이용하려 했던 것이다.

예수님보다 더 중요한 것은 없다. 있다면 그것은 우상이다. 만일 한 여인이 남편이 자기와 결혼한 이유가 오직 자기 아버지가 큰 회사를 소유하고 있어서 좋은 직책을 얻거나 재산을 물려받기 위해 '돈과 결혼했다'는 것을 알게 된다면 얼마나 큰 충격을 받겠는가? 남편은 돈이라는 우상 때문에 참된 사랑을 떠나 흐트러진 마음을 가지고 있는 것이 분명하다. 우리 삶의 우상은 학벌, 재산, 명예, 그리고 심지어 우리의 가족이나 친구들이 될 수 있다. 주님은 우리의 완전한 사랑과 신뢰를 원하신다. 요한일서 5장 21절은 "자녀들아 너희 자신을 지켜 우상에게서 멀리하라"고 말한다.

우리는 예수님께서 우리를 위해 생명을 버리셨기 때문에 그분을 신뢰한다. 만일 우리가 참으로 그분을 사랑한다면, 우리는 그분께 순종하고 주님이 우리 삶을 인도하실 것을 완전히 신뢰할 것이다. 우리가 주님을 신뢰할 때, 그분은 우리를 기쁨과 평화로 채우신다. "소망의 하나님이 모든 기쁨과 평강을 믿음 안에서 너희에게 충만하게 하사 성령의 능력으로 소망이 넘치게 하시기를 원하노라"(롬 15:13).

믿을 수 없는 감정

그리스도께로 나온 뒤 몇 개월 동안 나는 때로 내가 그리스도인이 아닌 것처럼 느껴졌다. 어떤 날은 하나님과 가까이 있는 것처럼 느껴졌지만, 때로는 그분께서 수백만 킬로미터나 멀리 떨어져 계신 것 같았다. 나는 감정이 나의 영적 상태를 반영한다고 생각했기 때문에 점점 더 우울해졌고 패배감을 느꼈다. 그러다가 한 지혜로운 상담가가 나에게 요한일서 5장 13절을 보여주며 격려했다. 그것은 "내가 하나님의 아들의 이름을 믿는 너희에게 이것을 쓰는 것은 너희로 하여금 너희에게 영생이 있음을 알게 하려 함이라"라는 말씀이었다.

하나님의 말씀이 참되다고 믿고 신뢰하자 내 마음에서 믿음이 솟구쳐 올라왔다. 나는 내가 예수 그리스도를 나의 주와 구세주로 믿기로 선택한 것을 알고 있었다. 말씀이 참되다고 믿자 그 말씀이 나의 문제를 해결해 주었다. 나는 하나님과의 관계의 근거를 감정에 둘 수 없으며, 때로 나의 감정이 진리와 일치하지 않는다는 것을 깨달아야 했다. 말씀 가운데 하나님은 내가 신뢰할 수 있는 약속들을 너무나 많이 주신다. 그 말씀을 통해 나를 향하신 그분의 사랑을 더욱 깊이 느끼며, 순간의 감정과 상관없이 그분을 신뢰하게 된다.

우리의 느낌이 아니라 하나님이 우리에 대해, 그리고 그분에 대해 말씀하시는 바에 따라 우리 자신과 다른 사람들을 볼 때, 우리의 삶은 완전히 변화된다. 대부분의 사람들이 자신에 대해 갖는 오해들은 종종 하나님에 대한 오해에서 비롯된다. 하나님께서 어떻게 말씀하셨는지를 알면, 우리는 성령의 인도하심을 받으며 회개와 믿음 그리고 훈련 가운데 행하게 된다.

새로이 그리스도인이 된 자는 새로운 성품을 지닌 새 사람이다. 에베소서 4장 22절-24절의 말씀에 따르면, 그들은 지금 새롭게 되고 있으며 변화를 받고 있다. "너희는 유혹의 욕심을 따라 썩어져 가는 구습을 따르는 옛 사람을 벗어 버리고 오직 너희의 심령이 새롭게 되어 하나님을 따라 의와 진리의 거룩함으로 지으심을 받은 새 사람을 입으라."

불완전한 변화?

그리스도인이 되는 것은 순식간에 일어난다. 삶을 예수님께 드릴 때, 우리는 새로운 생명 가운데로 들어간다. 하나님의 크신 긍휼을 좇아 그분은 우리의 죄를 깨끗이 씻겨 주심으로써 우리를 구원하신다. "우리를 구원하시되 우리가 행한 바 의로운 행위로 말미암지 아니하고 오직 그의 긍휼하심을 따라 중생의 씻음과 성령의 새롭게 하심으로 하셨나니"(딛 3:5).

성령께서 오셔서 사시는 그 순간, 당신의 영은 깨끗하게 씻김을 받았다. 그러나 이것은 당신이 결코 다시 죄를 범치 않을 것이란 뜻은 아니다. 옛 성품이 새로운 성품과 계속해서 전투를 벌이는 가운데, 승리의 삶을 살기 위해 당신은 성령의 인도하심을 따라야 한다.

> 내가 이르노니 너희는 성령을 따라 행하라 그리하면 육체의 욕심을 이루지 아니하리라 육체의 소욕은 성령을 거스르고 성령은 육체를 거스르나니 이 둘이 서로 대적함으로 너희가 원하는 것을 하지 못하게 하려 함이니라 너희가 만일 성령의 인도하시는 바가 되면 율법 아래에 있지 아니하리라 (갈 5:16-18)

    죄의 소욕이 여전히 끌어당길지 모르지만, 이제 당신은 또한 성령께서 거룩함으로 이끄시는 것을 경험한다. 당신의 성품은 변화되었기에 이제 그 새로운 성품은 하나님께 복종한다. 당신의 삶 가운데 죄의 권세는 깨어졌고, 새로운 승리의 방식이 주어졌다. 즉 성령께서 죄를 이기도록 도우시는 것이다. 새 생명 가운데 거듭났기 때문에 그리스도인인 당신이 습관적인 죄 가운데 사는 것은 불가능할 것이다. 하나님은 자비로우신 분이기 때문에 당신의 삶 가운데 고백되지 않은 죄를 생각나게 해 주실 것이다.

    내가 당신에게 책을 한 권 주었는데 3주 후에 그 책의 일부가 여전히 나에게 있다고 가정해 보자. 나는 그 책과 관련된 정보를 당신이 조금이라도 놓치지 않도록 빠진 부분을 당신에게 갖다 줄 것이다. 마찬가지로 주님은 우리가 성령의 인도하심을 받는 신앙생활을 경험하는 데 방해가 되는 것을 하나도 놓치지 않길 원하신다. 그분은 우리 삶 가운데 정결해져야 할 부분들을 계시하셔서 우리가 그 부분에서 승리자가 되도록 도우실 것이다.

    내가 아는 한 사람은 국적이 다른 이웃을 증오하며 성장했다. 그는 그리스도인이 된 후에도 단지 국적이 다르다는 이유로 그들을 혐오했다. 그러던 어느 날 모든 사람이 그들의 배경과 상관없이 하나님의 가족이라는 사실을 성경에서 읽었다(롬 10:12). 그 말씀 앞에 그는 무너졌으며 그들을 증오했던 죄를 회개했다. 하나님은 그 이웃에 대한 새로운 마음을 주셨으며, 그는 그들 중 몇 사람과 친구가 되었다. 만일 우리가 마음을 열면, 하나님은 계속해서 우리를 깨끗케 하시고 변화시키시며 죄를 이기는 승리를 주신다.

예수님은 완전히 용서하신다

예수님께서 죄를 용서하실 때, 그분은 우리가 아무리 많은 죄를 범하고 아무리 나쁜 죄를 범했다 할지라도 이를 용서하신다. 우리의 모든 죄는 사라졌고, 주님이 십자가에서 흘리신 보혈로 깨끗이 씻김을 받았다.

구약과 신약성경에서 피는 죽음을 의미한다. 그리스도께서는 죽으심으로써 죄인인 우리를 위해 거룩한 대속물이 되셨다. 그분은 우리 죄에 대한 대가를 치르시는 대속물이 되신 것이다. 그것도 영원히! 요한일서 1장 7절은 예수님의 흘리신 보혈이 우리를 죄에서 깨끗이 해 주신다고 말한다. "그가 빛 가운데 계신 것 같이 우리도 빛 가운데 행하면 우리가 서로 사귐이 있고 그 아들 예수의 피가 우리를 모든 죄에서 깨끗하게 하실 것이요."

더러운 옷을 세제로 빨면 깨끗해진다. 우리의 모든 죄를 깨끗케 하는 예수님의 보혈은 우주에서 가장 강력한 세제이다. 주님의 보혈로 깨끗케 되는 것은 모든 그리스도인의 삶 가운데 지속적으로 진행되는 과정이다. 그리스도인인 우리는 그분의 은혜를 힘입어 빛 가운데 행하기 위해 힘쓴다. 그러면 우리는 하나님 그리고 다른 성도들과도 친밀한 교제를 나눌 수 있다.

성경에 보면 한 여인이 자기의 눈물로 예수님의 발을 닦았다. 주님께서 자기의 죄를 용서해 주신 것이 너무나 감사했기 때문이었다. 예수님께서는 "이러므로 내가 네게 말하노니 그의 많은 죄가 사하여졌도다 이는 그의 사랑함이 많음이라 사함을 받은 일이 적은 자는 적게 사랑하느니라"고 말씀하셨다 (눅 7:47).

예수님에 대한 참된 사랑은, 우리의 죄를 깊이 깨닫고 주님께서 그것을 완전히 용서하셨다는 것을 깨달을 때 생긴다. 어떤 이들은 자신이 너무나 큰 실수를 저지르고 너무나 무서운 죄를 범했기 때문에, 하나님께서 결코 그들을 용서하시지 않으실 것이라고 생각한다. 그러나 이것만큼 잘못된 생각도 없다. 아무리 극악한 죄를 범했다 할지라도 회개하면 누구나 용서 받을 수 있다. 하나님은 우리가 회개하면 기쁜 마음으로 용서해 주신다.

죄를 기억하지 않으신다

우리가 죄를 회개하면 하나님은 우리를 용서하시고 이를 다시 기억하거나 언급하지 않으신다. 시편 103편 12절은 이렇게 말한다. "동이 서에서 먼 것 같이 우리의 죄과를 우리에게서 멀리 옮기셨으며." 우리는 이보다 더 큰 은혜를 생각할 수 없다! 그 거리는 우리의 상상을 초월한다. 예수님께서 우리의 죄를 용서하실 때, 그것을 완전히 망각하신다. 하나님은 우리에게 미가서 7장 19절을 통해 놀라운 약속을 하신다. "우리를 불쌍히 여기셔서 우리의 죄악을 발로 밟으시고 우리의 모든 죄를 깊은 바다에 던지시리이다."

이 약속은 놀라운 그림을 보여준다. 그것은 우리의 죄가 바다 깊은 곳에 빠져 결코 다시 떠오르지 못하는 것이다. 하나님은 우리의 죄를 가장 깊은 바다에 던지실 뿐만 아니라, 또한 거기에 '낚시 금지'라는 간판을 세우신다.

애굽의 군사들이 이스라엘 백성을 추격하여 홍해로 들어갔을 때, 하나님의 백성을 쫓던 애굽인 중 단 한 사람도 살아남지 못했다. 그들 모두는 바다에서 멸망했다. 마찬가지로 우리가 고백한 어떤 죄도 하나님의 용서를 피해 갈 수 없다. 애굽인들과 그들의 병거처럼 우리의 죄도 "거센 물에 납 같이 잠겼다"(출 15:10). 우리의 죄는 완전히 용서되었으며, 결코 다시 기억되지 않을 것이다. 주님께서는 마치 그것이 전에 한 번도 없었던 것처럼 우리 죄를 망각하시고, 우리 또한 그것을 망각하길 원하신다. 예수님께서 우리 죄를 용서하시면 우리는 완전히 자유롭게 된다.

우리는 그분을 신뢰할 수 있다

우리가 주님을 신뢰하는 것은 확실한 소망이자 확신이며, 그것은 그분의 약속에 근거한다. 우리는 주님께 확실한 소망을 두고 그분을 믿을 수 있다. 약속의 하나님은 우리를 실망시키지 않으신다. "소망이 우리를 부끄럽게 하지 아니함은 우리에게 주신 성령으로 말미암아 하나님의 사랑이 우리 마음에 부은 바 됨이니"(롬 5:5).

시편 기자는 이러한 신뢰와 소망의 관점을 가지고 이렇게 말했다.

> 귀인들을 의지하지 말며 도울 힘이 없는 인생도 의지하지 말지니 그의 호흡이 끊어지면 흙으로 돌아가서 그날에 그의 생각이 소멸하리로다 야곱의 하나님을 자기의 도움으로 삼으며 여호와 자기 하나님에게 자기의 소망을 두는 자는 복이 있도다 (시 146:3-5)

죽을 수밖에 없는 인생은 신뢰할 수 없지만, 하나님은 신뢰할 수 있다! 우리는 하나님께서 약속하신 바를 실행하실 것을 신뢰할 수 있다. 그분은 우리에게 소망을 주신다.

자녀들에게 어떤 약속을 할 때, 그들이 나를 믿어주면 참 기쁘다. 그러나 만약 그들이 나를 신뢰하지 않으면 매우 슬플 것이다. 우리의 하늘 아버지께서도 그분의 자녀인 우리에 대해 동일하게 느끼신다. 그분은 자신이 우리에게 신실하시다는 것을 입증하셨다. 그러므로 우리는 그분과 그분의 말씀을 완전히 신뢰할 수 있다. 우리가 하나님을 신뢰할 수 있는 근거는 하나님의 성품 자체와 예수 그리스도, 그리고 그분의 말씀에서 나온다. 우리는 다른 인생이나 물질적 소유, 혹은 돈이나 이 땅의 다른 것에 신뢰를 둘 수 없다. 우리의 영원한 신뢰는 우리를 실망시키지 않으시는 주님에게서만 나온다(롬 5:5).

주님을 향한 **완전한** 신뢰

묵상을 위한 질문

1. 당신의 삶 가운데 있는 우상은 무엇인가?

2. 감정은 왜 신뢰할 수 없는가?

3. 삶 속에서 하나님의 말씀은 어떤 방식으로 믿음을 주는가?

4. 우리를 죄에서 깨끗케 해 주는 것은 무엇인가?(요일 1:7) 삶 가운데 하나님의 사랑과 죄 사함을 어떻게 경험했는지 묵상해 보라.

차가운가? 뜨거운가? 아니면 미지근한가?

차든지 뜨겁든지 하라

예수님과의 관계에 대해 무감각하면, 우리의 신앙은 차지도 뜨겁지도 않은 미지근한 물과 같다. 더운 여름날에 시원한 냉수 한 잔을 마시고 싶은데 누군가가 미지근한 물을 준 적이 있는가? 얼마나 실망스러운가! 아마도 당신은 실망한 나머지 그 물을 뱉어 버리고 싶었을 것이다. 마찬가지로 예수님도 우리의 미지근함을 싫어하신다.

라오디게아 교회는 미지근한 그리스도인들로 가득했으며, 그들은 세상과 타협했다. 그들은 스스로 그리스도인이라고 고백했지만, 그리스도보다 세상을 더 많이 닮았다. 그리스도께서는 그들이 "곤고한 것과 가련한 것과 가난한 것과 눈 먼 것과 벌거벗은 것을 알지 못한다"고 말씀하셨다(계 3:17).

주님은 그들의 영적 상태에 대해 경고하시며, 그들이 심판을 받게 될 것이라고 말씀하신다.

내가 네 행위를 아노니 네가 차지도 아니하고 뜨겁지도 아니하도다 네가 차든지 뜨겁든지 하기를 원하노라 네가 이같이 미지근하여 뜨겁지도 아니하고 차지도 아니하니 내 입에서 너를 토하여 버리리라 (계 3:15-16)

하나님은 미지근한 것을 싫어하신다. 그분은 우리가 세상과 타협하여 무감각해지지 않고, 그분께 온전히 헌신하길 원하신다. 우리가 미지근하면 그분은 우리를 토해내실 것이다!

영적인 타협

우리는 한 발은 하나님 나라에, 다른 한 발은 흑암의 나라에 둘 수 없다. 이런 종류의 위선은 영적인 타협을 낳고, 그렇게 되면 우리는 하나님을 기쁘시게 하지 못한다. 주님은 우리가 타협 없이 온전히 그분께 헌신하길 원하신다. 그분은 미지근함을 싫어하신다.

하나님께서 미지근함을 염려하시는 한 가지 이유는, 사람들이 우리의 삶을 지켜보고 있다는 것을 잘 아시기 때문이다. 성경은 우리의 삶이 우리를 지켜보고 있는 사람들에게 하나님이 쓰신 편지와 같다고 말한다.

너희는 우리의 편지라 우리 마음에 썼고 뭇 사람이 알고 읽는 바라 (고후 3:2)

우리의 삶은 많은 사람들이 읽는 유일한 성경이다. 현재의 영적인 삶을 점검해 보자. 당신은 미지근한가? 만일 뜨겁지 않다면(하나님의 것들에 흥분하지 않는다면) 주님이 주신 처방전을 따르라. 그것은 요한요한계시록 3장 19절에 나와 있다. "그러므로 하나님의 것들에 열심을 내라"(TLB).

이것은 우리가 선택해야 할 문제이다. 나는 매일 아침에 일어나 하나님의 말씀의 진리를 하루 종일 나 자신에게 선포하기로 결단한다. 예수님이 오신 것은 나로 생명을 얻게 하려 하심이다. 내가 매일 주님께 순복할 때, 낙담, 혼돈, 두려움 대신 그분의 풍성한 생명을 경험할 것이다. 나는 매일 뜨거운 그리스도인이 되기로 결정한다! 당신은 어떠한가?

보기에 바른 길

한 크루즈 여객선에서 있었던 일이다. 이 여객선은 1등실과 2등실로 나뉘어져 있었다. 며칠 뒤 바다 한 복판에 이르렀을 때, 선장이 앞으로 모든 승객에게 1등실 대우를 해주겠다고 했다. 그것은 모든 사람들에게 바다가재와 훌륭한 요리들이 제공되는 것을 의미했다. 선장의 말에 특별히 2등실 승객들이 몹시 흥분했고, 마음껏 음식을 먹으며 선장에게 세계 최고의 위대한 선장이라고 찬사를 보냈다. 그러나 오직 선장만이 이러한 제안 뒤에 숨겨져 있는 참된 진실을 알고 있었다. 그것은 바로 배가 침몰하고 있어서 얼마 후에 모든 사람이 죽게 될 처지였다는 것이다.

마귀도 이처럼 우리에게 거짓을 말한다. 그는 "너는 이 모든 것을 가질 수 있어. 그러니 걱정하지 마. 그저 먹고 마시고 즐겨. 너는 스스로 결정할 수 있으며, 하나님은 사실 네게 거룩한 삶을 살도록 요구하지도 않아. 다른 사람들이 다 그렇게 살잖아"라고 말한다. 그러나 우리의 지혜로는 옳고 그름을 분별할 수 없다. 오직 하나님의 말씀만이 그렇게 할 수 있다. 오직 하나님의 말씀에 의거해서만 우리가 인생의 여정에서 바른 길을 가고 있는지, 아닌지를 알 수 있다. 마귀는 우리가 계속해서 소경이 되어 무지하길 원한다. 사람들이 성경이 말하는 바를 알기를 원치 않는 것이다.

어떤 길은 사람이 보기에 바르나 필경은 사망의 길이니라 (잠 14:12)

인생에서 바른 결정을 내리기 위해 우리는 하나님의 기록된 말씀인 성경의 계시를 따라야 한다. 다른 모든 길은 우리를 영적인 사망으로 인도한다. 우리는 사단의 속임수에 빠져 살 수 없다.

인생을 향한 마귀의 계획은 우리를 죽이고 훔치고 멸망시키는 것이다. 그는 주님께서 참된 생명을 경험하도록 지으신 인간의 삶 가운데서 평화와 기쁨과 소망을 도둑질한다. 그러나 예수 그리스도는 우리에게 생명을 주시되 열정과 기쁨으로 가득한 풍성한 생명을 주시기 위해 오셨다. 예수님께서는 이렇게 말씀하셨다.

도둑이 오는 것은 도둑질하고 죽이고 멸망시키려는 것뿐이요 내가 온 것은 양으로 생명을 얻게 하고 더 풍성히 얻게 하려는 것이라 (요 10:10)

성경은 예수님께서 마귀의 일을 멸하시기 위해 오셨다고 말한다(요일 3:8). 이러한 하나님의 승리에 동참하지 않는 사람은 매우 어리석은 자이다.

첫 사랑에서 떨어지다

영적으로 미지근할 때, 우리는 예수님에 대한 첫 사랑에서 멀어진다. 첫 사랑은 흥분되고 생동감이 넘친다. 그러나 교제가 줄어들면 사랑은 이내 빛을 잃는다. 만일 우리가 하늘 아버지와 더 이상 교제를 하지 않는다면, 그분을 향한 우리의 사랑은 흔들릴 것이다. 아마 당신은 오래 전에 예수 그리스도를 삶의 주인으로 모셔 들였을지 모른다. 그러나 이제 당신에게서 그분에 대한 첫 사랑을 찾을 수가 없다.

에베소 교회는 처음에 그리스도를 깊이 사랑하고 헌신했지만, 요한요한계시록 2장 4-5절에서 주님은 그들이 처음 사랑을 버렸다고 경고하셨다. 비록 그들이 많은 선한 일을 하고 복음을 위해 부지런히 일했지만, 예수님을 향한 그들의 뜨거운 사랑은 식어 버렸다. "너의 처음 사랑을 버렸느니라 그러므로 어디서 떨어진 것을 생각하고 회개하여 처음 행위를 가지라."

과거에 주님을 개인적으로 깊이 알았다고 해서, 그것이 오늘도 우리가 그분과 친밀한 관계를 맺고 있다는 것을 의미하진 않는다. 오래전 한 고등학교에서 말씀을 전하면서 이것에 대해 말한 적이 있다. 나는 학생들에게 "여러분 중에 아직도 초등학교 1학년 때의 담임선생님과 계속 연락하는 사람이 있습니까?"라고 물었다. 그러자 놀랍게도 뒷자리에 앉은 한 여학생이 손을 들더니 이렇게 말했다. "물론 저는 연락합니다. 그분은 저의 어머니이시거든요!" 그녀의 말은 아주 타당했다. 그러나 다른 학생들은 초등학교 1학년 때 담임선생님과의 관계를 꾸준히 유지하지 못했다. 그래서 현재 그 선생님과 그들의 관계는 존재하지 않는다. 현재 당신은 하늘에 계신 하나님 아버지와 생명력 있는 관계를 맺고 있는가? 그분은 여전히 그곳에 계시고, 당신이 다시 그분께로 돌아오길 기다리신다.

하나님을 가까이 하라 그리하면 너희를 가까이 하시리라 (약 4:8)

주님은 마음의 문을 두드리신다

어쩌면 당신이 과거에는 예수 그리스도와 친밀한 관계를 유지했지만, 지금은 너무 멀어졌을지 모른다. 한때 예수님을 열렬히 사랑했던 마음이 사라지고 만 것이다. 요한~~요한~~계시록 3장 20절에서 주님께서는 라오디게아 교회의 미지근한 성도들에게 다시 그분과의 사귐의 관계로 돌아오라고 초청하신다. 주님은 문밖에 서서 다시 한 번 초대받길 기다리고 계신다.

또한 예수님은 삶의 문을 두드리시며, 우리가 미지근함을 회개하고 문을 열어 그분을 안으로 모셔 들이길 기다리고 계신다. 예수님은 라오디게아 교회에게 그들의 상태에 대해 경고하셨을 뿐만 아니라, 회개하고 다시 그분과의 교제를 회복하도록 그들을 즉시 초청하셨다.

> 볼지어다 내가 문 밖에 서서 두드리노니 누구든지 내 음성을 듣고 문을 열면 내가 그에게로 들어가 그와 더불어 먹고 그는 나와 더불어 먹으리라 (계 3:20)

이러한 초청은 문 밖에서 이뤄졌고, 예수님은 문을 두드리시며 그들에게 다시 들어가시길 구하신다. 주님은 그들이 그분을 뜨겁게 사랑하지 못한 미지근함을 회개하면 온전히 회복시켜 주실 것을 약속하신다. 이 얼마나 놀라운 약속인가! 예수님은 오늘도 당신과 개인적인 관계를 맺길 원하신다. 만일 당신이 하나님을 떠났다면, 주님은 당신이 다시 그분께 삶의 문을 열기 원하신다. 당신이 문을 열면 그분이 들어오셔서 다시 풍성한 교제를 나누실 것이다.

간증의 능력

예수 그리스도를 주님으로 영접한 후에 가능한 한 많은 사람들에게 자주 간증하는 것이 중요하다. 사탄을 이기는 한 가지 방법은 소리 내어 그리스도를 선포하는 것이다. 요한~~요한~~계시록 12장 11절은 이렇게 말한다.

> 또 우리 형제들이 어린 양의 피와 자기들의 증언하는 말씀으로써 그를 이겼으니

주님께서 우리의 삶을 어떻게 변화시키셨는지를 간증할 때, 영적인 능력이 풀어진다. 모든 그리스도인에게는 예수 그리스도를 주님으로 알게 된 과정에 대해 이야기할 거리가 있다. 결코 그리스도에 대해 이야기하는 것을 부끄러워 말라.

> 그러므로 너는 내가 우리 주를 증언함과 또는 주를 위하여 갇힌 자 된 나를 부끄러워하지 말고 오직 하나님의 능력을 따라 복음과 함께 고난을 받으라 하나님이 우리를 구원하사 거룩하신 소명으로 부르심은 우리의 행위대로 하심이 아니요 오직 자기의 뜻과 영원 전부터 그리스도 예수 안에서 우리에게 주신 은혜대로 하심이라 (딤후 1:8-9)

우리가 어떻게 예수님을 믿게 되었는지에 대해 이야기하면, 사람들은 귀 기울여 듣는다. 그들은 억지로 동의할 필요가 없기 때문에 우리의 이야기를 부담 없이 듣는다. 그것은 우리의 이야기이므로 그들은 우리가 어떻게 예수님을 따르기로 결심했는지를 말하면 부인하지 못한다. 간증을 나눌 때에는 하나님께서 우리를 사랑하시며 예수님께서 우리의 죄를 용서하시고 새롭게 하시기 위해 죽으셨다는 사실에 초점을 맞추고, 주님께서 삶 가운데 이루신 변화들에 대해 말해야 한다. 그러면 그들도 자신의 삶에 대해 소망을 갖게 될 것이다.

가짜인가, 진짜인가?

어떤 사람들은 주님에 대한 진정한 사랑보다는 그들의 외적인 행동에 신

앙의 기반을 둔다. 그들은 겉보기엔 의로워 보이지만, 내적으로는 성령으로 거듭나지 못한 자들이다. 예수님은 마가복음 7장 6절에서 이런 종류의 위선에 대해 바리새인과 서기관들을 엄히 꾸짖으셨다. "이 백성이 입술로는 나를 공경하되 마음은 내게서 멀도다."

오랫동안 나도 바리새인들과 같은 부류였다. 나는 스스로 그리스도인이라고 생각했지만, 실상은 가짜 그리스도인의 삶을 살았다. 어렸을 때, 우리 가족은 주일마다 교회에 출석했다. 11살 때 가족과 함께 특별전도 집회에 참석했는데, 당시 나는 정말 지옥에 가고 싶지 않았다. 그래서 나는 전도자가 강단으로 초청했을 때 앞으로 나갔다. 그 후 나는 침례를 받고 교회에 소속되었다.

그날 밤 내가 원했던 것은 일종의 '화재보험'이었다. 나는 기독교 신앙이 나를 지옥에 가지 않도록 지켜줄 것이라 믿었다. 단지 그 수준에 머물 뿐 그 이상은 가지 못했다. 주님에 대한 나의 헌신은 불완전했다. 그래서 얼마 못가서 나는 가짜 신앙생활을 했다. 기독교인 친구들과 함께 있을 때에만 나는 그리스도인 것처럼 행동했다(이것 또한 위선이라 불린다). 7년 후에 한 친구가 나를 정면으로 도전했다. 그는 나에게 "만일 오늘 네가 죽는다면 천국에 갈 것을 확신하니?"라고 물었다. 나는 솔직히 답을 몰랐다. 그래서 나는 "그걸 아는 사람은 하나도 없어"라고 말했다. 그러나 그 젊은 아가씨는 망설이지 않고 대답했다. "글쎄, 나는 아는데."

나는 진실과 얼굴을 맞대야만 했다. 나는 하나님과 성경에 대해선 이야기할 수 있었지만, 예수님에 대해선 이야기할 수 없었다. 그분을 개인적으로 알지 못했기 때문이었다. 나는 주님께 일종의 헌신 같은 것을 하긴 했다. 그리고 내가 선한 일들을 많이 하면 하나님께서 어쨌든 나를 받아주실 것이라고 믿었다. 당시 나는 영생은 오직 예수 그리스도를 주님으로 믿는 믿음을 통해서만 온다는 사실을 깨닫지 못했다.

그날 밤 늦게 나는 집에서 성경을 펼쳤다. 그런데 그날은 특별히 모든 말씀이 나를 위해 쓰인 것 같았다. 예수님께서 "너희 외식하는 자들아!"라고 말씀하신 부분을 읽으면서 나도 위선자라는 것을 알았다. 친구들은 나를 '파티의 스타'라고 불렀지만, 사실 나는 거의 집에서 혼자 지냈고 매일 밤 고독을 벗 삼았다. 게다가 그날 밤 만일 내가 죽는다면 나는 영원히 하나님 없이 죽는 것이었다. 생각이 거기까지 미치자, 나는 내가 가짜 그리스도인의 생활을 하고 있었다는 사실을 깨달았다. 그날 밤 나는 "예수님, 당신께 저의 삶을 드립니다. 만일 냄새나고 엉망진창인 저의 인생을 사용하실 수 있다면, 남은 생애 동안 주님을 섬기겠습니다"라고 말했다.

믿음으로 하나님께 나아갔을 때, 그분은 기적적으로 나를 변화시켜 주셨다. 순간 나의 태도와 갈망이 바뀌었다. 심지어 내 생각도 변하기 시작했다. 나는 완전히 거듭났다. 왜냐하면 예수 그리스도께서 나의 주님이 되셨기 때문이다. 나는 그리스도 안에서 새로운 피조물이 되었고, 이로 인해 나는 지금도 영원히 주님께 감사를 드린다.

만일 의롭게 보이려고 노력하지만 계속해서 죄악된 방향을 추구하고 있다면, 당신은 가짜 그리스도인의 삶을 살고 있을지 모른다. 그렇다면 지금이야말로 성령께 당신의 마음에 하나님의 빛을 비춰 달라고 간구할 때이다. 예수님의 십자가로 나와서 당신의 죄를 고백하고 하나님의 용서를 받아들이라.

다음과 같이 죄의 고백과 회개의 기도를 드린 후, 하나님의 무조건적인 사랑과 용서를 받으라.

*주님, 저는 지금까지 위선의 함정에 빠져 있었습니다. 그리고 저는 당신 안에서 누릴 수 있는 자유를 갈망합니다. 저는 스스로 당신 없이 의로워지려고 노력했으며 가짜 그리스도인의 삶을 살아왔다는 것을 고백합니다. 제가 능력과 절제

와 의의 영향력 아래 살 수 있도록 저의 죄를 용서해 주십시오. 예수님, 저를 자유케 해 주셔서 감사합니다. 제가 그리스도 안에서 새로운 삶을 살고, 당신이 허락하신 충만함과 자유를 경험할 수 있도록 지혜와 용기를 주시길 기도합니다.

차가운가? 뜨거운가? 아니면 미지근한가?

묵상을 위한 질문

1. 당신은 어떤 면에서 그리스도보다 세상을 더 많이 닮았는가?

2. 한쪽 다리는 하나님 나라에, 다른 한쪽 다리는 흑암의 나라에 두는 것이 어떻게 가능한가? 당신이 하나님의 것들에 대해 열정을 갖는 것이 왜 그렇게 중요한가?

3. 가능한 한 자주 간증을 하는 것이 왜 그렇게 중요한가?

4. 스스로 그리스도인이라고 고백함에도 불구하고 왜 어떤 이들은 가짜 그리스도인이라고 불리는가? 그 차이를 어떻게 알 수 있는가?

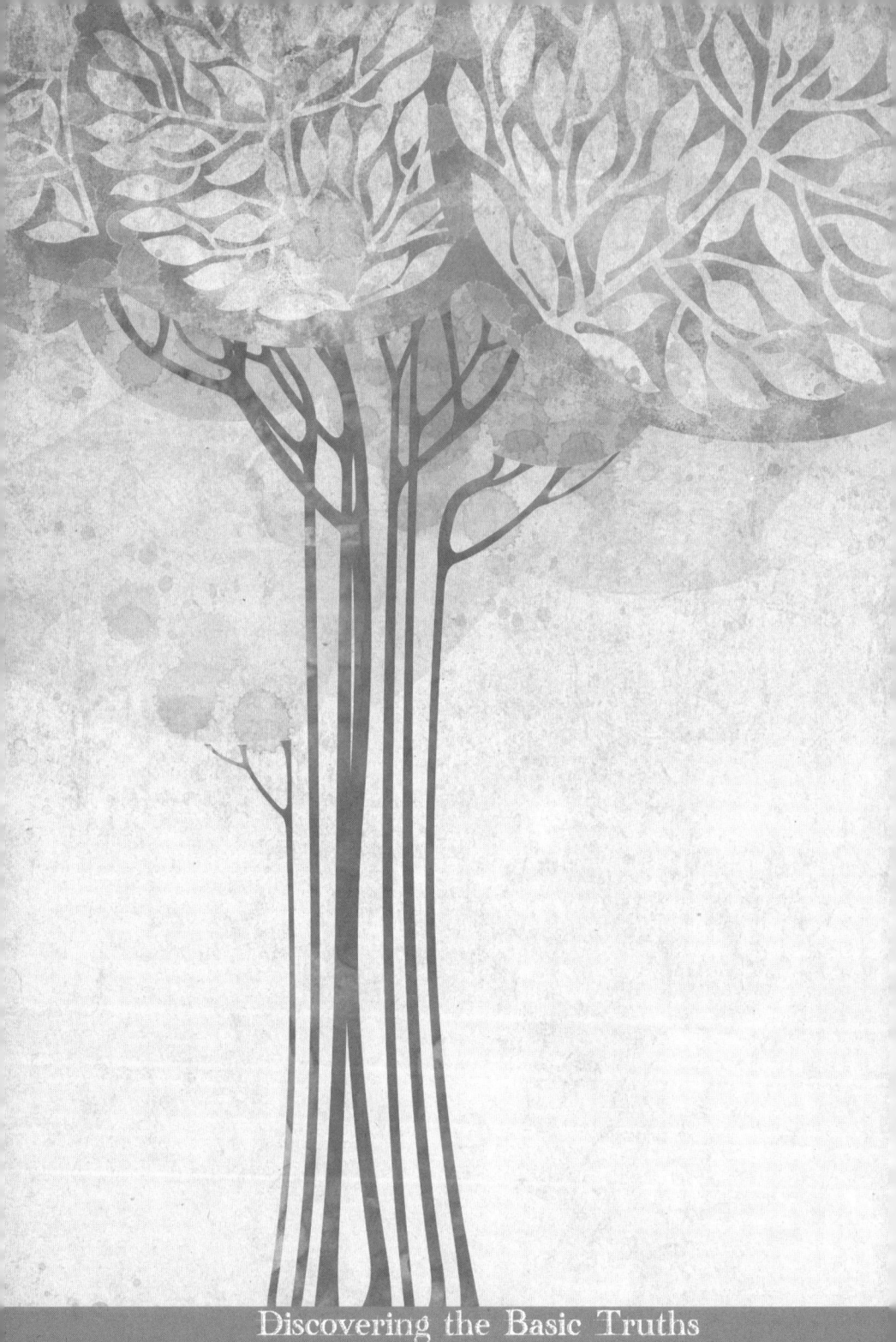
Discovering the Basic Truths of CHRISTIANITY

PART II
새로운 삶의 방식

오늘날 하나님은 당신의 인생을 향해 좋은 계획들을 가지고 계시다. 그분은 예수 그리스도를 통해 당신이 생명 안에서 왕 노릇하길 원하신다. "더욱 은혜와 의의 선물을 넘치게 받는 자들은 한 분 예수 그리스도를 통하여 생명 안에서 왕 노릇 하리로다"(롬 5:17).

원수가 당신으로 하여금 예수님과 그분의 의에서 눈을 떼게 할 때, 이를 허락하지 말라. 당신의 감정과 상황에 통제 당하길 거부하라. 믿음으로 일어나 예수 그리스도와 그분의 의를 통해 생명 안에서 왕 노릇하라. 여기 당신을 위한 기쁜 소식이 있다. 당신은 더 이상 기다릴 필요가 없다. 당신은 오늘 당장 새 삶을 시작할 수 있다!

Chapter 5
행위 VS 믿음

죽은 행실에 대한 회개

예수 그리스도를 영접한 후, 나는 인생을 진리의 기초 위에 다시 건축해야 한다는 사실을 깨달았다. 성장하는 신앙을 위해 무엇보다도 먼저 기독교의 기초를 견고히 해야만 했다. 그런 다음에야 비로소 나는 그것을 근거로 보다 나은 성숙으로 나아갈 수 있었다.

우리 삶에 구축해야 할 영적인 블록들은 하나님의 말씀에서 나온 기본 진리들이다. 이번 장을 기점으로 16장까지 계속해서 우리는 히브리서 6장 1-2절에 나오는 6가지 영적인 블록들을 검토할 것이다.

> 그러므로 우리가 그리스도의 도의 초보를 버리고 죽은 행실을 회개함과 하나님께 대한 신앙과 세례들과 안수와 죽은 자의 부활과 영원한 심판에 관한 교훈의 터를 다시 닦지 말고 완전한 데로 나아갈지니라

여기서 우리는 죽은 행실에 대한 회개, 하나님께 대한 신앙, 세례, 안수, 죽은 자의 부활과 영원한 심판이라는 기초를 닦은 후 계속해서 성숙으로 나아가라는 촉구를 받는다. 여기에 나오는 6가지 원칙들은 영적인 삶에 굳건한 기초를 세우는 데 도움을 준다.

먼저 첫 번째와 두 번째 기초석인 '죽은 행실에 대한 회개'와 '하나님께 대한 신앙'을 먼저 살펴보자. 참된 회개는 언제나 참된 믿음보다 선행한다. "죽은 행실을 회개함과 하나님께 대한 신앙과 … "(히 6:1).

'죽은 행실에 대한 회개'는 우리가 하는 모든 선한 행위를 통해서는 천국에 가지 못한다는 것을 의미한다. 구원은 오직 주 예수 그리스도를 믿는 것에서 온다. 선한 일을 행하고 나쁜 일을 피함으로써 '행위'를 통해 천국에 갈 수 있다고 생각하는 사람들은 다음의 말씀을 정확히 알아야만 한다. "누구든지 온 율법을 지키다가 그 하나를 범하면 모두 범한 자가 되나니"(약 2:10).

진실은 이렇다. 즉 어느 누구도 하나님의 율법을 온전히 지킬 수 없다는 것이다. 왜냐하면 만일 우리가 한 가지 율법에 넘어지면(우리에겐 죄성이 있어서 넘어지기 쉽다) 그 한 가지로 인해 모든 율법을 범하게 되기 때문이다. 다른 말로 하면 우리가 한 번 죄를 범하든, 백만 번 죄를 범하든 똑같이 율법을 어긴 자인 것이다. 비행기가 상공 500피트에서 추락하든, 500미일에서 추락하든 추락하는 것은 똑같고 그로 인한 피해는 매우 치명적이다.

당신이 행하는 어떤 선한 일도 당신을 천국으로 데려다 주지 못하며, 오직 그리스도만이 당신을 그곳으로 인도하신다!

참된 회개냐, 거짓 회개냐?

회개란, 우리의 마음과 행동을 바꾸는 것을 의미한다. 회개는 "마음의 내적 변화이며, 이로 인해 외적인 행동에 변화가 생기고 방향을 돌려 완전히 새로운 방향으로 움직이는 것"이다.1)

하나님의 뜻대로 하는 근심에는 참된 회개가 뒤따른다. 우리는 우리의 죄가 거룩하신 하나님의 마음을 근심케 했다는 것을 깨달을 때 진심으로 슬퍼한다. 이런 근심은 참된 회개와 진정한 행동의 변화로 이어진다. 참된 회개를 경험하면, 우리는 예수님이 베푸시는 용서와 자유를 누릴 수 있다.

그러나 '거짓 회개'라는 것이 있다. 거짓 회개는 하나님께서 우리의 완전한 순종을 받으시기에 합당하다는 사실 이외의 다른 이유로 회개하는 것이다. 예를 들어, 뭔가 나쁜 짓을 하다가 부모에게 들킨 아이들은 들킨 것에 대해서는 부끄럽게 여기지만, 부모에게 불순종한 것에 대해서는 죄송하게 느끼지 않을 수 있다. 이것이 바로 거짓 회개이며, 이것은 사실 회개라고 할 수 없다.

우리도 이와 동일한 죄를 얼마나 많이 범하는가? 만일 우리가 순전하게 하나님의 마음을 아프게 한 것에 대해 뉘우치는 대신 현장에서 들킨 것에 대해서만 부끄러워한다면, 참된 회개를 하지 않은 것이다. 이는 우리가 하나님의 용서 또한 경험할 수 없다는 것을 의미한다. 고린도후서 7장 10절은 "하나님의 뜻대로 하는 근심은 후회할 것이 없는 구원에 이르게 하는 회개를 이루는 것이요 세상 근심은 사망을 이루는 것이니라"고 말한다.

성경은 예수님을 배반한 유다가 회개했다고 말한다. 그러나 그는 참된 회개를 경험하지 못했다. 그의 회개는 단지 후회와 회한뿐이었다. 성경적 회개가 요구하는 대로 자신의 마음과 방향을 바꾸지 않은 그는 심한 자책감을 느낀 후 목매달았다(마 27:5). 스스로 목숨을 끊음으로써 그는 더 이상 회개할 기회도, 마음을 바꿀 방법도 찾을 수 없었다.

단지 후회하는 것만으로는 충분하지 않다. 우리는 하나님께서 우리의 내면을 완전히 바꿔주실 것을 믿어야 한다. 진심으로 회개할 때 예수님의 보혈이 우리의 죄를 깨끗케 하시며, 우리는 계속해서 새로운 방식으로 새로운 삶을 살 수 있다. 참된 회개란 우리가 거룩하신 하나님을 거슬러 죄를 범했다는 것을 인식하고 그것을 고백함으로써 죄 사함을 받고, 그로 인한 내적인 변화를 통해 삶의 방향이 바뀌는 것을 의미한다.

참된 회개 후 용서와 구원을 받는다 할지라도, 우리는 여전히 과거에 저지른 죄의 결과들과 싸워야 할지도 모른다. 부모가 자녀에게 도로에서 놀지 말라고 훈계했더라도 아이가 그 말에 불순종하면 그는 결국 사고를 당해 병원 신세를 지게 될 수 있는 것이다. 부모는 아이를 용서하고 돕겠지만, 아이가 계속해서 말씀에 순종하지 않으면 그로 인한 고통을 겪어야 하는 것이다. 깨어진 관계와 가족, 신뢰의 상실, 성병 혹은 나쁜 습관들 모두가 과거의 죄로 인해 생긴 자연적인 결과들이다. 그러나 주님은 우리에게 이런 결과들을 잘 극복하고 승리의 삶을 살 수 있도록 도우시겠다고 약속하신다(빌 4:13).

때로 우리 또한 과거의 죄에 대한 대가를 지불해야 한다. 예를 들어, 어떤 살인자가 그리스도를 믿으면 하나님께서 그의 죄를 용서하시지만, 여전히 그는 살인죄에 대한 대가를 지불해야 한다. 아무리 후회하고 회개한다 할지라도, 그는 분명히 범죄로 인해 주어진 형량을 채워야 하는 것이다.

선한 행실 vs 죽은 행실

우리는 죽은 행실을 회개하는 것에서 먼저 회개의 부분을 이해했다. 그렇다면 '죽은 행실'이란 무엇인가? 행실이란 우리가 행하는 선한 행동이나 일들을 가리킨다. 죽은 행실이란 우리가 하나님의 은총을 얻기 위해 행하는 모든 일이나 선행을 말한다. 그러나 아무리 수많은 선행과 종교활동을 한다고 해도 우리는 하나님께 받아들여질 수 없고 천국에 갈 수도 없다.

말레이시아의 한 부족은 그들의 신들을 달래고 은총을 얻기 위해 기괴한 의식을 행한다. 매년 그들은 자기 부족 중 한 젊은 남자를 선택해 그의 등에 여러 개의 갈고리를 끼운다. 그런 다음 그 갈고리에 밧줄을 묶어 그들이 섬기는 신의 형상을 실은 1피트 높이의 수레에 연결한다. 부족 사람들은 젊은이가 피를 흘리며 우상을 실은 수레를 끌고 마을을 다니면 그들의 신과 바른 관계를 맺을 수 있다고 믿는다.

이러한 의식이 매우 기괴하고 무모한 행위처럼 들릴지 모르지만, 우리가 하나님을 기쁘시게 하기 위해 선한 행실을 하는 것도 하나님이 보시기에는 이와 크게 다를 바 없다. 마귀는 우리 마음에 갈고리들을 꿰어 선한 일을 해야만 주님이 우리를 받아주신다고 믿게 만든다. 이는 전적으로 잘못된 생각이며, 에베소서 2장 8-9절의 말씀과도 상반된다. "너희는 그 은혜에 의하여 믿음으로 말미암아 구원을 받았으니 이것은 너희에게서 난 것이 아니요 하나님의 선물이라 행위에서 난 것이 아니니 이는 누구든지 자랑하지 못하게 함이라."

우리는 믿음으로 구원을 받았다. 우리는 하나님의 은총을 받았는데 이는 우리가 그리스도의 인격과 공로를 믿었기 때문이다. 행위에는 우리 안에 영적인 생명을 낳을 수 있는 능력이 전혀 없다. 그럼에도 불구하고 우리는 행위를 통해 하나님의 은총을 얻고자 하는 함정에 빠지기 쉽다. 바로 이런 행동이 죽은 행실이다.

사도 바울은 처음에는 그리스도를 믿는 믿음으로 시작했지만, 후에는 죽은 종교적 행위를 통해 영성을 얻으려고 한 갈라디아 교인들을 책망했다.

어리석도다 갈라디아 사람들아 예수 그리스도께서 십자가에 못 박히신 것이 너희 눈 앞에

밝히 보이거늘 누가 너희를 꾀더냐 내가 너희에게 다만 이것을 알려 하노니 너희가 성령을 받은 것이 율법의 행위로냐 혹은 듣고 믿음으로냐 너희가 이같이 어리석으냐 성령으로 시작하였다가 이제는 육체로 마치겠느냐 … 너희에게 성령을 주시고 너희 가운데서 능력을 행하시는 이의 일이 율법의 행위에서냐 듣고 믿음에서냐 (갈 3:1-3, 5)

죽은 행실은 매우 종교적일 수 있다. 만일 그리스도인들이 그들의 믿음을 하나님보다는 전도나 성경 읽기, 혹은 교회 출석에 둔다면 그들의 선한 행위들은 결국 죽은 행실이 될 것이다. 만일 하나님의 은총을 얻기 위해 교회의 사역에 적극적으로 동참하고 가난한 자를 돕고 헌금을 하며 좋은 아내와 남편이 되고 순종하는 자녀가 된다면, 이 또한 죽은 행실이 될 수 있다.

내가 만난 사람들 중 나쁜 습관을 끊으면 하나님께서 자신을 받아주실 것이라고 생각하는 이들이 많았다. 그들은 "담배를 끊으면 하나님께서 저를 받아주실 겁니다"라고 말한다. 하나님은 우리가 나쁜 습관을 극복했기 때문에 받아주시지 않는다. 그분이 우리를 받아주시는 이유는 그분의 아들인 예수 그리스도께서 2,000년 전에 우리 죄를 위해 십자가에서 죽으셨고, 우리가 그분을 영접하여 하나님의 자녀가 되었기 때문이다. 우리가 삶을 주님께 드리면, 그분은 우리에게 담배도 끊고 하나님께 영광이 되지 않는 다른 습관들도 중단할 수 있는 능력과 은혜를 주실 것이다. 그분은 있는 모습 그대로 우리를 받으시고, 우리에게 은혜와 변화에 대한 갈망을 주신다.

우리의 선함이 하나님의 은총을 가져다주지 않는다. 우리는 이미 하나님의 은총을 받았다! 하나님은 우리를 불러 선한 일을 행하게 하시지만, 우리가 선한 일을 하는 것은 그분의 은총을 받기 위해서가 아니라 이미 은총을 입었기 때문이다.

행위는 우리를 구원할 수 없다

다시 한 번 말하지만, 선행에는 천국의 진주문을 통과시킬 능력이 없다. 성경은 심지어 우리가 하나님을 기쁘시게 하기 위해 행하는 가장 '선한 행위'도 그분의 선하심과 비교하면 더러운 걸레와 같다고 말한다. "우리의 의는 다 더러운 옷 같으며"(사 64:6). 이런 이유 때문에 하나님이나 사람에게 좋은 인상을 주기 위해 행한 선한 행위는 '죽은 행실'이 된다. 이와 관련하여 한 이야기를 소개하겠다.

어느 날 한 거지가 길을 걷다가 경호군사들과 함께 자신을 향해 다가오는 왕을 보았다. 거지는 놀라서 어쩔 줄을 몰랐다. 그런데 왕이 거지를 내려다보더니 이렇게 말했다. "와서 내 말에 올라타라." 그 말에 거지는 너무나 놀랐다. '왕이 미천한 나에게 왜 이러시는 거지?'라며 그는 의아해했다.

거지는 서둘러 왕의 말에 올라탔고, 그들은 왕궁까지 함께 갔다. 궁궐에 들어서자 왕이 거지에게 말했다. "오늘 나는 너와 함께 궁전에서 살기로 결정했다. 나는 앞으로 근사한 새 옷과 온갖 진미를 너에게 줄 것이다. 그 외에 너의 모든 필요를 채워주겠다."

그 말에 거지는 잠시 생각했다. 그가 할 수 있는 유일한 일은 왕이 주기로 약속한 것을 그저 받기만 하면 되는 것이었다. 하지만, 그 제안은 너무도 좋은 것이라 실감이 나지 않았다. 그는 이러한 대접을 받을 자격이 없는 사람이었기 때문이다. 사실 그것은 앞뒤가 맞지 않는 일이었다. 자신은 아무것도 받을 만한 자격이 없는데, 어떻게 왕이 가족으로 받아주고 모든 필요를 채워준단 말인가?

그날 이후로 계속해서 거지는 왕이 주는 것을 먹고 살았다. 그러나 그는 이렇게 생각했다. '왕이 혹시라도 생각이 바뀔 경우를 대비해서 나의 헌 옷을 꼭 붙들고 있어야겠어. 나는 모험을 하고 싶지 않아.' 그래서 그 거지는 만일을 대비해서 예전에 입었던 넝마 같은 옷을 항상 들고 다녔다.

거지가 늙어서 죽게 되었을 때, 왕이 찾아왔다. 침상 곁에 앉은 왕은 그의 손에 꼭 쥐어진 너덜너덜한 옷을 보았다. 순간 두 사람은 울기 시작했다. 마침내 거지는 오랜 시간 궁전에서 왕과 함께 살았지만, 한 번도 진정으로 그를 신뢰해 본 적이 없다는 것을 깨달았다. 대신 그는 그 긴 세월을 잔혹한 착각 속에서 살아온 것이다. 왕자와 같은 삶을 살 수 있었던 그는 왕궁에서도 여전히 거지로 산 것이다.

우리 중 많은 이들이 이와 같이 산다. 우리는 예수님께 삶을 드리지만, 한편으로는 '만일을 대비해서' 우리의 행위와 우리가 하는 선한 것들에 집착하고 이를 의지한다. 그러나 전심으로 예수 그리스도를 신뢰하는 대신 이런 '죽은 행실'을 의지하는 것은, 하나님이 보시기에 마치 더러운 넝마를 붙들고 있는 것과 같다. 주님은 우리의 선한 행위 때문에 우리를 받으시는 것이 아니다. 하나님이 우리를 받으시는 이유는 오직 우리가 그분의 아들 예수 그리스도를 믿고, 그분이 우리를 위해 십자가에서 행하신 일을 믿기 때문이다. 우리는 그분을 믿음으로 의롭게 된다. 그러므로 비록 우리가 이 모든 것을 받을 만한 가치가 없음에도 불구하고 주님께서 우리를 축복하시고 그분의 생명으로 채우시길 간절히 원하신다는 사실을 믿기가 어렵다는 이유로, 생이 끝나는 날까지 너덜너덜한 넝마를 과감히 버리지 못하고 붙드는 일이 없도록 하자.

선한 일에 대한 하나님의 관점

그렇다면 우리는 선한 일을 해야 하는가? 물론이다! 하나님은 우리가 선한 일을 하길 원하신다. 우리는 행함으로써 사랑을 보여준다. 우리는 일생 동안 수많은 선한 일들을 해야 하지만, 오직 하나님이 우리를 사랑하시고 받아 주셨기 때문에 그렇게 해야 한다. 그러나 그분의 은총을 얻기 위해서 선행을 할 필요는 없다. 구원에 있어서 행위는 설 자리가 없다. 그러나 우리가 믿음으로 주님께 나아가고 그분께서 우리를 받아 주셨으며 우리를 있는 모습 그대로 사랑하신다는 것을 안 후에 우리는 하나님께 순종하길 원하게 된다. 하나님께서 변화시키셨기 때문에 우리는 선한 일을 하기 원한다. 바울은 에베소 교인들에게 이렇게 말했다.

> 우리는 그가 만드신 바라 그리스도 예수 안에서 선한 일을 위하여 지으심을 받은 자니 이 일은 하나님이 전에 예비하사 우리로 그 가운데서 행하게 하심이니라 (엡 2:10)

하나님은 우리가 그리스도인다운 삶을 살 수 있도록 능력을 주신다. 그래서 우리는 그분이 부어주신 그 큰 사랑을 의지하여 행동하고 싶어 한다. 나는 아버지가 되기 위해 자녀들을 돌보지 않는다. 내가 그들의 아버지이고 그들을 깊이 사랑하기 때문에 자녀들을 돌본다. 우리는 의롭게 되고 싶어서 선한 일을 행하는 것이 아니라, 의롭기 때문에 선한 일을 행한다.

일전에 8살 된 한 소년의 이야기를 읽은 적이 있다. 그의 어머니는 그에게 정원을 일구라고 말했다. 괭이질을 어떻게 해야 하는지 자세히 보여주고 나서 어머니는 "자, 일을 다 끝내면 말해라. 그러면 내가 와서 보마"라고 말했다. 마침내 그는 지시에 따라 일을 끝낸 후 어머니를 불러 평가를 해 달라고 했다. 그녀는 한 번 정원을 보더니 고개를 절레절레 저었다. "아들아, 너는 이 일을 다시 해야 할 것 같구나. 다른 아이들이라면 그런대로 괜찮았을 것이다. 그러나 너는 다르다. 너는 내 아들이다. 그리고 내 아들은 이보다 더 잘할 수 있단다!" 아들이 정원을 완벽하게 일구지 못했다고 해서 어머니가 아들을 사랑하지 않겠는가? 아니다. 그녀는 단지 그가 더 잘할 수 있길 기대했다. 우리 안에 있는 하나님의 생명은 선한 행실과 변화된 성품을 낳는다. 우리를 향한 그분의 사랑은 우리가 다른 사람에게 다가가 선한 일들을 하도록 동기를 부여하신다. 왜냐하면 우리가 마음을 다해 그분을 사랑하기 때문이다.

참된 의

로마서 10장 2-3절은 하나님에 대해 열심을 지닌 종교인들에 대해 이야기한다. 그들은 자신의 공로로 구원을 얻고, 자신의 의를 세우려고 노력했다. 즉 그들은 자신의 방식으로 하나님께 의롭다 하심을 얻으려 했다.

> 내가 증언하노니 그들이 하나님께 열심이 있으나 올바른 지식을 따른 것이 아니니라 하나님의 의를 모르고 자기 의를 세우려고 힘써 하나님의 의에 복종하지 아니하였느니라

이들은 죄인을 구원하시는 하나님의 방법을 제대로 알지 못했다. 그들은 예수 그리스도를 믿음으로만 구원을 받는다는 것을 깨닫지 못했다. 대신 그들은 자기 자신의 의를 세우려고 노력했다. 그들은 진지하게 노력했지만, 그것은 완전히 잘못된 것이었다.

이런 자들은 젊은 미식축구 선수를 연상시킨다. 그는 마침내 공을 잡아서 전속력으로 달린다. 그런데 한 가지 문제가 있었다. 그것은 바로 상대팀이 아닌 자기 팀의 골문을 향해 달린 것이다. 이 젊은이에게는 열정이 있었고 최선을 다해 빠른 속도로 달렸지만, 결정적으로 방향이 잘못되었다. 그는 방향이 잘못된 열정을 가지고 있었다. 우리의 열정도 신리에 대한 바른 견해를 바

탕으로 하지 않으면 잘못된 방향으로 흐를 수 있다. 그러면 우리의 선한 행위들도 결국 자살골과 같이 헛된 것이 되고 만다.

오래 전에 친구와 함께 남미를 갔을 때, 우리는 국내선 항공권을 페소로 지불해야만 했다. 페소가 없었던 우리는 그들에게 그보다 훨씬 더 가치가 큰 미국 달러를 주었다. 그러나 아무리 가치가 큰 돈이라 해도 그들은 달러를 받으려 하지 않았다. 그 나라의 화폐시스템이 페소를 기준으로 하기 때문에 달러로는 어떤 비용도 지불할 수 없었던 것이다. 우리에게는 비용을 지불하고자 하는 열의와 나름 가치가 있는 달러가 있었지만, 그것은 그곳에서 전혀 통하지 않는 것이었다.

단순히 진지하고 열정이 있다고 해서 다 되는 것이 아니다. 그 이상의 것, 즉 진리를 알아야만 한다. 우리는 우리의 마음을 예수 그리스도께 항복시켜야 한다. 하나님 앞에 바르게 서는 것은 오직 예수 그리스도를 믿음으로만 가능하다. 그러나 사탄은 구원을 위해 예수 그리스도께서 이루신 공로 이외의 다른 것을 신뢰하도록 우리를 유혹한다. 어떤 이들은 예수님을 주님으로 영접하지만, 보다 더 의로워지길 바라는 마음으로 온갖 종류의 선행을 더한다. 하나님은 우리가 바르게 음식을 먹고, 성경을 읽고, 열정적으로 기도하고, 옷을 정숙하게 입기 때문에 우리를 받아주시는 것이 아니다. 그분은 오직 예수님 안에서 우리를 받아주신다. 우리는 위에서 언급한 선한 일들을 할 수는 있으나, 주님이 우리를 받으시기를 바라는 마음으로 하는 것은 아니다. 이미 주님께서 우리를 받아주셨기 때문에 기쁨과 감사함으로 이런 일들을 하는 것이다.

방향 전환

순수한 유대 혈통이었던 사도 바울은 헬라의 최고 교육을 받은 초대교회

선교사로서, 그리스도의 메시지와 가르침에 있어서 가장 영향력 있는 해석가 중 한 명이었다. 그러나 그는 이 모든 지식과 그가 행한 모든 위대한 일들이 예수 그리스도를 아는 지식에 비교했을 때 한낱 쓰레기 더미에 불과하다고 말했다.

> 그러나 무엇이든지 내게 유익하던 것을 내가 그리스도를 위하여 다 해로 여길뿐더러 또한 모든 것을 해로 여김은 내 주 그리스도 예수를 아는 지식이 가장 고상하기 때문이라 내가 그를 위하여 모든 것을 잃어버리고 배설물로 여김은 그리스도를 얻고 (빌 3:7-8)

자신의 신앙적 배경과 경력 혹은 학벌과 자격증을 신뢰하고 그것을 통해 하나님께 나아갈 수 있다고 생각하는 자들은 잘못된 믿음을 가진 자들이다. 만일 당신이 훌륭한 기독교 가정에서 성장하여 성경을 배우고 신앙 훈련을 받을 기회를 가졌다면, 이로 인해 하나님께 감사하라. 그러나 심지어 이러한 좋은 것조차 예수님을 주로 알고 그분의 의를 신뢰하는 것에 비하면 쓰레기일 뿐이다.

그리스도를 알고 그분과 친밀한 관계를 맺는 것은, 우리가 하는 일이나 그분을 위해 한 일보다 훨씬 더 중요하다. 나는 내 아내가 식사를 준비하고 옷을 빨아줘서 고맙지만, 이런 일들은 우리가 함께 나누는 사랑의 관계에 비하면 아무것도 아니다. 나는 무엇보다도 그녀를 아는 일을 즐거워한다. 이와 동일한 원리가 예수님과 우리의 관계에도 적용된다.

만일 당신이 예수님과 당신의 관계보다 자신의 선한 일들이나 배경을 더 신뢰한다면, 바로 회개해야 한다. 예수님은 당신이 그분의 의와 용납하심을 경험할 수 있도록, 그분의 사랑으로 당신을 가득 채우고 싶어 하신다.

회개할 때 우리는 '180도 방향 전환'을 한다. 우리는 완전히 돌아선다. 만일 우리가 한 지역에서 다른 지역으로 이사를 한다면, 학교나 직장도 옮겨야 한다. 우리는 한 곳에서 다른 곳으로 간다. 참된 회개는 언제나 참된 믿음에 선행한다. 그러므로 영적인 삶에 있어서, 우리는 죽은 행실에 믿음을 두었던 것을 회개하고 오직 살아계신 하나님만을 믿음으로써 180도 방향 전환을 해야 한다.

행위 vs 믿음

| 묵상을 위한 질문

1. 참된 회개와 거짓 회개의 차이는 무엇인가? 회개의 유일한 이유는 무엇이어야 하는가?

2. 만일 당신의 선행이 하나님을 기쁘시게 하지 못한다면 에베소서 2장 10절을 어떻게 설명하겠는가? 왜 하나님은 당신에게서 선한 일을 기대하시는가? 선한 일을 행하는 당신의 유일한 동기는 무엇이어야 하는가?

3. 사람들은 자신의 의를 어떻게 세우려고 하는가? 당신의 '하나님을 향한 열정'이 죽은 행실을 낳지 않는다는 것을 어떻게 알 수 있는가?

4. 예수님을 개인적으로 아는 것이 당신의 인생에서 가장 중요한가?

Chapter 6

진정한 믿음

하나님께 대한 신앙

5장에서 우리는 선한 일을 행함으로써 하나님께 용납받으려고 했던 것을 회개해야 한다는 것을 배웠다(히 6:1). 하나님이나 사람에게 좋은 인상을 주려고 행한 선한 행위들은 '죽은 행실'이며 이는 우리를 하나님께로 인도하지 못한다. 오직 참된 회개만이 진정한 믿음으로 인도한다.

히브리서 6장의 말씀 가운데 회개 다음에 두 번째 등장하는 것은 '하나님께 대한 신앙'이다. 우리의 믿음을 하나님께 두는 것은 그리스도인의 삶에 있어서 중요한 기본원리이다. "그러므로 우리가 그리스도의 도의 초보를 버리고 … 하나님께 대한 신앙과 … 교훈의 터를 다시 닦지 말고 완전한 데로 나아갈지니라"(히 6:1).

믿음이란 무엇인가? 그것은 마음에서 일어나는 것으로서 우리 삶에 변화를 일으킨다. 그리스도에 대한 고백은 지성(minds)의 영역에 머물지 않는다. 하나님께 대한 신앙은 마음(hearts)의 변화를 낳으며, 그로 인해 우리는 죄를 떠나 믿음으로 그분의 의로 들어간다. 성경은 히브리서 11장 1절에서 문자 그대로 믿음이 무엇인지를 정의한다.

믿음은 바라는 것들의 실상이요 보지 못하는 것들의 증언이니

믿음은 먼저 믿고(believing) 그 다음에 보는(seeing) 과정을 포함한다. 그리스도인인 우리는 마치 이미 주님을 본 것처럼 살고 행동한다. 그것은 우리가 하나님을 신뢰하기 때문이다. 우리는 믿음을 그분에게 두었다. 그러나 하나님은 우리의 육안으로 보이지 않으시며, 오직 믿음의 눈으로만 보인다. 우리는 신체 감각기관을 통해 보지는 못하지만 믿는다.

하나님은 아브라함에게 아들이 생기기 훨씬 전에 그를 '열국의 아비'로 부르셨다. 성경은 아브라함이 약속하신 것을 이루실 줄을 '바라고 믿었다'고 말한다(롬 4:18). 그는 물리적인 증거를 볼 때까지 기다리지 않고, 믿음으로 바라고 나아갔다.

믿음은 '하나님의 선물'이다(엡 2:8). 로마서 12장 3절에 따르면 하나님은 거룩한 숟가락을 사용하여 우리에게 '믿음의 분량'을 주신다. 그러므로 우리가 해야 할 질문은 "내가 어떻게 믿음을 얻었는가?"가 아니라 "하나님이 이미 주신 믿음을 어떻게 사용할 것인가?"가 되어야 한다. 우리 모두는 무언가를 믿는다. 우리는 자동차를 운전할 수 있는 자신의 능력을 믿거나 집의 천장이 무너지지 않을 것을 믿는다. 어떤 사람들은 자신의 능력을 믿지만, 다른 사람들은 그들의 철학을 믿는다. 그러나 그리스도인으로서 우리의 믿음은 온전히 살아 계신 하나님이신 예수 그리스도에게만 초점을 맞춰야 한다.

오직 믿음으로 예수님을 영접한다

어떻게 우리는 그리스도를 주님으로 영접하는가? 바로 믿음을 통해서다. 어떻게 우리는 날마다 그리스도인의 삶을 사는가? 믿음으로다. 히브리서 11장 6절은 우리에게 이렇게 말한다. "믿음이 없이는 하나님을 기쁘시게 하지 못하나니 하나님께 나아가는 자는 반드시 그가 계신 것과 또한 그가 자기를 찾는 자들에게 상 주시는 이심을 믿어야 할지니라."

믿음은 우리가 하나님께 최초로 보이는 반응이다. 우리는 믿음으로, 오직 믿음으로만 그리스도에게 우리의 신뢰를 둔다. 우리는 우리 자신의 능력을 의지할 수 없다. 우리는 그분의 능력을 의지해야만 한다. 만일 세계적으로 유명한 복음전도자 빌리 그래함이 하나님과 바른 관계에 서기 위해 자신의 행위를 의지했다면, 그는 결코 성공하지 못했을 것이다. 왜냐하면 하나님은 완벽을 요구하시기 때문이다. 당신도 알다시피 심지어 빌리 그래함과 같은 하나님의 사람도 완벽하지 않다. 예수 그리스도 이외에 어느 누구도 완벽하지 않다. 그래서 우리는 우리 자신의 도덕성이나 선행으로 하나님께 나아가려고 시도했던 것을 회개해야 한다. 더 훌륭한 학생, 더 훌륭한 배우자, 혹은 더 강력한 복음전도자가 되려고 '더 열심히 노력한다' 할지라도 우리는 결코 하나님께 더 가까이 나아갈 수 없다. 하나님께 우리의 믿음을 두는 것만이 그분을 기쁘시게 하는 유일한 길이다. 우리가 우리의 믿음을 살아 계신 하나님께 두고 그분을 섬기는 이유는 오직 하나인데, 그것은 그분이 하나님이시기 때문이다. 그분은 우리의 찬양과 충성을 받으시기에 합당하시다.

우리가 믿음으로 그리스도를 영접하기 때문에, 믿음 위에 굳게 서야 하며 곁길로 새서는 안 된다. 예수님을 주님으로 영접하고 그분께 믿음을 둘 때, 우리는 더 이상 삶이 예수님을 믿기 전처럼 우리의 생각과 욕망으로만 채워지지 않는다는 것을 발견한다. 모든 것이 변한 것이다! 그리스도는 지금 실제로 우리 안에 살고 계신다. 갈라디아서 2장 20절은 이렇게 말한다.

> … 그런즉 이제는 내가 사는 것이 아니요 오직 내 안에 그리스도께서 사시는 것이라 이제 내가 육체 가운데 사는 것은 나를 사랑하사 나를 위하여 자기 자신을 버리신 하나님의 아들을 믿는 믿음 안에서 사는 것이라

이것이 왜 그렇게 중요한가? 그리스도가 우리 안에 사신다는 것을 깨달았을 때, 나는 삶을 다른 관점에서 보기 시작했다. 나는 내 삶의 진정한 가치를 본다. 그리스도가 내 안에 살아 계신다. 그리고 2,000년 전에 예수 그리스도 안에 거하셨던 동일한 성령께서 내 안에 지금 계신다. 그분은 주님에게 초자연적인 삶을 살 수 있는 능력을 주셨고, 나에게도 그와 동일한 능력을 주신다. 그분의 능력은 계속해서 나와 당신을 인도하실 것이다.

자신을 점검하라

믿음은 우리의 겉모습이나 행위에 근거한 것이 아니라는 사실을 기억하라. 참된 믿음만이 변화된 행동을 가져온다. 우리는 교회에 소속되어 있고, 매주 헌금을 드리며 다른 사람들을 돕고, 심지어 다른 사람들을 섬기기 위해 삶을 드릴 수도 있다. 그러나 앞서 배운 것처럼 그리스도인이 분명 선한 행위들을 하지만, 그것이 우리를 참된 그리스도인으로 만들어주지는 못한다. 겉으로 보기에는 매우 훌륭한 그리스도인처럼 보이지만, 정작 내면에 생명이 없는 자들은 실망스러운 모조품일 뿐이다.

때로는 가짜 그리스도인과 순전한 그리스도인이 외적으로 너무나 비슷해

보여서 그 차이를 거의 구분할 수 없을 때가 있다. 이런 이유로, 하나님은 우리가 진정한 그리스도인으로서 온전히 살 수 있도록 삶을 점검하길 원하신다.

> 너희가 믿음 안에 있는가 너희 자신을 시험하고 너희 자신을 확증하라 예수 그리스도께서 너희 안에 계신 줄을 너희가 스스로 알지 못하느냐 그렇지 않으면 너희는 버림받은 자니라 (고후 13:5)

우리는 자신의 삶이 성경에서 말하는 그리스도인의 삶에 합당한지 말씀 앞에 세밀하게 비춰 봐야 한다. 위조지폐 감식 훈련을 받는 경찰관은 진폐(眞幣)를 연구하고 익히는 데 많은 시간을 보낸다. 우리가 진폐인 성경을 연구하고 성령의 도우심을 구할 때, 진짜와 가짜의 차이를 알게 될 것이다. 성경은 성령께서 우리를 모든 진리 가운데로 인도하실 것이라고 말한다. "그러나 진리의 성령이 오시면 그가 너희를 모든 진리 가운데로 인도하시리니"(요 16:13). 성령은 우리를 가르치시고 교정하시며, 우리를 진리 가운데로 인도하시기 위해 책망하신다.

어느 날 한 친구가 나에게 초콜릿을 주었다. 그런데 그것은 이미 초콜릿을 다 먹고 대신 나무를 넣어 잘 포장한 것이었다. 포장을 뜯을 때부터 나는 그의 간교한 계략을 알아챘다! 우리는 그럴듯한 겉모습에 쉽게 속는다. 그러므로 모든 그리스도인은 자신의 구원이 진짜인지, 가짜인지를 확인하기 위해 정확히 검증해야 한다.

믿음으로 말미암은 의

우리가 하나님과 바른 관계를 맺고 있으며, 가짜 그리스도인이 아니라는 것을 어떻게 아는가? 로마서 3장 22절은 우리가 오직 예수 그리스도를 믿음으로써만 의롭게 된다는 것을 말한다. "곧 예수 그리스도를 믿음으로 말미암아 모든 믿는 자에게 미치는 하나님의 의니 차별이 없느니라."

'의'란 우리가 하나님과 바른 관계를 맺는 것이다. 의로운 양심이란 예수 그리스도를 믿음으로 말미암아 우리가 하나님과 바른 관계에 서 있다는 사실을 계속해서 의식하거나 생각하는 것을 의미한다.

로마서 4장 3절은 우리에게 분명히 말한다. "아브라함이 하나님을 믿으매 그것이 그에게 의로 여겨진 바 되었느니라." 여기에서 '여겨진'이란 말은 문자 그대로 '대변에 기재된'(credited)이란 뜻이다.1) 우리가 주님을 믿을 때 그분은 우리의 계좌에 그분의 의를 대변으로 기입하신다. 누군가가 당신의 은행계좌에 매주 돈을 입금한다고 상상해 보라. 당신은 아마 "나는 이럴 만한 가치가 없는데"라고 말할 것이다. 그러나 당신이 그럴 만한 가치가 있든 없든, 당신의 은행계좌의 예금액은 계속해서 늘어난다. 하나님이 하시는 일이 바로 이렇다. 성경은 우리가 아브라함처럼 하나님을 믿으면, 주님께서 우리의 계좌에 의를 입금해 주신다고 말한다. 그러므로 하나님과 바른 관계에 서는 것은 우리의 행위를 의지하지 않는 것이다. 그것은 예수 그리스도에 대한 우리의 믿음(그분에 대한 우리의 신뢰)을 의지한다.

우리가 믿음으로 의의 진리를 고백하기 시작할 때, 무슨 일이 일어나는지 아는가? 주님은 우리의 필요를 채워주신다! "너희는 먼저 그의 나라와 그의 의를 구하라 그리하면 이 모든 것을 너희에게 더하시리라"(마 6:33). 하나님은 우리가 예수 그리스도를 믿음으로 말미암아 그분의 자녀가 되었기 때문에 우리의 필요를 공급해 주신다. 하나님은 예수를 믿게 하심으로써 우리를 의롭게 하신다. 하나님은 우리를 이미 받으셨다. 그러므로 우리가 그분을 구할 때, 우리의 필요를 공급해 주실 것이다.

나는 펜실베니아 가족 농장의 독자로 자랐다. 나를 포함한 우리 가족은 모두 내가 농장을 물려받아 더 많은 이익을 내는 기업으로 바꿀 것이라고 생각했다. 그러나 결혼하고 몇 년이 지난 후, 나는 주님께서 내가 농장을 포기하고 재정적 보장이 없는 개척 교회의 목사로 섬기기 원하신다는 것을 깨달았다. 지난 29년간 계속해서 그의 나라와 그의 의를 먼저 구했을 때, 주님은 계속해서 놀라운 방법으로 모든 필요를 공급해 주셨다.

대부분의 초신자들은 지나치게 감정을 의지하는 실수를 범한다. 그들은 어떤 날은 하나님과 가까이 있는 것처럼 느끼지만, 다른 날은 그분을 전혀 느끼지 못한다. 때문에 우리는 감정을 신뢰해서는 안 된다. 다만 하나님의 말씀의 진리를 신뢰해야만 한다. 시험을 당해 낙심하거나 우울해할 때, 우리는 예수의 이름으로 이런 생각들을 우리를 향한 하나님의 생각으로 바꾸기로 결단해야 한다. 하나님이 당신을 보시는 관점으로 자신을 보라. 하나님이 다른 사람들을 보시는 관점으로 그들을 보라. 그의 나라의 그의 의를 먼저 구하라. 그리하면 주님께서 당신이 필요로 하는 모든 것을 응답으로 더하실 것이다.

죄 의식을 인식하라

어떤 사람들은 의의 의식(righteousness consciousness)과 반대되는 죄 의식(sin consciousness)을 가지고 있다. 사람들이 죄 의식을 가질 때, 그들은 계속해서 자기들이 실패하고 죄를 범하는 경향이 있다는 사실을 인식하거나 이에 대해 집요하게 생각한다. 우리 스스로 하나님께 순종할 수 없다는 것이 사실이지만, 성경은 우리가 주님의 능력(competence)을 신뢰할 수 있다고(우리를 꿰뚫어 보시는 그분의 능력을 믿을 수 있다고) 말한다.

우리가 그리스도로 말미암아 하나님을 향하여 이같은 확신이 있으니 우리가 무슨 일이든지 우리에게서 난 것 같이 생각하여 스스로 만족할 것이 아니니 우리의 만족은 오직 하나님께로부터 나느니라 그가 또한 우리를 새 언약의 일꾼 되기에 만족하게 하셨으니 율법 조문으로 하지 아니하고 오직 영으로 함이니 율법 조문은 죽이는 것이요 영은 살리는 것이니라 (고후 3:4-6)

우리가 어떤 일을 할 수 있는 것은 하나님의 능력 때문이다. 우리는 자신의 힘으로는 절대로 하나님께 순종할 수 없다. 우리는 하나님의 힘을 믿어야만 한다. 우리가 '스스로의 힘으로 일을 해내려고' 할 때마다 죄를 의식하며 살게 된다. 죄 의식은 생각이 우리 자신을 향하게 만든다. 우리는 자신의 능력을 의지하여 성공하면 쉽게 교만해지고, 성공하지 못하면 비참한 실패자라고 느낀다. 그러나 이런 태도 대신에 우리에게 힘과 평화를 주시는 예수님을 바라봐야 한다.

그것은 마치 이와 같다. 만일 당신이 병원에서 거의 파열 직전에 있던 맹장을 떼어냈다면 당신은 무엇에 집중하겠는가? 수술로 인한 고통인가, 아니면 꿰맨 바늘 자국인가? 아니면 당신은 "할렐루야! 독이 제거되었다네. 나는 예수의 이름으로 나음을 입었다네"라고 말하겠는가? 우리는 고통과 치유 중 한 가지를 선택하여 집중한다. 만일 우리의 눈을 예수님과 그분의 의에 둔다면, 하나님은 우리에게 약속하신 풍성한 삶을 자유롭게 누리게 하실 것이다.

만일 당신이 하나님의 자녀인데 삶 가운데 죄를 짓고 있다면, 주님께서 분명 당신에게 말씀하실 거라고 약속할 수 있다. 그분은 기록된 말씀이나 사람들을 개입시키심으로 말씀하실 것이다. 당신에게 진리를 알려주시기 위해 그분은 어떤 일이든 하실 것이다. 이런 식으로 당신은 예수님을 바라보고, 당신이 '그분 안에서 의롭다'는 것을 알게 될 것이다. 이 원리를 이해하고 하나님의 의 가운데 살기 시작하면, 우리는 승리의 삶을 살기 시작한다. 그러나 예수님을 보는 대신 자신을 볼 때마다, 우리는 혼돈과 낙심을 경험한다.

초신자 시절, 한동안 나는 하나님과 올바른 관계에 있지 않다고 느꼈다. 내가 의롭다고 느끼려고 노력하면 할수록 나 자신이 더 나쁘게 느껴졌다. 그러던 어느 날, 나는 스스로 의롭다고 느끼기 위해 내가 할 수 있는 것이 아무것도 없다는 것을 깨달았다. 하나님께서 기록된 말씀을 통해 내가 의롭다고 하셨기 때문에 나는 의로웠다. 나는 매일 나 자신에게 "예수 그리스도를 믿음으로 나는 지금 의롭다"라고 선포하기 시작했다. 그러자 나의 감정이 내가 선포하는 진리를 따라가기 시작했다. 혼돈과 낙심의 감정은 내가 그리스도와 바른 관계 속에 있다는 확신과 자신감으로 바뀌었다.

의의 씨를 심으라

휴일 아침에 평소처럼 알람이 울려서 잠에서 깬 적이 있는가? 잠에서 깬 당신은 처음엔 직장에 가야 한다고 생각하다가 이내 '오늘이 휴일이지! 더 잘 수 있겠네'라고 깨닫는다. 이처럼 우리는 진리에 대해 깨어난다.

성경은 우리에게 "깨어 의를 행하라"고 격려한다. 나는 다른 사람들에게 예수님에 대해 증거할 수 있다. 나는 하나님의 사람이 될 수 있다. 나는 직장에 가서 즐겁게 일할 수 있고, 부모님을 사랑할 수 있다. 현실적인 상황과 상관없이 나는 주를 위해 가족을 양육할 수 있다. 나는 믿음의 행보를 이어갈 수 있으며 승리할 수 있다. 나는 예수 그리스도를 믿음으로 의롭다. 당신은 깨어 하나님의 은혜로 의와 승리의 삶을 살 수 있다고 말하는 하나님의 진리를 행할 수 있다.

깨어 의를 행하고 죄를 짓지 말라 하나님을 알지 못하는 자가 있기로 내가 너희를 부끄럽게 하기 위하여 말하노라 (고전 15:34)

얼마 전, 배가 전복되어 두 남자를 구조해야 했던 사람의 이야기를 들었다. 헬리콥터가 밧줄을 내리자 첫 번째 남자는 밧줄을 잡아 헬리콥터로 올려졌다. 그러나 두 번째 남자는 "헬리콥터 바닥에 연결된 밧줄에 매달리는 것은 너무 위험합니다"라고 소리쳤다. 두 사람 모두에게 선택권이 있었다. 그것은 밧줄에 매달려 안전하게 피하거나 그대로 바다에 빠져 생명을 잃는 것, 둘 중 하나이다. 우리 또한 죽은 행실을 신뢰하는 대신 하나님을 신뢰하고 믿음으로 그분의 의를 받거나 영적으로 죽거나, 둘 중 하나를 선택할 수 있다.

다시 말하지만, 믿음으로 말미암은 의는 우리의 감정과 전혀 상관이 없다는 사실을 강조하고 싶다. 그것은 우리 자신과 '선해지고자 하는' 우리의 제한된 능력이 아니라, 하나님의 말씀과 그분의 능력에 근거한 것이다. 믿음 가운데 의로 산 삶의 결과들을 보려면 때로 시간이 걸린다. 그것은 거대한 열대성 대나무와 같다. 그것은 처음에는 매우 더디 자라지만, 갑자기 성장속도가 증가하여 하루에 60센티미터씩 자란다.[2]

그러므로 포기하지 말라. '의에 대한 의식의 씨앗'을 심고서 "나는 예수 그리스도를 믿음으로 지금 의롭다"고 말하라. 처음에는 특별히 다르게 느껴지지 않겠지만, 계속해서 이 말을 선포해야 한다. 왜냐하면 당신은 이것이 사실이라는 것을 알기 때문이다. "그러므로 믿음은 들음에서 나며 들음은 그리스도의 말씀으로 말미암았느니라"(롬 10:17). 어느 날 하나님의 말씀이 당신의 삶에서 열매를 맺고, 그것이 자라서 당신을 완전히 변화시킬 것이다.

믿음 가운데 스스로를 격려하기 위해 자기 자신에게 이야기하는 것을 두려워하지 말라. 나는 항상 나 자신에게 말한다. 성경은 다윗이 자신에게 말했다고 이야기한다. "그의 하나님 여호와를 힘입고 용기를 얻었더라(영어성경에는 '용기를 얻었더라' 라는 부분이 '자기 자신을 격려했더라'로 되어 있다 - 역주)"(삼상 30:6). 시편 103편 1절에서 우리는 다윗이 한 번 더 자기 자신에게 말하는 것을 보게 된다. "내 영혼아 여호와를 송축하라 내 속에 있는 것들아 다 그의 거룩한 이름을 송축하라." 우리도 이와 동일하게 행해야 한다. 나는 당신이 아침마다 "나는 예수 그리스도를 믿음으로 의롭다. 나는 하나님의 사람이다. 나는 오늘 내게 능력 주시는 그리스도를 통해 모든 것을 할 수 있다"고 선포하길 권한다(빌 4:13).

예수님을 바라보라

사탄이 에덴동산에서 아담과 하와를 어떻게 속였는지 기억하는가? 오늘날에도 그는 계속해서 사람들을 속이고 그들의 눈을 가린다. 마귀는 사람들이 주님께 신뢰와 믿음을 두는 것을 싫어한다. 그는 사람들로 하여금 두려움과 질병과 현실적인 상황을 보게 하면, 그들이 패배하고 우울해할 것을 잘 안다. 주님께서 나를 부르신 것이 그분의 얼굴을 구하고 그분의 말씀을 읽고 그분을 바라보도록 하심이란 것을 알지만, 종종 하나님과 충분한 시간을 갖지 못할 때가 있다. 이럴 때마다 마귀가 와서 "너무 크게 실패했기 때문에 이제 모든 게 끝났어. 하나님은 너를 사용하실 수가 없어"라고 말한다.

그러나 그의 거짓말을 듣는 대신 나는 즉시 "주님, 저는 주님의 말씀이 저에 대해 하시는 것임을 믿습니다. 저는 오늘 '과녁을 맞히지 못한 것'(죄를 지은 것을 말함 - 역주)을 회개합니다. 그리고 주님, 당신의 은혜를 의지하여 주님께 순종하겠습니다"라고 기도한다.

백화점에 가면 볼 수 있는 장난감이 하나 있다. 그것은 제법 덩치가 큰 장난감인데 바닥이 무거워 아무리 넘어뜨려도 언제나 다시 일어선다. 하나님은 우리가 그리스도인으로서 이와 같길 원하신다. 우리는 "나는 마귀의 거짓말을 듣지 않겠다. 만일 내가 넘어지면 예수의 이름으로 일어나 나의 하나님과 함께 전진하겠다"라고 말할 수 있어야 한다.

오래전 하나님의 사람이 "주변을 보라. 그러면 괴로울 것이다. 자기의 내면을 보라 그래도 괴로울 것이다. 예수님을 보라. 그러면 안식을 누릴 것이다"라고 말했다. 우리는 하나님을 참으로 기쁘시게 해드리기 위해 그분을 신뢰해야만 한다. 예레미야 29장 11절의 말씀에 따르면 주님은 우리의 삶을 향해 위대한 계획들을 가지고 계시다.

> 너희를 향한 나의 생각을 내가 아나니 평안이요 재앙이 아니니라 너희에게 미래와 희망을 주는 것이니라

그렇다. 그분은 당신과 나에 대해 말씀하시며, 우리에 대해 생각하시고, 우리의 미래를 돌보신다.

진정한 믿음

묵상을 위한 질문

1. 진짜 그리스도인과 가짜 그리스도인 사이의 차이를 식별하는 데 도움이 되는 것은 무엇인가?

2. '죄 의식'은 무엇인가? 부정적인 태도를 갖는 것은 왜 믿음이 약해지는 신호인가?

3. 마귀가 당신에게 거짓말을 하는 방식은 어떤 것인가?

4. 당신이 '깨어 의를 행할 수' 있는 방법에는 어떤 것들이 있는가?

강력한 혼합물, 믿음과 말씀

성경은 참으로 하나님의 말씀인가?

이번 장에서 우리는 하나님의 말씀인 성경과 믿음이 어떻게 그리스도께서 허락하신 풍성한 삶을 살 수 있도록 돕는 강력한 혼합물이 되는지를 알아볼 것이다. 그러나 먼저 왜 우리가 성경을 하나님의 말씀이라고 믿는지를 살펴보자. 오늘날 수많은 책 중 하나님의 말씀이라고 주장하는 책들이 몇 가지가 있는데 코란, 몰몬경, 바가바드기타(The Bhagavad Gita) 그리고 성경이 그렇다. 그리스도인들은 성경이 하나님의 말씀이며, 우리가 따라 살아야 할 근원이라고 믿는다. 그렇다면 성경의 권위와 영적인 근원을 입증해 주는 증거는 무엇인가?

성경은 스스로 하나님의 말씀이라고 증거한다. "모든 성경은 하나님의 감동으로 된 것으로 교훈과 책망과 바르게 함과 의로 교육하기에 유익하니"(딤후 3:16). 다른 성경은 "하나님의 감동으로 된"(theopnuestos)을 "하나님이 숨을 내쉰"으로 번역했다(NIV). 성경의 기자들은 초자연적인 인도하심을 받아 하나님이 기록하기 원하시는 것을 썼다.

> 오직 성령의 감동하심을 받은 사람들이 하나님께 받아 말한 것임이라 (벧후 1:21)

예수님은 성경이 하나님의 감동을 받은 것으로, 심지어 아주 세미한 부분까지도 하나님의 말씀이라고 가르치셨다. "진실로 너희에게 이르노니 천지가 없어지기 전에는 율법의 일점 일획도 결코 없어지지 아니하고 다 이루리라"(마 5:18).

회의론자들은 성경의 권위를 파괴하려고 애썼지만, 여전히 성경은 세계 역사상 가장 유명한 책으로 남아 있으며 그 진실성을 반복해서 입증했다. 성경은 40명의 사회 각계각층의 사람들에 의해 1,500년 동안 쓰였으며, 그 속에는 다양한 나라들이 등장한다. 성경은 수많은 문제들을 다루고 있지만, 하나님이 주신 한 가지 메시지를 중심으로 전개된다. 이러한 통일성 하나만 봐도, 성경이 하나님의 영감과 권위를 지녔다는 것을 놀랍게 증거한다.

믿음과 말씀의 폭발력

우리는 하나님의 말씀을 취하여 믿음과 섞어야 한다. 하나님의 말씀을 듣기만 하는 것은 우리를 변화시키지 못한다. 하지만 (믿음으로) 말씀에 의지하여 행동하면 그 말씀이 우리를 변화시킬 것이다. 히브리서는 이렇게 말한다. "그들(광야에 있던 이스라엘 백성)과 같이 우리도 복음 전함을 받은 자이나 그러나 들은 바 그 말씀이 그들에게 유익하지 못한 것은 듣는 자가 믿음과 결부시키지 아니함이라"(히 4:2).

하나님의 말씀과 믿음이 만나는 것은 초자연적인 혼합이며, 이를 통해 강력한 반응이 일어난다. 이것은 에폭시 접착제를 연상시킨다. 에폭시 접착제의 두 가지 물질이 혼합될 때 강력한 접착력이 생겨 이것을 가지고 온갖 종류의 물질을 붙일 수 있다.

어렸을 때, 나는 화학실험 세트를 무척이나 갖고 싶어 했다. 하지만, 부모님은 절대로 그것을 사주지 않으셨다. 아마도 내가 집의 천장을 날려 버릴까 봐 두려워하셨던 것 같다. 그러나 나는 꾀를 내어 나름대로 실험을 하곤 했다. 어느 날 나는 베이킹소다와 식초가 섞일 때, 굉장한 폭발력이 발생한다는 것을 발견했다. 베이킹소다와 식초 자체는 폭발력이 없지만, 이 둘이 혼합되면 화학반응에 의해 놀라운 폭발력이 생기는 것이다.

마찬가지로 하나님의 말씀을 믿음과 혼합하여 "나는 하나님의 말씀을 믿고 그 말씀에 따라 행동할 거야"라고 말하면, 당신은 삶 가운데 놀라운 영적 폭발을 일으킬 수 있다. 마음속에서 참된 믿음이 솟아나 예수님이 약속하신 풍성한 삶을 경험하게 된다. 이를 위해 삶의 기초를 당신의 의에 두는 대신, 예수 그리스도와 그분의 말씀을 믿는 믿음으로 말미암는 의에 두어야 한다.

어느 날 감정적으로 우울해진 한 자매가 지혜로운 그리스도인에게 조언을 구하러 왔다. 그녀는 자신의 딸이 부정한 짓을 저질렀다고 설명했다. 그는 그녀에게 간단히 조언을 했다. "당신은 하나님께서 보시는 관점으로 당신 자신과 따님을 보아야 합니다. 따님의 상황에 실망하는 대신 예수님의 십자가에서 그녀를 바라보고, 그녀의 인생을 향해 하나님의 말씀의 진리를 선포하십시오."

몇 달 후, 그 자매와 딸이 환한 얼굴로 다시 찾아왔다. 그 여인은 다음과 같이 설명했다. "조언해 주신 대로 저는 말씀을 따라 기도했고, 하나님의 관점에서 딸을 보기 시작했습니다. 그 아이는 남편이 아닌 다른 남자와 살고 있었는데, 어느 날 아침에 눈을 떴는데 너무나 우울하여 목숨을 끊기로 결심했답니다. 그런데 먼저 저를 봐야겠다는 생각이 들어 집으로 찾아왔습니다. 저와 우리 가족은 그 아이를 기쁨으로 맞이했고, 그날 딸아이는 가족들에게서 너무나 많은 사랑을 받았습니다. 그래서 아이는 자기의 삶을 예수님께 드리기로 결심했습니다. 왜일까요? 왜냐하면 우리가 예수님의 사랑의 눈으로 십자가에서 그 아이를 보았기 때문입니다." 그녀의 가족은 자신의 감정과 상황 대신 하나님의 말씀을 믿었다. 주님은 당신과 내가 이렇게 행하길 원하신다.

예수님과 그분의 말씀은 하나이다

예수 그리스도를 섬기고 우리의 삶을 향한 그분의 뜻을 아는 가장 좋은 방법은, 단순히 그분의 말씀인 성경에 순종하며 사는 것이다. 당신도 알다시피 예수님과 그분의 말씀은 하나이다. 요한~~요한~~계시록 19장 13절은 "그 이름은 하나님의 말씀이라"고 말한다.

내가 여행을 떠날 때, 아내는 가방 안에 메모를 자주 넣어둔다. 나는 그 메모를 읽길 좋아한다. 왜냐하면 그것이 마치 그녀가 내게 말하는 것 같기 때문이다. 이와 같이 하나님의 말씀인 성경에서 하나님이 나를 사랑하신다거나 무언가를 하라는 말씀을 읽을 때, 그것은 마치 예수님이 내게 직접 말씀하시는 것처럼 들린다. 예수님께서 하시는 말씀을 들을 때, (그분의 기록된 말씀에 표현된 대로) 우리는 계속해서 그분의 주 되심 아래에 살 수 있다. 예수님은 우리에게 이렇게 말씀하신다.

> 내가 너희에게 이른 말은 영이요 생명이라 (요 6:63)

참된 그리스도인들은 하나님의 말씀에 온전히 순종하며 살기로 선택한다. 그분의 말씀은 우리에게 영이며 생명이다. 성경은 우리를 곧바로 하나님의 뜻 가운데로 인도하며, 우리가 그분의 뜻 대신 우리 자신의 소욕대로 사는 것을 막아준다. 당신은 매일 하나님의 말씀을 읽고, 예수님을 당신의 주님으로 고백해야 한다. 이는 승리의 삶을 살기 위해 반드시 필요한 일이다.

하나님의 말씀은 우리의 마음을 새롭게 해준다. "너희는 이 세대를 본받지 말고 오직 마음을 새롭게 함으로 변화를 받아 하나님의 선하시고 기뻐하시고 온전하신 뜻이 무엇인지 분별하도록 하라"(롬 12:2). 날마다 하나님의 말씀으로 마음을 새롭게 하고 거기서 발견한 진리에 순종할 때, 우리는 예수님을 더 잘 알게 되고 또한 자유하게 된다. 주님이 성경에서 하신 말씀과 성령을 통해 우리에게 하시는 말씀에 순종하면, 그것이 바로 하나님께 순종하는 것이 된다. 그래서 성경은 너무나 중요하다.

만일 내가 누군가에 대해 원한을 품고 그를 용서하지 않으면 하나님도 나를 용서하지 않으신다는 말씀을 보면, 선택의 갈림길에 서게 된다. 나는 내 방식을 택하거나 하나님의 길을 택해야 한다. 그 순간 하나님의 말씀이 마음을 새롭게 하고 우리를 변화시킬 것을 믿고 이에 순종해야 한다.

믿음을 풀어내고 말씀을 고백하라

로마서 10장 9-10절의 말씀에 따르면, 우리는 입으로 하나님의 말씀을 고백함으로써 믿음을 풀어낼 수 있다.

> 네가 만일 네 입으로 예수를 주로 시인하며 또 하나님께서 그를 죽은 자 가운데서 살리신 것을 네 마음에 믿으면 구원을 받으리라 사람이 마음으로 믿어 의에 이르고 입으로 시인하여 구원에 이르느니라

우리가 마음으로 하나님의 말씀을 믿고, 이를 입으로 고백하면 구원을

받는다. 예수님을 영접할 때, 우리는 복음, 즉 기쁜 소식을 함께 받는다. 하나님의 말씀인 성경은 그분의 기쁜 소식으로 가득 차 있다.

구원을 받았다는 것은, 단지 우리가 천국에 간다는 것만을 의미하지 않는다. 물론 그것은 매우 놀라운 일이다. 하지만, 그것은 또한 우리가 감정적·재정적·정신적으로, 그리고 삶의 모든 분야에서 해방될 수 있다는 것을 의미한다. 핵심은 말씀을 믿고 이를 선포함으로 하나님의 말씀과 믿음을 섞어 우리 삶 가운데 강력한 기적들을 풀어내도록 하는 것이다.

나는 예수 그리스도를 믿음으로 의롭게 된 것에 대해 매일 하나님께 감사한다. 그분의 말씀에 감사하며, 그분이 내 삶 가운데 행하신 것에 대해 감사한다. 나는 내가 행하는 선한 행위 때문이 아니라, 예수 그리스도를 믿음으로써 하나님과 의로운 관계에 있다는 것을 안다.

초신자 시절, 나는 날마다 하나님의 말씀을 읽었다. 하나님의 말씀이 마음을 새롭게 해주었기 때문에, 그로 인해 나는 다르게 생각하고 행동하기 시작했다. 로마서 10장 17절에서 약속한 것처럼 하나님의 말씀으로 인해 내 안에서 믿음이 용솟음쳤다. "그러므로 믿음은 들음에서 나며 들음은 그리스도의 말씀으로 말미암았느니라."

믿음이 오는 것을 보다

인도에서 오랫동안 목회를 한 친구가 이렇게 말했다. "동양문화에서는 성경을 서양과 다르게 본다네. 성경을 시각화해서 보는 거지. '믿음은 들음에서 나며'(영어성경에는 '나며'란 말이 '오며'(comes)로 되어 있다 - 역주)라는 말씀을 읽을 때, 우리는 실제로 믿음이 '오는' 것을 본다네. 하나님께서 그렇게 말씀하셨기 때문에 우리는 그렇게 고백하고 영의 눈으로 믿음이 오는 것을 본다네."

나는 주님께서 우리가 성경을 진지하게 받아들이고, 우리 자신에게 이 진리를 선포할 때 어떤 일어나는지를 알기 원하신다고 믿는다. 우리는 믿음이 오는 것을 볼 것이다. 대부분의 경우에 사람들은 자신의 감정에 의지해 그들의 믿음을 느끼길 기다리지만, 그럴수록 믿음은 뒷걸음질칠 것이다.

나는 상당히 불안한 상태에서 성장했다. 실제로 나는 사람들과 눈을 마주치기도 두려워했다. 그러나 예수님을 삶의 주인으로 영접한 후, 나는 내 안에 사시는 주님은 전혀 불안하지 않으시다는 것을 깨달았다. 나는 매일 나 자신에게 말하기 시작했다. 나는 스스로에게 내 안에 그리스도께서 살아 계시다고 말했다. 그러자 불안감이 사라지기 시작했다. 왜냐하면 내가 진리를 말했을 때, 믿음이 왔기 때문이다.

철로를 달리고 있는 기차를 상상해 보자. 기차 전체를 끌고 가는 엔진이 달린 칸을 하나님의 말씀이라고 한다면, 그 다음 칸은 우리의 믿음이다. 그리고 마지막 식당 칸은 우리의 감정이다.

하나님의 말씀에 믿음을 둘 때, 우리의 감정은 식당차량처럼 믿음을 뒤따를 것이다. 그러나 감정에 믿음을 둘 때 우리는 쉽게 좌절하고, 원수는 우리를 낙망시키기 시작할 것이다. 그러므로 우리의 믿음을 하나님의 말씀에 둬야 한다. 그러면 '믿음의 감정'이 뒤따라 올 것이다. 믿음은 감정이 아니다. 우리가 하나님의 말씀을 매일 듣고 이를 고백하기로 선택한다면, 그것은 우리 삶 가운데 강력하고 생명력 있는 힘을 풀어낼 것이다.

하나님의 말씀은 살아 있고 활력이 있어 좌우에 날선 어떤 검보다도 예리하여 혼과 영과 및 관절과 골수를 찔러 쪼개기까지 하며 또 마음의 생각과 뜻을 판단하나니 (히 4:12)

하나님의 말씀으로 인해 우리는 예수님처럼 생각하기 시작한다. 그것은 주님의 능력을 풀어내어 우리의 (혼적인) 생각과 주님이 우리 영에 두신 생각의 차이를 알 수 있게 해준다.

하나님의 말씀을 묵상하라

영적으로 성장하기 위해 우리는 날마다 하나님의 말씀을 읽고 묵상해야 한다. 우리는 우리 마음을 하나님의 말씀의 진리로 채워야 한다. 그렇지 않으면 우리는 세상의 철학에 휩쓸려 쉽게 곁길로 갈 것이다. 이런 철학들은 예수 그리스도의 진리에 완전히 위배된다. 하나님에 대한 믿음을 활용한다는 것은 그분의 말씀을 읽고 이에 순종하는 것을 포함한다.

우리는 하나님의 말씀을 어떻게 묵상하는가? 묵상한다는 것은 단순히 무언가를 마음속에서 계속 반복해서 돌리는 것을 말한다. 여호수아 1장 8절은 우리에게 이렇게 말한다.

> 이 율법책을 네 입에서 떠나지 말게 하며 주야로 그것을 묵상하여 그 안에 기록된 대로 다 지켜 행하라 그리하면 네 길이 평탄하게 될 것이며 네가 형통하리라

소는 위장이 여러 개이다. 위장에 풀을 채운 소는 하루 종일 나무 그늘에 앉아 '반추'를 한다. 음식은 한 위장에서 다른 위장으로 여러 단계에 걸쳐 옮겨진다. 그리고 그 중간에 소는 음식을 게워 올려서 다시 씹는다. 우리는 말씀 묵상을 이 과정에 비유할 수 있다. 우리는 말씀을 암송하고, 묵상(반추)하기 위해 다시 읽고, 그 중 일부를 써보는 과정을 하루에 여러 번 반복해야 한다.

삶을 그리스도께 드린 후, 나는 특별한 의미를 지니는 성경구절들을 암

송카드에 정기적으로 적었다. 그리고 하루 종일 그 카드를 꺼내어 이를 암송하고 그 의미를 묵상하였다. 나는 문자 그대로 하나님의 말씀이 나의 일부가 될 때까지 마음속에서 반복해서 되새겼다. 처음 믿고 나서 몇 년 동안 나는 이런 식으로 성경말씀을 수백 절 암송했다.

하나님의 말씀을 묵상하는 것은 힌두교나 불교 혹은 요가의 기술을 이용한 명상과는 큰 차이가 있다. 이런 종교 지도자들과 현대의 다양한 뉴에이지 이단들은 추종자들에게 오직 한 가지 목표를 가지고 명상하라고 가르친다. 그것은 그들의 마음을 비우는 것이다. 이처럼 몸과 영을 분리시키거나 의식의 상태를 왜곡시킬 때, 인간의 혼은 귀신에게 문을 열어줄 수 있다. 이와 상반되게 하나님의 말씀은 우리의 마음을 그분의 말씀으로 채우도록(묵상하도록) 격려한다. 이렇게 할 때, 성령께서 하나님의 말씀을 우리 마음에 조명하시고 우리는 변화된다.

영적 파종과 추수

하나님은 당신과 나를 불러 그분의 진리를 따라 기도하고 다른 이들에게 이를 말함으로써 말씀을 심게 하신다. 예수님은 마가복음에서 하나님의 말씀을 심는 씨 뿌리는 자에 대해 말씀하셨다.

> 뿌리는 자는 말씀을 뿌리는 것이라 … 좋은 땅에 뿌려졌다는 것은 곧 말씀을 듣고 받아 삼십 배나 육십 배나 백 배의 결실을 하는 자니라 (막 4:14, 20)

우리가 말씀의 씨를 뿌릴 때, 하나님은 이를 통해 역사하셔서 초자연적인 영적 열매들을 생산하신다. 그것이 바로 그날이나 혹은 그 주에 일어나지 않는다 할지라도 반드시 일어날 것이다.

어렸을 때, 정원에 수박씨 몇 알을 던졌던 일이 기억난다. 그리고 나서 몇 달이 지나자 사방에 온통 수박이 열렸다! 이처럼 우리가 기도와 진리를 고백함으로써 영적인 씨를 뿌리면, 강력한 열매를 보게 되고 풍성한 수확을 거두게 된다.

당신이 사랑하는 자들과 자신을 위해 기도할 때마다, 역동적인 영적 씨앗들이 당신의 삶 속에 심겨진다. 하나님께서 우리가 뿌리는 씨앗을 통해 열매를 맺게 하시겠다고 약속하신 것을 기억하라.

믿음이 없는 한 청년과 여행하면서 나는 영적인 씨앗을 그의 삶 속에 심기 시작했다. 나는 단지 그에게 이렇게 말했다. "하나님께서 당신을 부르고 계십니다. 나는 당신이 하나님의 사람이 될 것을 믿습니다. 하나님께서 당신을 사용하실 것입니다." 몇 달 후 그는 나에게 그리스도를 영접했다고 말했다. 그리고 그는 내가 몇 달 전에 그의 삶에 뿌린 '진리의 씨앗들'을 상기시켜 주었다.

온 세상은 하나님의 영적인 밭이다. 그리고 그분은 우리가 가는 곳마다 생명의 씨앗들을 뿌리길 원하신다. 이제 믿음으로 사람들의 삶 가운데 영적 씨앗들을 뿌리자. 그러면 우리는 농부처럼 풍성한 결실을 거두게 될 것이다. 씨를 뿌린 후에는 그것들이 무럭무럭 자라가길 기대하며 기도하라.

강력한 혼합물, 믿음과 말씀

묵상을 위한 질문

1. 하나님의 말씀을 들었을 뿐만 아니라, 믿음으로 그 말씀대로 행했던 경우를 한 가지 들어보라.

2. 오늘 하나님의 말씀이 당신의 마음을 어떻게 새롭게 하고 있는가?

3. 삶 가운데 '믿음이 오는 것을 본' 경험이 있다면 설명해 보라.

4. 당신이 하나님의 말씀을 묵상하는 방법은 무엇인가?

Chapter 8
우리는 승리의 삶을 살 수 있다

싸워야 할 전투

너무나 많은 사람들이 하나님의 일에 관심이 없어 보이는 것은 왜일까? 많은 사람들이 예수님을 믿지 않는다. 왜냐하면 원수가 그들을 영적인 소경으로 만들었기 때문이다. "만일 우리의 복음이 가리었으면 망하는 자들에게 가리어진 것이라 그 중에 이 세상의 신이 믿지 아니하는 자들의 마음을 혼미하게 하여 그리스도의 영광의 복음의 광채가 비치지 못하게 함이니 그리스도는 하나님의 형상이니라"(고후 4:3-4).

사탄은 복음의 진리를 가리려 할 뿐만 아니라, 우리가 그리스도인이 되면 우리와 전투를 벌인다. 따라서 그리스도인의 여정은 영적 전투로 묘사된다. 그러므로 우리는 싸울 태세를 갖춰야 한다. 에베소서 6장 12절에 따르면 우리에게는 치러야 할 영적 전투가 있다. 이 전투는 사람과 하는 것이 아니라 악의 영들을 대상으로 한다.

우리의 씨름은 혈과 육을 상대하는 것이 아니요 통치자들과 권세들과 이 어둠의 세상
주관자들과 하늘에 있는 악의 영들을 상대함이라

기도와 하나님의 말씀 선포는 이러한 장애들을 무너뜨려서, 우리로 하나님의 말씀과 생명을 주시는 성령의 책망을 받게 한다. 한번은 친구와 함께 암에 걸린 한 남자를 위해 기도하러 갔다. 내 친구는 오랫동안 그의 아내, 며느리와 함께 그의 구원을 위해 기도해 왔지만, 그는 그리스도를 영접하려 하지 않았다. 그의 집에 들어갔을 때, 그에게 나의 간증을 나누고 싶다는 생각이 들었다. 약 30분 후, 마침내 그는 예수 그리스도를 삶의 주인으로 영접할 준비가 되었다. 우리는 이날이 오기 전에 그를 사랑하는 자들이 기도를 통해 전투에서 승리했다는 것을 알았기에 더욱 기뻐했다. 기도 가운데 그의 친구와 아내 그리고 며느리는 그들의 사랑하는 자의 눈을 가리워 복음의 빛이 들어오지 못하게 한 악한 세력들과 전투를 벌였던 것이다.

불신은 마귀와 모든 타락한 천사들에게서 온다. 영적인 세계에 살고 있는 우리는 영적 전투를 치러야 한다. "그러므로 하나님의 전신 갑주를 취하라 이는 악한 날에 너희가 능히 대적하고 모든 일을 행한 후에 서기 위함이라 … 성령의 검 곧 하나님의 말씀을 가지라"(엡 6:13, 17). 우리가 마귀를 이기기 위해 사용하는 성령의 검은 하나님의 말씀이다. 앞서 배운 것처럼 우리는 하나님의 말씀과 믿음을 혼합하여 씨를 뿌린다. 그러할 때 하나님은 우리가 풍성한 수확을 거두고 전투에서 승리할 것을 약속하셨다.

영과 혼과 몸의 온전함

여기 또 다른 전투가 있다. 그것은 우리 마음에서 일어난다. 날마다 우리

의 마음은 수많은 생각들로 폭격을 당한다. 그런데 그 중 대부분은 하나님에게서 온 것이 아니다. 유혹(temptation)을 받는 것이 죄가 아니라는 것을 이해하는 것이 중요하다. 왜냐하면 모든 그리스도인들이 살면서 유혹(시험 - 역주)을 받기 때문이다(고전 10:13, 히 4:15). 그러나 우리가 유혹 받은 것에 대해 생각하고 이것이 우리의 생각과 행동을 통제하도록 허락하면, 그것은 죄가 된다. 마음에 떠오르는 잘못된 생각들을 어떻게 처리하는가? 우리는 하나님의 말씀을 선포하고 예수의 이름으로 마귀를 꾸짖어야 한다. 그러면 우리는 계속 전진할 수 있다. 왜냐하면 우리는 예수 그리스도를 믿음으로 의롭게 되었다는 것을 알기 때문이다.

그리스도인인 우리는 날마다 우리를 더럽히려고 하는 모든 죄에서 자신을 깨끗케 해야 한다. 성경은 우리가 몸과 혼과 영으로 구성되어 있다고 가르친다(살전 5:23). 그리스도인이 되기 전 당신의 몸과 혼과 영은 죄로 더럽혀졌다. 그러나 이제 그리스도인이 된 당신은 거룩하게 되었다.

> 평강의 하나님이 친히 너희를 온전히 거룩하게 하시고 또 너희의 온 영과 혼과 몸이 우리 주 예수 그리스도께서 강림하실 때에 흠 없게 보전되기를 원하노라 (살전 5:23)

당신과 내가 얼굴을 맞대고 앉아서 이야기한다 할지라도 당신은 나의 모든 것을 보지 못할 것이다. 당신이 보는 것은 내 몸이다. 나의 영은 하나님과 교통하는 부분이며, 혼은 지, 정, 의로 되어 있다.

나처럼 당신도 영, 혼, 몸 세 부분으로 되어 있다. 하나님의 영으로 거듭날 때, 우리는 예수를 주님으로 영접하고 우리의 영은 즉시 거듭난다(요 3:3-8). 우리는 내적으로 완전히 새롭게 된다. 우리의 몸도 변하는가? 물론이다. 예수님으로 충만한 사람들을 자세히 살펴보라. 주님의 임재로 인해 그들은 생기가 넘치고, 그들의 얼굴은 하나님의 영광으로 빛이 난다.

혼에는 어떤 일이 일어나는가? 혼은 즉각 변하지 않는다. 그것은 우리가 하나님의 말씀을 읽고 듣고 묵상할 때, 새롭게 되기 시작한다. 성경은 우리에게 이렇게 말한다. "너희는 이 세대를 본받지 말고 오직 마음을 새롭게 함으로 변화를 받아 하나님의 선하시고 기뻐하시고 온전하신 뜻이 무엇인지 분별하도록 하라"(롬 12:2).

어느 정도 우리 모두는 과거의 산물이다. 우리는 인생의 중요한 문제들에 대해 특정한(인간적) 방식으로 생각하는 법으로 배웠다. 그러나 하나님의 말씀은 우리 마음을 새롭게 하여 하나님의 관점에서 인생을 바라보고, 그분의 지혜에 따르는 유익들을 수확하게 해준다(수 1:8).

하나님의 말씀을 묵상함으로써 우리는 우리의 관점 대신 주님의 관점에서 자신을 보기 시작한다. 초신자가 예수님을 주님으로 영접했을 때, 그의 혼(지, 정, 의)은 자신의 영에서 일어나는 것을 따라가기 시작한다. 점차 그는 과거의 사고방식이 아니라 '하나님처럼 생각하기' 시작한다(하나님의 말씀에 계시된 바를 따라 생각한다).

우리가 우리의 과거(그리고 현재)를 주님 앞에 내려놓을 때, 그분의 평강이 마음과 생각의 문을 지키며 우리를 변화시킬 것이다.

> 그리하면 모든 지각에 뛰어난 하나님의 평강이 그리스도 예수 안에서 너희 마음과 생각을 지키시리라 끝으로 형제들아 무엇에든지 참되며 무엇에든지 경건하며 무엇에든지 옳으며 무엇에든지 정결하며 무엇에든지 사랑 받을 만하며 무엇에든지 칭찬 받을 만하며 무슨 덕이 있든지 무슨 기림이 있든지 이것들을 생각하라 (빌 4:7-8)

살면서 마음을 오직 거룩한 것들에 고정시키면, 하나님의 평화가 우리를 가슴 아프게 하고 삶을 파괴하는 세상 것들로부터 지켜줄 것이다. 주님은 우리가 완성되어 가는 과정 중에 있는 작품이라는 것을 아시고 우리(영과 혼과 몸)를 날마다 변화시키실 것이다.

당신은 새로운 피조물이다

당신이 거듭났을 때(예수님을 구주로 영접한 순간) 곧바로 당신 안에서 기적이 일어났다. 당신은 완전히 새로운 사람이 된 것이다. 당신은 예수 그리스도 안에서 새로운 피조물이다. 성경은 고린도후서 5장 17절에서 이렇게 말한다.

> 그런즉 누구든지 그리스도 안에 있으면 새로운 피조물이라 이전 것은 지나갔으니 보라 새 것이 되었도다.

코끼리가 나비가 되는 것은 엄청난 기적이다! 그렇다! 우리가 예수님을 믿으며 살 때 우리 안에 일어나는 기적 또한 말로 다 할 수 없는 놀라운 일이다. 믿음을 예수님께 둔다는 것은, 우리 자신이나 우리의 선행을 신뢰할 수 없음을 의미한다는 것을 기억하라. 감옥에 갇혀 매우 암울한 상황에 처했던 바울은, 고린도 교인들에게 그들 자신을 의지하지 말고 오직 홀로 구원할 능력을 지니신 하나님만을 신뢰하라고 권했다.

> 우리는 우리 자신이 사형 선고를 받은 줄 알았으니 이는 우리로 자기를 의지하지 말고 오직 죽은 자를 다시 살리시는 하나님만 의지하게 하심이라 그가 이같이 큰 사망에서 우리를 건지셨고 또 건지실 것이며 이후에도 건지시기를 그에게 바라노라 (고후 1:9-10)

믿음은 하나님, 오직 하나님만을 믿고 신뢰하는 것이다. 그것은 행실을 고치거나 행동방식의 일부를 바꾸는 것이 아니다. 우리는 하나님께서 그렇게 말씀하셨기 때문에 그런 일이 일어났다는 것을 안다. 우리는 하나님의 말씀을 믿음으로써 우리가 예수 그리스도 안에서 새로운 피조물이 되었다는 것을 안다. 기독교는 보이는 것이 아니라, 보이지 않는 것에 따라 행동한다. 우리는 오직 예수 그리스도를 믿음으로 말미암아 의롭게 되며, 그분은 날마다 우리를 새롭게 하신다.

죄에서 해방되다

하나님의 가족에 합류할 때, 우리는 삶을 지배했던 죄의 권능에서 해방된다. 우리는 죄로 인한 범죄에서도 자유케 된다. 예수님은 요한복음 8장 31-32절에서 이렇게 말씀하신다.

> 너희가 내 말에 거하면 참로 내 제자가 되고 진리를 알지니 진리가 너희를 자유롭게 하리라

이 말씀의 앞부분은 우리가 계속해서 하나님의 말씀 안에 거해야(말씀을 사랑하고 이를 지키며 그 안에서 행해야) 함을 말한다. 그 다음 우리는 진리를 알고 그 안에서 행해야 한다. 자신이 죄에 대하여 죽고 하나님에 대하여는 살았다고 생각하여 죄의 권능에 아무런 영향도 받지 않을 때까지, 어느 누구도 참으로 자유할 수 없다(롬 6:11). 성경은 우리가 하나님의 양자로 입양되었다고 말한다. "너희는 다시 무서워하는 종의 영을 받지 아니하고 양자의 영을 받았으므로 우리가 아빠 아버지라고 부르짖느니라"(롬 8:15).

죄 가운데 사는 모든 자는 두려움에 복종한다. 죄를 범하면 양심이 그를 괴롭히기 때문이다. 그러나 그리스도인에게는 이런 두려움이 없다. 왜냐하면 하나님의 자녀로 입양되었기 때문이다(요 1:12, 엡 1:5, 갈 4:5).

거짓된 죄책감은 그것이 마치 진실된 것으로 느껴지지만, 실제로는 단지 수치감에 지나지 않는다. 그것은 죄악된 과거에 대한 부정적인 감정의 잔상이다. 거짓된 죄책감은 우리가 죄를 고백하고 또한 하나님이 우리를 용서하신 후에도 계속해서 자신이 더럽고 죄가 많다고 느끼게 만든다. 예수님을 주님으로 영접하기 전, 나는 내가 지은 죄에 대해 크나큰 죄책감을 느꼈다. 주님을 영접한 후 하나님의 관점에서 완전히 용서를 받았지만, 나는 여전히 계속 죄를 범한다. 이에 대해 심각하게 고민하던 중 요한일서 1장 9절의 말씀을 읽었다.

> 만일 우리가 우리 죄를 자백하면 그는 미쁘시고 의로우사 우리 죄를 사하시며 우리를 모든 불의에서 깨끗하게 하실 것이요.

그 순간부터 나는 과거의 경험을 따라 살고, 과거의 방식대로 느끼며 두려움 가운데 사는 것을 멈췄다. 그리고 하나님의 말씀에 따라 살기 시작했다. 그러자 죄책감이 떠났다. 나는 내가 용서받은 것을 알았다. 왜냐하면 성경이 나에게 그렇게 말했기 때문이었다. 나는 하나님께서 "동이 서에서 먼 것 같이 우리의 죄과를 우리에게서 멀리 옮기셨다"는 것을 기억했다(시 103:12). 나는 죄에 대한 모든 정죄에서 안전했다. 그것은 마치 내가 죄를 전혀 짓지 않는 것과 같았다. 우리가 그분에게 믿음을 둘 때, 거저 주시는 은혜로 하나님이 우리를 얼마나 많이 용서하시는지 알 수 있다.

마귀는 정죄하지만 하나님은 책망하신다

우리가 죄를 범할 때, 마귀는 하나님께 다시 돌아가려면 멀었다고 말한다. 그는 하나님이 다시는 우리를 사용하시지 않을 것이라고 믿게 만들 것이다. 그러나 이제 우리는 이것에 대해 아주 잘 알고 있다. 만일 우리가 죄를 범하면 우리는 회개해야 한다(즉 죄를 멈추고 우리의 방향을 바꿔야 한다). 그러면 주님은 우리를 용서하시고, 우리는 새롭고 깨끗하게 시작할 수 있다.

때로 회개에 이어 배상이 따를 때도 있다. 이것은 우리가 잘못을 범한 사람들과 모든 것을 바르게 만드는 것이다. 만일 누군가가 도둑질을 했다면, 그는 자신이 훔친 만큼 대가를 지불해야만 한다. 비록 그가 죄를 고백하는 순간 용서하심을 받았다 할지라도, 그는 순종으로 훔친 것을 보상해야 한다. 삭개오가 부당하게 세금을 징수한 것에 대해 회개했을 때, 그는 주님께 자신이 훔친 것을 4배로 갚겠다고 말했다(눅 19:8-9).

예수 그리스도를 영접하고 얼마 되지 않아서 나는 성령의 책망을 받았다. 당시 내가 고등학교 시절의 친구를 속인 일이 생각난 것이다. 또한 다른 친구와 노름을 '조작'해서 그 친구를 속였다. 그래서 그는 언제나 돈을 잃었다. 나는 그 친구에게 편지를 써서 고등학교 시절 내가 어떤 잘못을 저질렀는지를 이야기했다. 그리고 그에게 용서를 구하고, 내가 빼앗은 돈을 이자와 함께 돌려주었다. 몇 주 후, 나는 그가 나를 용서했으며 편지를 보내줘서 고맙다고 쓴 답장을 받았다. 나는 용서받기 위해서 내가 빼앗은 것을 돌려준 것이 아니었다. 내가 용서받았기 때문에 돌려주었다.

마귀는 우리를 정죄하지만, 하나님은 우리의 죄를 책망하신다. 이 둘의 차이는 무엇인가? 정죄는 의심과 두려움, 불신과 절망을 가져다준다. 사탄은 우리를 실망시키고, 우리의 믿음을 파괴하기 위해 정죄한다. 반면, 하나님은 의와 믿음을 회복하시기 위해 우리를 책망하신다. 그분은 항상 우리를 세우기 위해 책망하시며, 그분의 책망은 언제나 소망과 피할 길을 주신다.

> 사람이 감당할 시험 밖에는 너희가 당한 것이 없나니 오직 하나님은 미쁘사 너희가 감당하지 못할 시험 당함을 허락하지 아니하 시고 시험 당할 즈음에 또한 피할 길을 내사 너희로 능히 감당하게 하시느니라 (고전 10:13)

이제는 사탄이나 다른 사람들의 정죄를 받아들이지 말라.

> 그러므로 이제 그리스도 예수 안에 있는 자에게는 결코 정죄함이 없나니 이는 그리스도 예수 안에 있는 생명의 성령의 법이 죄와 사망의 법에서 너를 해방하였음이라 (롬 8:1-2)

예수 그리스도께서 당신을 해방시키셨다! 그러므로 이제 당신은 죄와 사망의 법에서 자유하다. 당신이 그분을 믿을 때, 그분이 당신을 의롭게 만드셨다.

당신은 풍성한 삶을 살 수 있다

그리스도는 우리가 충만하고 풍성한 삶을 살기 원하신다. 그래서 그분은 우리에게 이렇게 말씀하신다.

> 내가 온 것은 양으로 생명을 얻게 하고 더 풍성히 얻게 하려는 것이라 (요 10:10)

'풍성한 생명'이란 말은 헬라어의 '조에'(zoe)란 단어를 번역한 것이다. 이

단어는 '하나님의 본성 자체와 생명의 근원'이란 뜻이다.[1] 그러므로 풍성한 생명은 우리 안에 가득한 하나님의 본성 자체를 말한다. 이 생명은 양과 질에 있어서 풍성하게 흘러넘치는 생명이다. 그것은 하나님이 그분의 자녀인 우리를 위해 준비하신 생명이다.

그리스도는 우리 안에 사시며, 우리가 승리의 삶, 충만한 삶을 살도록 도우신다. "그런즉 이제는 내가 사는 것이 아니요 오직 내 안에 그리스도께서 사시는 것이라"(갈 2:20). 한번은 농장에서 일할 때, 이 진리가 생생하게 다가왔던 적이 있다. 가축 떼를 이동시킬 때, 나는 그 일을 감당할 능력이 부족하여 좌절했다. 그때 나는 나 자신의 힘을 신뢰하기보다 오히려 하나님의 지혜를 간구했다. 내가 "그리스도께서 내 안에 사신다"는 진리를 고백했을 때, 그 일을 완수할 힘을 얻었다. 그 일을 통해 나는 주님께서 내 안에 살아 계시며, 내가 오직 주님과 그분의 힘만을 의지하기 원하신다는 것을 분명히 깨달았다.

당신의 인생을 향한 주님의 뜻이 무엇인지 알고 싶은가? 물론 알 수 있다. 예수님께서 당신의 인생을 다스리시며, 당신이 끝까지 인내할 수 있는 힘을 주시길 원하신다는 것을 온전히 신뢰하라. 날마다 하나님의 말씀으로 당신의 마음을 새롭게 하라. 그러면 당신의 인생을 향한 주님의 계획들을 발견하게 될 것이다. 만일 우리의 마음이 화가의 화폭이라면, 하나님의 말씀은 물감과 같다. 성령 하나님은 붓이 되시며, 그분은 우리의 인생을 향한 하나님의 뜻을 분명하게 그리길 원하신다. 그러나 그것이 가능하려면, 우리에게 충분한 물감이 있어야 한다.

간단히 정리하면, 영적으로 성장하기 위해 필요한 것이 몇 가지 있다. 먼저 우리는 날마다 하나님을 예배해야 한다(요 4:23-24). 그리고 우리는 하나님께 기도하고 성경을 읽어야 하며, 지역 교회를 찾아서 성도들과 관계를 맺어야 한다(히 10:24-25). 나아가 우리는 복음이 필요한 자들에게 복음을 전해야 한다(마 28:19-20). 이렇게 할 때, 우리의 라이프스타일이 바뀔 수 있다. 그러면 예수님께서 우리에게 주기 원하시는 풍성한 생명을 경험하기 시작할 것이다.

하나님은 당신을 받으셨다

에베소서 1장 6절은 우리가 사랑하시는 자 안에서 받아들여졌다(하나님의 가족이 되었다)고 말한다. 우리가 거듭날 때에 실제로 우리는 하나님의 가족의 일원이 된다. 우주의 창조주께서는 당신과 내가 그분의 가족이 되길 원하신다. 요한일서 3장 1절은 이렇게 말한다.

> 보라 아버지께서 어떠한 사랑을 우리에게 베푸사 하나님의 자녀라 일컬음을 받게 하셨는가

이 말씀을 생각해 보라. 예수 그리스도를 믿음으로 영접할 때, 당신은 정말로 살아 계신 하나님의 자녀가 된다. 당신은 의롭다 칭함을 받는다. 오늘이나 어제 당신이 무엇을 했든지 간에 당신이 하나님의 말씀이 참되다는 것을 믿고 "주님, 저는 주님이 저에게 주신 믿음, 즉 예수 그리스도를 믿는 믿음으로만 의롭게 되었다는 것을 압니다. 하나님, 오늘 제가 행위로가 아니라 예수 그리스도를 믿음으로 의롭게 된 것에 대해 감사를 드립니다"라고 말하는 순간, 당신은 하나님과의 바른 관계로 들어간다.

우리 모두는 수용되어야 한다. 나는 인생을 살면서 사람들이 나를 오해한다고 생각했고, 소외감을 느꼈으며 많은 경우에 거절감을 느꼈다. 학교에 처음 입학해서 농구를 할 때마다 나는 제일 나중에 뽑히곤 했다. 그 일로 인해 나는 정말 마음이 아팠다.

당신은 어떤가? 살면서 완전히 혼자라는 느낌을 받은 적이 있는가? 여기 기쁜 소식이 있다. 우리는 혼자가 아니다! 우리는 하나님이 우리를 사랑하신다는 사실에 안정감을 누릴 수 있다. 예수 그리스도께서 내 모습 그대로 받으셨다는 사실을 깨달았을 때, 내 인생에 새로운 안정감이 들어왔다. 그리고 지금 나는 다른 사람들을 받아들일 수 있다. 왜냐하면 하나님께서 나를 받으셨다는 것을 알기 때문이다.

오늘날 하나님은 당신의 인생을 향해 좋은 계획들을 가지고 계시다. 그분은 예수 그리스도를 통해 당신이 생명 안에서 왕 노릇하길 원하신다. "더욱 은혜와 의의 선물을 넘치게 받는 자들은 한 분 예수 그리스도를 통하여 생명 안에서 왕 노릇 하리로다"(롬 5:17).

원수가 당신으로 하여금 예수님과 그분의 의에서 눈을 떼게 할 때, 이를 허락하지 말라. 당신의 감정과 상황에 통제 당하길 거부하라. 믿음으로 일어나 예수 그리스도와 그분의 의를 통해 생명 안에서 왕 노릇하라. 여기 당신을 위한 기쁜 소식이 있다. 당신은 더 이상 기다릴 필요가 없다. 당신은 오늘 당장 새 삶을 시작할 수 있다!

우리는 **승리**의 삶을 살 수 있다

묵상을 위한 질문

1. 최근에 승리를 경험한 영적 전투에 대해 설명해 보라. 당시 하나님의 말씀이 어떤 도움이 되었는가?

2. '그리스도 안에' 있다는 말이 무슨 의미인지 설명해 보라. 당신이 새로운 피조물이 되었다는 증거는 무엇인가?

3. 죄에 대해 책망을 듣기보다 정죄를 받았다고 느낀 경험에 대해 생각해 보고, 그 차이를 설명하라.

4. 그리스도 안에서 풍성한 삶을 사는 데 도움이 되는 것들을 몇 가지 열거해 보라.

수년째 제자리걸음 중인가요?

기초가 약하면 성장도 없습니다.

Discovering the Basic Truths of CHRISTIANITY

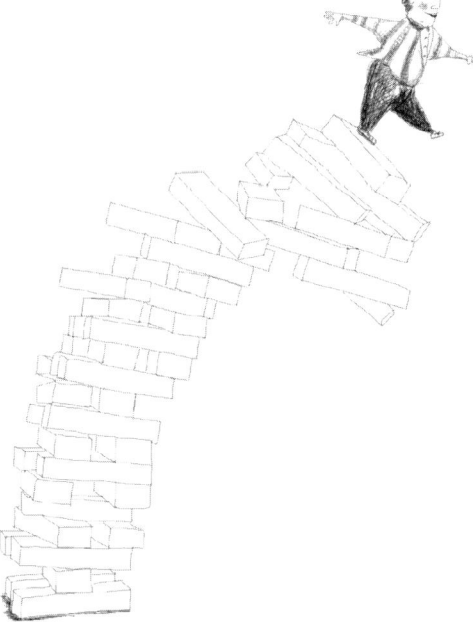

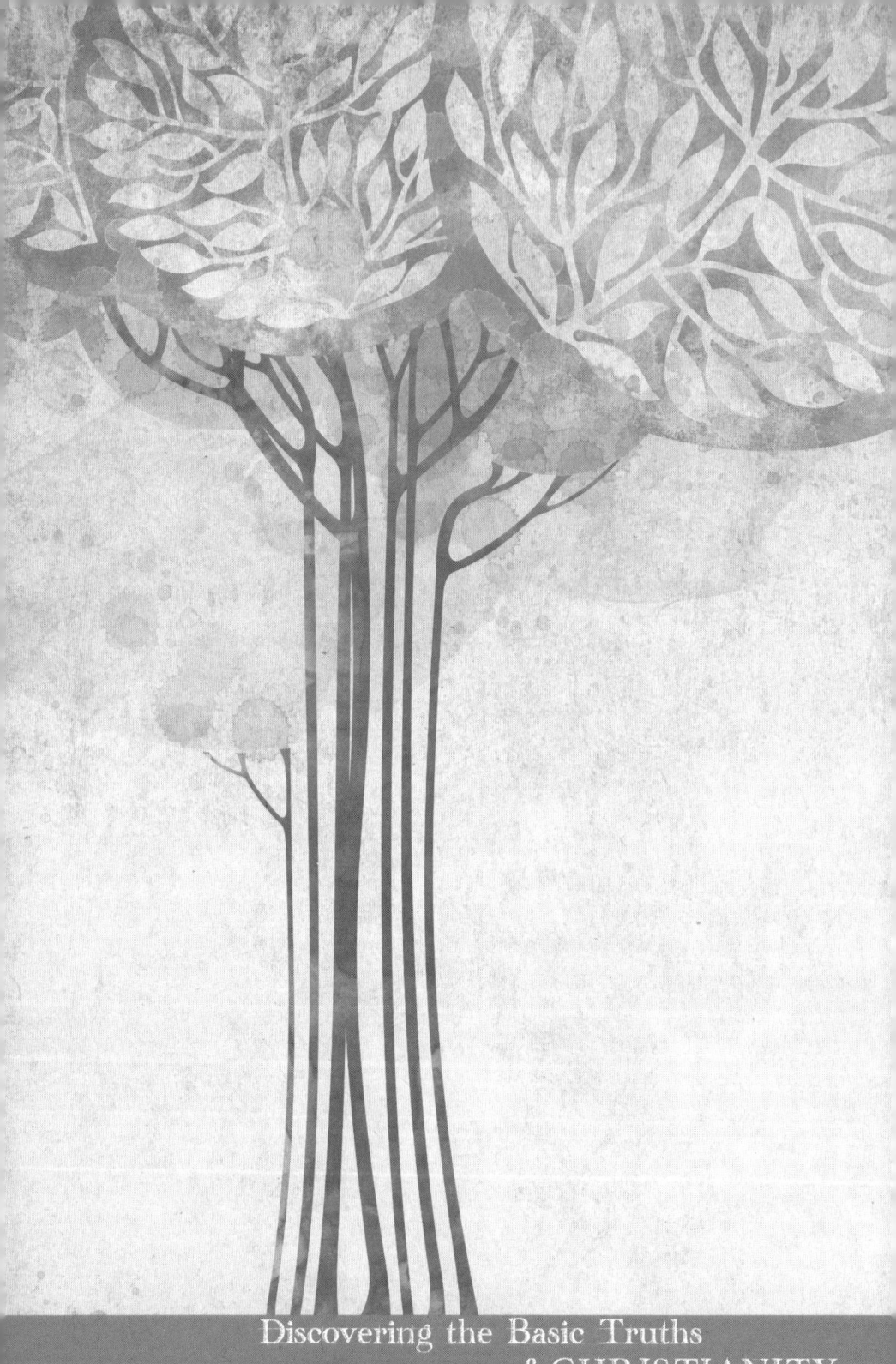

Discovering the Basic Truths of CHRISTIANITY

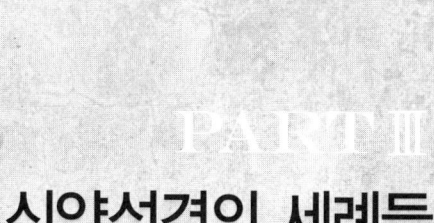

PART III
신약성경의 세례들

불세례를 받은 자들은 기도의 사람들로, 죄에 대한 거룩한 증오와 주님을 향한 거룩한 사랑을 가지고 있으며, 또한 잃어버린 자들과 예수 그리스도의 교회에 대해 긍휼함을 가지고 있다. 시편 69편 9절에서 기자는 하나님의 집과 그분의 나라에 대한 자신의 의로운 열심을 보여준다. "주의 집을 향한 열심히 나를 삼키리니." 우리가 참으로 하나님을 위해 불탈 때, 우리 몸과 혼은 그분의 소욕으로 휩싸인다. 우리는 하나님이 원하시는 모습과 우리가 행하길 원하시는 일에 몰입한다. 우리는 그분의 집(그분의 교회)이 우리 세대에 그분이 창조하기 원하시는 온전한 모습이 되는 것을 보고 싶어 하는 경건한 열심을 가지게 될 것이다. "주님, 우리에게 당신의 불로 세례를 주시옵소서!"

물세례

세례에 대한 교리

세례를 받는 것은 초신자가 밟아야 할 중요한 단계 중 하나이다. 세례는 초신자의 영적 기초에 있어서 필수적인 요소이다. 세례에 대해 이야기하면 보통 물세례와 그와 관련한 다양한 방법(물 뿌리기, 물 붓기, 침례)을 생각한다. 그러나 실제로 성경에는 물세례 이외에 더 많은 종류의 세례들이 언급되어 있다. 앞서 우리가 배운 원리들(죽은 행실을 회개함과 하나님에 대한 신앙)과 더불어, 히브리서 6장은 또 다른 기본 원리로서 세례들에 관한 교훈을 열거한다.

> 그러므로 우리가 그리스도의 도의 초보를 버리고 … 세례들과 안수와 죽은 자의 부활과 영원한 심판에 관한 교훈의 터를 다시 닦지 말고 완전한 데로 나아갈지니라 (히 6:1-2)

이 영적 기초는 세례들이라는 복수로 표현되어 있기 때문에, 한 종류 이상의 세례가 있다는 것을 의미한다. 신약성경을 통독해 보면, 우리는 4가지 종류의 세례가 있음을 알 수 있다. 물세례, 그리스도의 몸에 연합하는 세례, 불세례, 성령세례가 그것이다. 앞으로 이 네 가지를 모두 살펴볼 것인데, 먼저 물세례에 대해 알아보자.

순종의 표시

때로 신자의 세례라고 불리는 물세례는 예수님과 우리 자신을 동일시하기 위한 목적을 지닌다. 신약성경에서는 일단 구원을 위해 예수님을 믿으면 물로 세례를 받았다(막 16:16, 행 2:38, 행 8:12, 36). 세례는 죄를 씻고 사함을 받은 증표이다. 즉 그것은 믿음과 순종의 행위이다. 예수님도 세례 요한에게 침례를 받으심으로써 우리에게 친히 물세례를 소개해 주셨다.

요한은 죄 사함을 위한 회개의 세례를 전파했다(막 1:4). 사람들이 자신의 죄를 회개했을 때, 그들은 그에 대한 외적 증거로써 물세례를 받았다. 그것은 외적 증표였기 때문에, 그 자체가 마술처럼 그들을 구원하는 것은 아니었다. 세례의 능력은 하나님께 있었으며, 물이나 행위 자체에 있지 않았다.

"그렇다면 왜 예수님은 세례를 받으셨나요?"라고 당신은 물을지 모르겠다. 예수님은 죄가 없으셨다(벧전 2:21-22). 그분은 죄를 고백하거나 회개했다는 증거를 보이실 필요가 없었다. 예수님께서 세례를 받으러 요한에게 가셨을 때, 그도 동일한 문제에 대해 의아하게 생각했다. 예수님은 그에 대한 요한의 질문에 답하시며 이렇게 말씀하셨다. "이제 허락하라 우리가 이와 같이 하여 모든 의를 이루는 것이 합당하니라"(마 3:15).

예수님은 그리스도인들이 따라야 할 모범을 보이셨다. 그것은 단순히 그들이 자신의 죄를 고백하고 회개했다는 증거가 아니라 모든 의를 (온전히) 이루기 위함이었다. 기독교의 세례는 신자가 이미 그리스도의 죽으심과 부활하심을 믿음으로써 내적인 의를 이뤘다(fulfill)는 것을 외적으로 보여주는 순종의 행위이다.

예수님은 복음을 전파하시는 곳마다 사람들에게 그들이 믿으면 구원을 받을 것이라고 말씀하셨다. 그리고 그 다음에는 세례가 자연스럽게 뒤따랐다. "믿고 세례를 받는 사람은 구원을 얻을 것이요"(막 16:16).

먼저 믿은 다음 세례를 받는 자연스러운 모습은 신약성경 전체에 걸쳐 나타난다. 종종 사람들이 "저는 유아세례를 받았습니다. 유아세례가 성경에 있나요?"라고 물을 때가 있다. 유아세례는 성경에 언급되어 있지 않다. 신약성경에 나오는 세례에 대한 기록은 이전에 불신자였던 성인들에 대한 것이다. 이들은 예수님을 믿은 후에 세례를 받았다. 그러나 유아들은 믿음을 발휘할 능력이 없고 세례는 믿음의 외적 증표이기 때문에, 자연히 유아는 세례 받을 자격이 없다는 논리가 뒤따른다. 주님께 드리는 헌신의 의미로 아기들에게 세례를 베푸는 것이 반드시 잘못됐다고 할 수는 없지만, 성경에 따르면 그들 또한 개인적으로 예수님을 구주로 영접한 후 믿음의 외적 증표로써 세례를 받아야 한다.

가장 중요한 핵심은 '먼저 믿은 후에 세례를 받았는가?' 하는 것이다. 성경은 우리가 예수님을 믿은 후에 물세례를 받아야 한다고 가르친다. 그것이 믿음의 증표이기 때문이다.

공적인 선언

예수님에 대한 믿음의 증표인 물세례는 몇 가지 중요한 선언을 의미한다. 앞으로 이 선언들을 살펴볼 것이다. 먼저 성경은 우리가 죄에 대해 등을 돌리고 예수 그리스도를 위해 살겠다는 결단을 공적으로 선언하는 것이 바로 물세례라고 말한다. "모든 사람들은 자신이 죄에 등을 돌리기로 결단했음을 공적으로 선언한 행위로서 세례를 받아야만 한다"(막 1:4, TLB).

세례는 우리가 예수 그리스도를 믿기로 했다는 공적인 선언이다. 초대교회 시절, 자신의 삶을 예수 그리스도께 드린 자가 취한 첫 번째 순종의 단계가 물세례인 것은 당연한 일이었다.

너희가 회개하여 각각 예수 그리스도의 이름으로 세례를 받고 죄 사함을 받으라
(행 2:38)

청소년 사역자로 섬길 때, 한 주간에 수십 명의 청소년들이 예수님께 삶을 드린 일이 여러 번 있었다. 우리는 보통 그들이 거듭난 그날에 바로 세례를 주었다. 상황에 따라 수영장, 강가나 연못, 욕조에서 세례를 베풀었다. 이처럼 세례는 매우 다양한 환경에서 행해질 수 있다. 물세례는 영적으로 매우 의미심장한 의식이기 때문에, 어떤 경우에는 미리 계획해서 친구들과 가족들이 참석할 수 있도록 한다. 그러면 지인들의 축하를 받으며 세례를 받을 수 있다.

세례의 방법과 환경이 어떠하든 간에 초신자들은 세례를 받음으로써 물리적·외적으로 구원을 선포하는 의식에 참가하여 공적인 선언을 한다. 이러한 믿음의 행위를 통해 우리는 온전한 마음으로 제자를 삼고 그들에게 세례를 주라는 주님의 지상명령을 성취하게 된다.

그러므로 너희는 가서 모든 민족을 제자로 삼아 아버지와 아들과 성령의 이름으로 세례를 베풀고 내가 너희에게 분부한 모든 것을 가르쳐 지키게 하라 볼지어다 내가 세상 끝 날까지 너희와 항상 함께 있으리라 (마 28:19-20)

죄에 대해 죽고 그리스도에 대해 살다

물세례가 중요한 두 번째 이유는, 이것이 우리가 죄에 대해 죽고 그리스도에 대해 살았다는 것을 보여주기 때문이다(롬 6:4).

> 그러므로 우리가 그의 죽으심과 합하여 세례를 받음으로 그와 함께 장사되었나니 이는 아버지의 영광으로 말미암아 그리스도를 죽은 자 가운데서 살리심과 같이 우리로 또한 생명 가운데서 행하게 하려 함이라

물세례는 죄에 대해 장사되고 새 생명을 향해 부활했다는 증표다. 2,000년 전에 예수님은 장사된 바 되었다가 다시 사셨다. 영적인 의미에서 우리 또한 그분과 함께 장사되었다. 새로운 생명을 얻기 전, 우리는 먼저 자신에 대해 죽어야 한다. 십자가로 갈 때, 우리는 옛 생활 방식에 대해 죽는다. 이는 하나님이 약속하신 새로운 부활의 생명을 얻기 위함이다.

장례식에 가 보면 죽은 자는 아무것에도 반응할 수 없다는 것을 알 수 있다. 그는 신체적·감정적으로 아플 수도 없고, 고통을 느끼지도 못한다. 그는 죽은 것이다! 이처럼 우리가 그리스도 안에서 장사되었을 때, 옛 성품은 더 이상 기능을 할 수 없다. 그것은 이미 죽었다. 영적으로 우리의 옛 생명은 죽은 것이다.

이에 대해 한 가지 예를 들겠다. 조(Joe)는 마피아에 속한 갱단이었다가 예수님을 만난 후 주님께 삶을 드렸다. 그의 인생은 영원히 바뀌었다. 그가 자신의 삶을 주님께 드리고 나서 몇 주 후, 예전의 마피아 동료가 전화를 해서 "여보세요, 조가 있나요?"라고 말했다.

그러자 그는 "아니요, 조는 죽었습니다"라고 대답하고는 전화를 끊었다.

실제로 조는 과거에 대해 죽었다. 그는 새로운 조였으며, 완전히 새로운 생명을 살고 있었다. 옛 사람 조는 죽었고, 예수 그리스도를 마음에 모신 새 사람 조가 된 것이다. 물세례는 우리가 자신에 대해 죽고, 하나님의 영광의 능력으로 새 생명 가운데 행한다는 의미이다.

때로 사람들은 "세례는 어떻게 받아야 합니까?"라고 질문한다. '세례를 받다'(baptize)는 헬라어로 '밥티조'(baptizo)인데 이는 '잠그다' 라는 뜻이다.1) 세례를 줄 때, 우리는 사람들에게 물속에 잠길 것을 권한다. 세례를 받을 때 물속으로 들어가는 것은 자신에 대해 죽어 무덤에 장사된 것을, 물에서 올라오는 것은 부활을 상징한다.

당신은 그리스도와 함께 십자가에 못 박혔다. 당신의 '옛 사람'(악한 본성)은 이미 죽었다. 물세례를 통해 당신은 죄에 대해 죽고, 그리스도에 대해 산 자가 되었다.

신약시대의 할례

이제 물세례가 말하는 세 번째 선언을 살펴보자. 물세례는 신약시대의 할례의 표상이다. 구약의 할례는 태어난 지 8일째 되는 남자 아이의 표피를 잘라내는 의식이었다. 이는 그가 하나님의 백성이 되었음을 나타내는 언약의 증표였다. 그것은 신약성경에서처럼 믿음의 증표였다. 골로새서 2장 11-12절은 세례라는 물로 된 무덤에 순복하는 것은 우리의 옛 죄의 본성이 초자연적인 방법으로 할례처럼 잘려 나갔다는 것을 보여준다고 말한다.

> 또 그 안에서 너희가 손으로 하지 아니한 할례를 받았으니 곧 육의 몸을 벗는 것이요 그리스도의 할례니라 너희가 세례로 그리스도와 함께 장사되고 또 죽은 자들 가운데서

그를 일으키신 하나님의 역사를 믿음으로 말미암아 그 안에서 함께 일으키심을 받았느니라

우리 안에 있는 죄의 본성과 그 능력("내가 원하는 것을 하고 싶어"라고 말하는 옛 성품)은 우리가 물세례를 받을 때 상징적으로 잘려져 나간다. 그것이 신약의 할례이다. 그러나 때로 마귀가 와서 우리가 아직도 과거의 옛 습관들(거짓말, 비판, 정욕, 미움, 분노 등)에 묶여 있다고 말하려 한다. 그것은 마치 이전 집 주인이 우리가 더 이상 살고 있지 않는 집에 대해 월세를 내라고 요구하는 것과 같다. 우리는 마귀에게 "너는 더 이상 나의 주인이 아니야. 나의 새 주인에게 가서 말해라. 그분은 바로 예수님이야"라고 말할 수 있다.

물세례를 받음으로 우리는 과거의 묶임이 끊어졌음을 선언한다. 그것은 초자연적인 하나님의 역사이다. 모세와 이스라엘 자녀들은 애굽에서 종살이를 했다. 그러나 그들이 홍해를 건넘으로써 하나님의 백성은 물로 세례를 받고 자유를 얻었다. "형제들아 나는 너희가 알지 못하기를 원하지 아니하노니 우리 조상들이 다 구름 아래에 있고 바다 가운데로 지나며 모세에게 속하여 다 구름과 바다에서 세례를 받고"(고전 10:1-2).

우리는 과거의 종살이에서 자유를 얻기 위해 예수님을 영접한 후 세례를 받는다. 그러나 우리가 항상 종살이에서 해방되었다고 느끼는 것은 아니다. 그래서 우리가 이것을 믿음으로 아는 것이 중요하다. 우리는 우리의 감정이 아닌 그분의 말씀의 진리로 산다. 한번은 비행기를 타고 고향인 펜실베니아 랭커스터로 가는데, 순간 우리가 잘못 가고 있다는 생각이 들었다. 그러나 우리는 결국 제대로 목적지에 도착했다. 기장은 항법장치를 의지하여 비행했고, 그것은 정확했다. 이처럼 우리는 기복이 심한 감정이 아닌 하나님의 항법장치인 성경에 따라 살아야 한다. 성경은 우리에게 하나님의 뜻을 알려준다.

로마서 6장 14절은 "죄가 너희를 주장하지 못하리니"라고 말한다. 이 말씀을 율법이 아닌 약속의 말씀으로 보라. 하나님은 죄가 우리를 주장할 수 없다고 말씀하신다. 왜냐하면 나는 세례를 통해 그분과 함께 장사되었기 때문이다. 옛 사람인 나는 죽었다. 그러므로 나는 지금 완전히 새 사람이다! 우리의 악한 옛 본성은 무력하게 되었다. 그리고 물세례를 통해 우리는 신약의 할례를 경험한다. 로마서 6장 6절은 이렇게 말한다.

> 우리가 알거니와 우리의 옛 사람이 예수와 함께 십자가에 못 박힌 것은 죄의 몸이 죽어 다시는 우리가 죄에게 종 노릇 하지 아니하려 함이니

옛 사람은 이미 잘려 나갔다! 우리는 우리 안에 계신 예수 그리스도와 함께 새 생명을 살고 있다.

순종의 표시

물세례가 말하는 네 번째 선언은, 우리가 하나님께 순종하고 있다는 사실을 보여주는 것이다. 하나님의 말씀은 우리가 물로 세례를 받아야 한다고 가르친다. 우리는 "믿고 세례를 받으라"는 권면을 받는다(막 16:16). 베드로전서 3장 21절에 따르면 물세례는 영적으로 깨끗게 됨을 상징한다.

> 물은 예수 그리스도께서 부활하심으로 말미암아 이제 너희를 구원하는 표니 곧 세례라 이는 육체의 더러운 것을 제하여 버림이 아니요 하나님을 향한 선한 양심의 간구니라

구원은 외적인 의식(ceremony)이 아니라 마음이 씻음을 받는 것이다. 물로

씻는 것은 단지 더러운 것을 제하는 것이다. 그러나 세례를 받는 것은 우리가 깨끗한 양심으로 살게 되었음을 보여준다. 우리는 예수 그리스도 안에서 흔들리지 않는 확신을 가지고, 주님께서 말씀하신 모든 것에 대해 순종한다. 그렇게 할 때, 우리 삶에 엄청난 자유가 임한다.

가끔 사람들이 "죽기 직전에 회심하면 어떻게 되는가? 어떤 사람이 예수님께 자기의 마음을 드리고 나서 2분 후에 죽는다면 그는 어디로 가서 영원을 보내는가?"라고 묻는다. 세례가 우리를 구원하는 것이 아니라는 사실을 기억하라. 오직 예수 그리스도의 보혈이 우리를 구원한다. 세례는 단지 순종을 나타내는 행동일 뿐이다. 믿음을 고백한 후 십자가에서 최후를 맞은 강도는 물세례를 받을 수 없었다. 그러나 예수님은 그에게 함께 낙원에 있게 될 것이라고 말씀하셨다(눅 23:40-43).

그럼에도 불구하고 성경의 수많은 사례에 따르면, 우리는 회심한 후 가능한 한 빨리 세례를 받아야 한다. 감옥에 갇힌 바울을 통해 복음을 들은 빌립보 간수는 자신의 삶을 예수님께 드렸다. 그날 밤 간수와 그의 가족은 모두 물세례를 받았다(행 16:33). 어느 날 빌립이 길을 가고 있을 때, 수레에 앉아 성경을 읽고 있는 한 에티오피아 관료를 만났다. 빌립은 예수님에 관한 기쁜 소식을 그에게 전했으며, 물을 발견하는 즉시 세례를 베풀었다(행 8:38). 그리스보와 그의 가정, 그리고 많은 고린도 사람들 역시 믿고 즉시 세례를 받았다(행 18:8).

모든 그리스도인들, 심지어 믿음이 있는 어린아이들까지 세례를 받도록 격려해야 한다. 왜냐하면 주님께서 "너희 믿음대로 되라"고 말씀하셨기 때문이다(마 9:29). 그러나 어린아이에게 물세례를 강요해서는 안 된다. 다만 그가 물세례를 원하고, 또 이를 받을 준비가 되어 있으면 가능하다.

물세례를 받으라

만약 당신이 물세례를 받지 않았다면, 더 이상 지체할 필요가 있겠는가? 지금 바로 세례를 받으라. 예수님께서 두 강도 사이에 달리셨을 때, 그 중 한 사람이 구원을 받았다. 그러나 그가 십자가에서 내려와 세례를 받을 기회는 없었다.

그러나 당신과 나에게는 기회가 있다. 세례가 우리를 구원해 주지는 못하지만, 우리가 죄에 대해 죽고 그리스도에 대해 살았다는 것을 보여주며, 하나님의 말씀에 순종할 것을 선언할 기회로 삼을 수 있다. 만일 물세례에 대해 의심이 든다면, 나는 주저 말고 세례를 받으라고 권한다. 의심의 구름이 당신의 믿음을 가리고, 삶에 정죄의 그림자를 드리울 수 있다. 로마서 14장 23절은 "믿음을 따라 하지 아니하는 것은 다 죄니라"라고 말한다.

믿음 가운데 살고 그 가운데 행하는 것이 중요하다. 만일 확신이 들지 않는다면 확신을 얻고, 원수가 당신의 마음에 의심의 씨앗을 뿌리지 못하도록 물세례를 받으라. 물세례는 당신의 믿음과 그리스도 안에 있는 자유를 일깨워주는 물리적 행위이다. 마귀가 당신을 속이고 마음에 의심을 집어넣으려고 할 때, 당신은 물세례를 기억할 수 있다. 그리고 "나는 물세례를 받았어. 그리고 나는 내가 사유케 되었다는 것을 알아. 옛 사람, 즉 옛 죄의 성품은 잘려 나갔고 나에게 아무런 힘도 행사할 수 없어. 예수 그리스도는 나의 삶 가운데 강력하게 살아 계셔"라고 확실하게 선포할 수 있다. 만일 당신이 물세례를 받기 원한다면 목회자나 소그룹 리더에게 말하라.

나는 그리스도 안에 있는 자는 누구든 물세례를 줄 수 있다고 믿는다. 세례를 꼭 목사나 장로만 줄 수 있는 것은 아니다. 사도 바울은 물세례를 주는 일을 교회 안의 다른 성도에게 맡겼다. 그는 단지 그들이 이런 식으로 섬길 수 있기 때문에 그렇게 한 것이다. 바울은 그의 가장 중요한 소명이 복음을 전하고, 다른 사람들을 훈련시키는 것임을 알았다.

> 나는 그리스보와 가이오 외에는 너희 중 아무에게도 내가 세례를 베풀지 아니한 것을 감사하노니 … 그리스도께서 나를 보내심은 세례를 베풀게 하려 하심이 아니요 오직 복음을 전하게 하려 하심이로되 (고전 1:14, 17)

물세례는 내적으로 마음이 깨끗이 씻김을 받았다는 증표다. 그것은 내가 죄에서 돌이켜 예수 그리스도를 주님으로 섬길 것을 공적으로 선언하는 것이며, 죄에 대해 죽고 그리스도에 대해 살았다는 것을 보여준다. 그것은 나의 옛 성품의 능력이 잘려나갔다는 신약적 표상이다. 무엇보다도 물세례가 중요한 가장 큰 이유는 주님께서 그분의 말씀 가운데 세례를 받으라고 명령하셨고, 우리가 그 말씀에 순종하길 원하시기 때문이다.

물세례

묵상을 위한 질문

1. 성경에서 언급된 네 가지 종류의 세례를 열거하라. 당신은 이 네 가지 중 얼마나 많은 세례를 경험했는가?

2. 만일 당신이 물세례를 받았다면 그것이 당신과 예수님, 그리고 당신의 친구들에게 어떤 의미를 지니는가?

3. 물 속으로 들어갔다가 다시 물 밖으로 나오는 것의 영적 의미는 무엇인가?

4. 하나님을 향해 깨끗한 양심을 가져다주는 것은 무엇인가?

더 많은 세례들

그리스도의 몸 안으로의 세례

신약성경이 언급하고 있는 또 다른 종류의 세례로 그리스도의 몸 안으로의 세례가 있다. 우리는 앞서 '세례를 주다'란 단어가 문자적으로는 '안으로 넣다'라는 의미가 있다는 것을 배웠다. 우리가 물세례를 받을 때에 누군가가 우리를 물속으로 집어넣는다. 우리가 그리스도의 몸 안으로 세례를 받을 때에 성령께서는 초자연적으로 우리를 그분의 '몸', 즉 '하나님의 가족' 안으로 집어넣으신다.

> 우리가 … 다 한 성령으로 세례를 받아 한 몸이 되었고 또 다 한 성령을 마시게 하셨느니라 (고전 12:13)

우리는 한 성령으로 말미암아 그리스도의 몸의 지체로 연합한다. 하나님은 지지와 격려를 위해 그리스도의 몸 안의 지체들을 우리에게 주신다. 교제를 통해 서로에게서 배우고 예수님을 더 잘 알게 될 때, 우리는 그분의 성령으로 온전하게 된다. 예수님은 이 몸의 머리이시며, 각 신자들은 이 땅에서 그 몸의 일부를 이룬다. 우리는 이 땅에 있으면서 그리스도의 손과 발, 혀 그리고 다양한 지체가 되어 여러 기능과 능력과 소명을 받는다.

한 젊은이가 결혼을 하면 옛 가족을 떠나 새 가족 안으로 들어간다. 새롭게 남편이 된 그는 아내와 함께 그들만의 새로운 가정을 시작한다. 마찬가지로 초신자는 초자연적으로 하나님의 가족 안으로 들어가 새로운 삶을 시작한다. 그리스도의 몸 안으로 세례를 받는 것은 하나님의 초자연적인 역사이다. 예수님을 주로 영접하는 순간, 우리는 영적으로 그리스도의 몸 안에 집어넣어진다. 그리스도께 속한 우리는 그분의 지체이며 서로에게 속해 있다.

하나님의 놀라운 가족

당신이 거듭나서 하나님의 가족 안으로 들어오면, 주 안에서 이 세상의 모든 그리스도인들과 형제자매가 된다. 주님의 가족의 일원이 된다는 것은 놀라운 축복이다. 당신은 다른 나라의 크리스천 형제자매와도 마치 오랫동안 알고 지낸 사이처럼 자연스럽게 대화를 나누고 교제할 수 있다.

오래 전, 나는 한국의 서울에 있는 세계에서 가장 큰 교회를 방문하여 여러 명의 한국 성도들을 만나는 아름다운 경험을 했다. 비록 언어는 서로 달랐지만, 우리가 영적으로 한 가족의 일원이라는 것을 느낄 수 있었다.

요한계시록 5장 8-9절에서 사도 요한이 천국의 보좌를 보았을 때, 그는 '살아 있는 생물과 장로들'이 예수님께 영광을 돌리는 것을 보았다(이들은 그리스도의 제자들과 열방과 모든 족속 가운데 있는 교회를 대표한다). "그 두루마리를 취하시매 네 생물과 이십사 장로들이 그 어린 양 앞에 엎드려 각각 거문고와 향이 가득한

금 대접을 가졌으니 이 향은 성도의 기도들이라 그들이 새 노래를 불러 이르되 두루마리를 가지시고 그 인봉을 떼기에 합당하시도다 일찍이 죽임을 당하사 각 족속과 방언과 백성과 나라 가운데에서 사람들을 피로 사서 하나님께 드리시고."

하나님의 놀라운 가족은 모든 나라와 족속과 문화권에서 온 사람들로 구성되어 있다. 우리 모두는 우리 주 예수 그리스도를 믿음으로 말미암아 형제자매가 되었다.

주님의 가족은 놀랍다. 우리 각 사람은 하나님의 영으로 거듭났다. 고린도후서 6장 18절에 따르면 우리는 우주의 왕의 자녀들이다.

> 너희에게 아버지가 되고 너희는 내게 자녀가 되리라 전능하신 주의 말씀이니라 하셨느니라

불세례

신약성경에 언급된 또 다른 종류의 세례는 불세례이다. 세례 요한은 누가복음 3장 16절에서 이 세례를 언급한다.

> 요한이 모든 사람에게 대답하여 이르되 나는 물로 너희에게 세례를 베풀거니와 나보다 능력이 많으신 이가 오시나니 나는 그의 신발끈을 풀기도 감당하지 못하겠노라 그는 성령과 불로 너희에게 세례를 베푸실 것이요

우리는 앞에서 물세례가 회개를 의미한다는 것을 배웠다. 이 말씀을 통해서 우리는 성령이 임하시는 것이 하나님의 임재의 증거라는 것을 알 수 있

다. 불은 성경적으로 정결케 하심과 능력의 상징이다. 세례 요한은 예수님께서 성령과 불로 세례를 주실 것이라고 말했다.

먼저 우리를 정결케 해주는 차원의 불세례에 대해 알아보자. 우리가 통과하는 시련이나 고난의 시간은 일종의 불세례의 표상이다. 요한이 예수님께서 성령과 불로 우리에게 세례를 주실 것을 말한 다음, 아래와 같이 더 자세하게 설명한다.

> 손에 키를 들고 자기의 타작 마당을 정하게 하사 알곡은 모아 곳간에 들이고 쭉정이는 꺼지지 않는 불에 태우시리라 (눅 3:17)

선풍기나 키를 사용해 곡식을 공중에 던지면 쭉정이는 날아가고 깨끗한 알곡은 타작마당에 다시 떨어진다. 주님은 자기의 타작마당을 깨끗이 하셔서 알곡은 모아 곳간에 들이시고, 쭉정이는 태우시겠다고 말씀하신다. 다른 말로 하면 우리 하나님은 여전히 우리에게 붙어 있는 온전치 못한 모든 것들(쭉정이)을 삶 가운데서 제거하시기로 작정하셨다. 이것은 지나온 삶 가운데 생긴 습관들이나 하나님의 말씀과 상반되는 잘못된 사고방식일 수 있다.

정결케 하는 과정이 항상 쉬운 것은 아니지만, 그리스도인들이 시련에 직면할 때 충격을 받아서는 안 된다. 나는 농장에서 자랐기 때문에 깨끗한 제품을 얻기 위해 쭉정이를 알곡과 분리하는 것이 얼마나 중요한지 잘 알고 있다.

매년 밀을 수확할 때, 우리는 커다란 전기 진동채에 밀을 붓는다. 문자 그대로 밀을 흔들면 쭉정이들이 알곡에서 분리된다. 하나님은 우리 삶 가운데서 좋은 열매(알곡)를 찾으신다. 그분은 삶에 붙어있는 '쭉정이'들이 날아갈 때까지 '흔드시기' 위해 다양한 상황 속으로 우리를 집어넣으신다.

또한 농장에서 용접을 할 때에도 비슷한 교훈을 얻었다. 용접기를 가지고 금속이 고온에 이를 때까지 가열했는데, 금속이 뜨거워지면 불순물이 위로 솟아나왔다. 우리는 그것을 슬래그(slag)라고 불렀다. 슬래그가 표면으로 올라오면 우리는 그것을 긁어서 떨어냈다. 만일 그렇게 하지 않으면, 두 개의 금속 조각은 제대로 붙을 수가 없었다. 이것은 우리가 순전해지기 위해 선한 것과 악한 것을 분리하는 과정을 보여준다.

우리의 삶 가운데 불세례를 통해 찌꺼기를 걷어내야 할 때가 있다. 이러한 불과 같은 시련과 고난을 통과할 때, 삶의 불순물들이 표면으로 올라온다. 이럴 때 잘못된 태도와 우리를 피곤하게 만드는 것들, 사랑의 결핍, 기쁨의 결핍, 인내의 결핍, 두려움과 같은 모든 것들이 위로 올라온다. 이런 '영적인 찌꺼기'가 삶 가운데 드러날 때, 우리는 불순물들을 회개하고 제거할 수 있는 능력을 예수님에게서 받을 수 있다.

잔을 마시다

야고보와 요한 두 제자에게는 더 강해지기 위해 삶 가운데 제거해야 할 쭉정이 즉 슬래그가 있었다. 그들은 진실하게 예수님을 사랑했고, 그분께 더 가까이 가길 원했다. 하지만 그들이 그들의 어머니를 통해 예수님께 청탁했을 때에는 예수님이 그들에게 주실 수 있는 유익에 초점을 맞추었던 것처럼 보인다(마 20:20). 그들의 모친이 주님의 나라에서 자기 아들들이 하나는 예수님의 오른 편에, 다른 하나는 왼편에 앉을 수 있는지를 물었을 때 주님은 다음과 같은 어려운 질문을 하셨다.

> 예수께서 대답하여 이르시되 너희는 너희가 구하는 것을 알지 못하는도다 내가 마시려는 잔을 너희가 마실 수 있느냐 그들이 말하되 할 수 있나이다 이르시되 너희가 과연

내 잔을 마시려니와 내 좌우편에 앉는 것은 내가 주는 것이 아니라 내 아버지께서 누구를 위하여 예비하셨든지 그들이 얻을 것이니라 (마 20:22-23)

그들은 주님께서 받으시려는 세례, 즉 십자가를 지는 것을 기꺼이 받으려 했던가? 하나님의 나라를 세우기 위해 기꺼이 고난을 받으려 했던가? 자신의 삶 가운데 있는 불순물들을 직면하여 주께서 그것들을 변화시키시도록 맡겨 드렸는가? 그들은 자신들이 준비가 되었다고 생각하고서 "그럴 수 있나이다"라고 대답했다. 그러나 며칠 후 주님이 체포되시자, 그들은 그들의 주인을 버렸다 (마 26:56). 예수님을 따르는 유익에 그분을 위해 고난 받는 것이 포함되자, 그 유익들은 덜 보암직하였다.

물론 제자들은 예수님을 배반하고 버리고 나서 다시 그분께로 돌아왔다. 그리고 그들의 삶으로 그분의 사랑과 용서를 증거했다. 예수님은 우리의 연약함을 아시고 이해하신다. 우리의 불순물들이 올라올 때, 그분은 용서와 사랑으로 다가오신다. 주님의 능력으로 우리는 강해진다. 이는 우리가 인생의 고난을 당할 때, 승리하기 위함이다.

시험을 온전히 기쁘게 여기라

당신은 아마도 "주님, 저는 지금 고난을 겪고 있습니다! 왜 제가 그래야 하나요?"라고 말할지 모른다. 하나님께서 우리로 불 가운데로 통과하도록 허락하실 때, 그건 결코 쉽지 않은 일이다. 하나님이 이해가 되지 않을 때, 우리는 포기하고 싶을 수 있다. 그러나 바로 그 순간 하나님께서 진정으로 원하시는 것은, 우리가 계속해서 그분을 신뢰하는 것이다. 야고보서 1장 2-5절은 우리에게 이렇게 말한다.

내 형제들아 너희가 여러 가지 시험을 만나거든 온전히 기쁘게 여기라 이는 너희 믿음의 시련이 인내를 만들어 내는 줄 너희가 앎이라 인내를 온전히 이루라 이는 너희로 온전하고 구비하여 조금도 부족함이 없게 하려 함이라 너희 중에 누구든지 지혜가 부족하거든 모든 사람에게 후히 주시고 꾸짖지 아니하시는 하나님께 구하라 그리하면 주시리라

우리의 성품을 다듬으시기 위해 인생의 시련을 사용하실 수 있다는 사실을 이해하면 관점이 완전히 바뀐다. 주님이 선을 위해 시련을 사용하신다는 것을 알기 때문에 우리는 기뻐할 수 있다. 그리고 그분은 우리가 그분께 구하기만 하면 시련 중에도 올바른 지혜를 주시겠다고 약속하신다.

고등학교 시절에 나는 금속연장 제작법에 대한 수업을 들었다. 도구의 강도를 높이기 위해 우리는 금속 조각을 달궜다가 물에 담그는 것을 반복했다. 이 과정을 통해 연장은 사용하기에 적당한 강도를 갖게 되었다.

주님도 우리를 그분을 섬기기에 유용한 자로 만드시기 위해 불세례를 통과하게 하신다. 교만한 태도는 압력을 받으면 견디지 못한다. 인생에서 불같은 시련을 통과할 때, 우리는 주님과 그분의 말씀을 신뢰하는 법을 배워야 한다. 그럴 때, 그분의 성품이 우리의 삶 가운데 세워진다. 그 성품이 세워지지 않으면, 주님께 쓰임을 받는 중에 크나큰 압력을 받으면 쉽게 부러질 것이다.

고난 가운데 인내하라

그렇다. 우리가 지금은 고난의 시간을 통과하고 있어도 결국 주님께 쓰임을 받을 것이다. 삶 가운데 '사포'(Sandpaper)와 같은 형제자매들, 즉 잘못된 방식으로 당신을 문지르는 사람들이 있는가? 아마도 주님은 특별한 이유 때문에 이런 사람을 당신의 인생 가운데 허락하셨을 것이다. 아마도 주님은 당신

이 그리스도처럼 반응하는지, 아닌지를 보고 싶어 하셨는지도 모른다. 그러므로 당신은 주님께 나아가 무조건적으로 사랑할 수 있는 능력을 구해야 한다. 사실 이건 쉽지 않은 일이다. 그리고 그로 인해 한동안 삶은 행복하지 않을 것이다. 하지만 당신은 이 불세례를 통해 더 높은 차원의 사랑을 하게 되고, 하나님의 은혜와 자비를 인식하게 된다. 결국 당신은 이전에 '사포'처럼 괴로운 존재였던 자매(형제)와 좋은 관계를 맺게 된다. 주님을 신뢰하고 인내할 때, 당신은 정말 강해지고 익숙했던 나쁜 태도들이 씻겨 나간다.

우연히 손가락을 찧어서 손톱에 고통스러운 피멍이 생긴 적이 있는가? 아마도 당신은 병원에 가야 했을지도 모른다. 그러면 의사는 소독한 바늘로 손톱에 작은 구멍을 뚫어서 압력을 풀어낸다. 주님도 우리가 다른 사람들의 삶 속에서 압력을 풀어내길 원하신다. 만일 순수한 마음으로 주님을 신뢰하면, 그분은 우리를 효과적으로 사용하실 수 있다.

시련 가운데 인내하면, 우리는 하나님의 말씀으로 씻음을 받게 되고 그리스도의 순전한 신부가 될 수 있다. 성경은 교회를 '그리스도의 신부'라고 부른다. 더러운 신부를 본 적이 있는가? 나는 본 적이 없다. 주님은 우리를 깨끗이 씻겨주신다. 에베소서 5장 25-27절은 이렇게 말한다.

> 남편들아 아내 사랑하기를 그리스도께서 교회를 사랑하시고 그 교회를 위하여 자신을 주심 같이 하라 이는 곧 물로 씻어 말씀으로 깨끗하게 하사 거룩하게 하시고 자기 앞에 영광스러운 교회로 세우사 티나 주름 잡힌 것이나 이런 것들이 없이 거룩하고 흠이 없게 하려 하심이라

주님은 우리를 씻기기 위해 그분의 말씀을 사용하신다. 그러나 거울을 전혀 들여다보지 않으면, 우리가 얼마나 더러워질 수 있는지를 망각하는 경

향이 있다. 하나님의 말씀은 거울이 되어 우리를 씻겨준다. 어렸을 때 나는 목욕하길 싫어했다. 그러나 부모님은 싫든 좋든 내가 정기적으로 목욕을 하도록 하셨다. 지금 생각해 보면, 그렇게 한 것이 참 다행이라고 생각한다. 이처럼 당신도 나중에 되돌아보면 '영적으로 목욕한 것'을 정말 감사하게 생각할 것이다.

불세례를 두려워하지 말라. 예수님께서 당신에게 인내할 힘을 주실 것이다. 시련은 이에 대해 어떻게 반응하느냐에 따라 당신을 강하게 만들 수 있다.

예수님을 위해 불붙다

앞서 우리는 불이 정결함과 능력의 상징이라고 말했다. 그리고 우리는 '불과 같은' 시련을 통해 어떻게 정결케 될 수 있는지를 알아보았다. 불세례의 또 다른 면은 능력이다. 우리는 '예수 그리스도를 위해 불타는' 삶을 살아야 한다. 요한계시록 3장 19절에 따르면, 우리는 하나님을 사랑하는 데 있어서 열심을 내어야 한다.

> 무릇 내가 사랑하는 자를 책망하여 징계하노니 그러므로 네가 열심을 내라 회개하라

하나님의 일에 열심을 내지 않을 때, 우리는 무관심과 무정함에서 돌이키라는 명령을 받는다. 우리는 불세례를 받고 내면에서 불타오르는 '불'을 경험하도록 지음을 받았다. 초대교회 제자들은 하나님을 향한 열정으로 불탔다. 그와 같이 하나님의 불과 열정으로 세례를 주시도록 간구하라. 하나님은 열정적인 자들을 찾으신다. 민수기 25장 11–13절은 열정적인 사람에 대해 이렇게 말한다.

> 제사장 아론의 손자 엘르아살의 아들 비느하스가 내 질투심으로 질투하여 이스라엘 자손 중에서 내 노를 돌이켜서 내 질투심으로 그들을 소멸하지 않게 하였도다 그러므로 말하라 내가 그에게 내 평화의 언약을 주리니 그와 그의 후손에게 영원한 제사장 직분의 언약이라 그가 그의 하나님을 위하여 질투하여 이스라엘 자손을 속죄하였음이니라

주님은 비느하스를 높이셨다. 왜냐하면 그는 하나님에 대해 열정적이었기 때문이다. 당신은 하나님에 대해 열정적인가? 당신은 이런 종류의 불세례를 경험하고 있는가?

불세례를 받은 자들은 기도의 사람들로, 죄에 대한 거룩한 증오와 주님을 향한 거룩한 사랑을 가지고 있으며, 또한 잃어버린 자들과 예수 그리스도의 교회에 대해 긍휼함을 가지고 있다. 시편 69편 9절에서 기자는 하나님의 집과 그분의 나라에 대한 자신의 의로운 열심을 보여준다. "주의 집을 향한 열심히 나를 삼키리니." 우리가 참으로 하나님을 위해 불탈 때, 우리 몸과 혼은 그분의 소욕으로 휩싸인다. 우리는 하나님이 원하시는 모습과 우리가 행하길 원하시는 일에 몰입한다. 우리는 그분의 집(그분의 교회)이 우리 세대에 그분이 창조하기 원하시는 온전한 모습이 되는 것을 보고 싶어 하는 경건한 열심을 가지게 될 것이다. "주님, 우리에게 당신의 불로 세례를 주시옵소서!"

더 많은 세례들

묵상을 위한 질문

1. 타문화권의 그리스도인과의 관계를 통해 가족애를 경험한 일에 대해 생각해 보라. 그와의 공통점은 무엇이었는가?

2. 현재 하나님께서 정결케 하고 계신 삶의 '쭉정이'는 무엇인가?

3. 하나님께서 당신을 통해 성취하기 원하시는 사명이 있을 때, 불세례를 통해 그분이 보시기에 합당한 사람이 되도록 당신을 어떻게 빚어가고 계신지를 볼 수 있는가?

4. 시련을 통과한 후 삶 가운데 영적 성장을 목도했는가? 그 과정 중에 하나님의 말씀이 어떤 도움이 되었는가?

성령세례 I

성령의 약속

지금까지 우리는 세 가지 세례, 즉 물세례, 그리스도의 몸 안으로의 세례 그리고 불세례를 다뤘다. 이번 장과 다음 장에서 우리는 성령세례를 살펴볼 것이다. 성령께서 우리를 어떻게 사용하길 원하시며, 우리의 삶 가운데서 어떻게 운행하길 원하시는지를 깨닫는 것은 중요하다. 성령세례라는 주제는 때로 오늘날 교회 가운데 첨예한 논쟁거리가 되는 경우가 많다. 그러므로 이를 보다 더 잘 이해하기 위해 이에 대한 경험을 자세히 살펴보도록 하자.

먼저 누가복음 3장 16절의 말씀을 다시 한 번 보자.

요한이 모든 사람에게 대답하여 이르되 나는 물로 너희에게 세례를 베풀거니와 나보다 능력이 많으신 이가 오시나니 나는 그의 신발끈을 풀기도 감당하지 못하겠노라 그는 성령과 불로 너희에게 세례를 베푸실 것이요 앞 장에서는 이 구절의 불세례에 대해 다뤘다. 이제는 예수님께서 '성령으로 세례를 베푸신다'는 것의 의미가 무엇인지를 살펴보고자 한다.

진정 거듭난 그리스도인들의 마음에는 하나님의 영이 거하신다. 고린도전서 3장 16절은 "너희는 너희가 하나님의 성전인 것과 하나님의 성령이 너희 안에 계시는 것을 알지 못하느냐"고 말한다. 성령은 하나님의 자녀 한 사람, 한 사람의 마음속에 거하신다. 성령께서는 인격이시며 어떤 교리나 단순한 영향력이 아니다. 이것은 매우 중요하다. 성령은 하나님이시며 하나님의 인격과 성품들을 가지고 계시다. 하나님은 성부, 성자, 성령이시며, 이것을 우리는 삼위일체라 부른다. 성령은 삼위일체 가운데 제3위이시다.

당신이 자신의 삶을 예수님께 드리고 그분을 삶 가운데 영접할 때, 거룩한 인격이신 성령께서 오셔서 당신 안에 거하신다. 그분은 당신을 돌보시며, 당신을 도울 능력을 가지고 계시다. 그러나 이것이 성령세례를 받았다는 것을 의미하지는 않는다.

성령은 모든 그리스도인 가운데 거하신다

우리가 구원을 받을 때, 성령은 우리 안에 거하시기 위해 오신다. 그분은 우리를 죄의 속박에서 구원하시며, 선한 동기를 부여하셔서 거룩한 삶을 살도록 이끄신다. 로마서 8장 9절은 이렇게 말한다.

> 만일 너희 속에 하나님의 영이 거하시면 너희가 육신에 있지 아니하고 영에 있나니 누구든지 그리스도의 영이 없으면 그리스도의 사람이 아니라

예수님이 재판을 받으시고 십자가에 못 박하시기 전 제자들과 마지막으로

이야기하실 때, 그분은 그들이 성령을 받을 것이라고 말씀하셨다(요 14:16-17). 이어 예수님이 부활하신 후 제자들을 찾아오셔서 그들에게 숨을 내쉬며 "성령을 받으라"고 말씀하셨다(요 20:22).

그 순간 제자들은 성령으로 거듭났다. 제자들이 이미 예수님을 주로 고백했고 옛 언약의 조건에 따라 구원을 받았지만, 예수님께서 죽은 자 가운데서 부활하시기 전에는 거듭날 수가 없었다. 예수님이 오셔서 새 언약을 따라 그들에게 그분의 부활의 능력을 주셔야만 했다. 이를 통해 그들도 예수님이 죽은 자 가운데서 살아나셨으며, 그들의 구원이 온전케 되었음을 믿었다.

하나님께서 에덴동산에서 흙을 취하여 그것에 숨을 내쉬셨을 때 아담이 만들어졌고, 그는 물리적 생명을 받았다. 이제 하나님은 제자들에게 숨을 내쉼으로 그들에게 영적 생명을 주셨다. 당신이 그리스도를 영접하기 전 죄에 대해 찔림을 받았을 때에는, 성령께서 당신 밖에서 그러한 찔림을 주셨다. 그러나 당신이 예수님을 영접할 때, 성령께서 오셔서 당신 안에 거하신다. 그러나 한 가지가 더 있다. 신약성경은 성령을 받는 것에 대해 분명하게 구분되면서도 상호보완적인 두 가지를 설명한다. 그것은 제자들이 이제 막 설명한 '부활 주일'에 성령을 받은 것과 나중에 '오순절 주일'에 성령을 받은 경험인데, 이에 대한 비교는 다음 장에서 하기로 하자.

당신은 능력을 받을 것이다

예수님께서 제자들에게 숨을 내쉬며 "성령을 받으라"고 말씀하셨을 때, 그들이 성령을 만난 후에도 여전히 온전치 못할 것임을 분명히 밝히셨다. 주님이 승천하시기 전 제자들에게 마지막으로 하신 말씀 가운데 곧바로 나가서 복음을 전하는 것이 아니라, 예루살렘으로 가서 성령으로 세례를 받고 증인이 되는 데 필요한 능력을 받을 때까지 거기서 기다리라고 명하셨다.

> 사도와 함께 모이사 그들에게 분부하여 이르시되 예루살렘을 떠나지 말고 내게서 들은 바 아버지께서 약속하신 것을 기다리라 요한은 물로 세례를 베풀었으나 너희는 몇 날이 못되어 성령으로 세례를 받으리라 하셨느니라 … 오직 성령이 너희에게 임하시면 너희가 권능을 받고 예루살렘과 온 유대와 사마리아와 땅 끝까지 이르러 내 증인이 되리라 하시니라 (행 1:4-5, 8)

제자들은 기도하고 기다렸다. 그리고 오순절에 120명의 제자들이 한곳에 모였을 때, 이 일이 일어났다.

> 오순절 날이 이미 이르매 그들이 다같이 한 곳에 모였더니 홀연히 하늘로부터 급하고 강한 바람 같은 소리가 있어 그들이 앉은 온 집에 가득하며 마치 불의 혀처럼 갈라지는 것들이 그들에게 보여 각 사람 위에 하나씩 임하여 있더니 그들이 다 성령의 충만함을 받고 성령이 말하게 하심을 따라 다른 언어들로 말하기를 시작하니라 (행 2:1-4)

여기서 제자들은 강력한 성령세례를 경험했다. 예수님이 그들에게 숨을 내쉬셨던 몇 주 전에 성령의 생명을 받았지만(요 20:22), 이번에 그들은 성령세례를 받았다. 이를 통해 그들은 새로운 차원의 능력을 받았다.

중생할 때 성령을 받은 것과 성령세례를 받는 것 사이에 이런 차이가 있다는 것은 중요하다. 우리는 우리 안에 성령이 거하시는 것과 성령세례를 받는 것 사이의 차이를 인식해야 한다. 성령세례는 성령의 능력을 그리스도인의 삶에 풀어내는 주님의 공급하심이다.

이것을 잘 설명해 주는 이야기를 하나 소개하겠다. 가난한 시골에 살던

한 그리스도인이 대도시에 방문하게 되었다. 볼 거리가 많았지만, 무엇보다 전기를 전혀 사용해본 적이 없는 그는 전구를 보고 깊이 매료되었다. 그는 자기를 초청한 주인에게 전구 하나를 얻었다. 도시에서의 일정을 마치고 마을로 돌아간 그는 전구를 헛간에 매달았다. 그러나 잔뜩 기대한 만큼 전구에 불이 들어오지 않자 실망도 컸다. 이를 알게 된 지역의 한 선교사가 그에게 전구는 전원에 꽂아야 불이 켜진다고 설명해 주었다. 이것은 우리에게도 적용된다. 하나님께서 우리를 위해 계획하신 것을 온전히 누리려면, 반드시 능력의 근원과 연결되어야만 한다. 그러므로 우리에게는 성령의 강력한 세례가 필요하다. 그것은 새로운 차원의 성령의 임재와 삶의 능력 가운데로 들어가는 문이며, 우리에게 사역을 감당할 수 있는 능력을 공급해 준다.[1]

믿음으로 받는다

믿음으로 구원이 오는 것처럼 성령세례도 믿음으로 온다. 우리는 하나님의 말씀과 예수 그리스도를 믿음으로 성령세례를 받는다. 믿음은 언제나 성령세례를 받기 위한 전제 조건이다. 갈라디아서 3장 14절은 우리에게 이를 명백하게 말해준다. "우리로 하여금 믿음으로 말미암아 성령의 약속을 받게 하려 함이라."

모든 사람이 같은 방식으로 성령세례를 경험하는 것은 아니다. 우리는 혼자 기도하는 중에 성령세례를 받을 수 있고, 다른 사람이 성령의 능력을 받도록 기도해 줄 수도 있다. 어떤 그리스도인들은 성령세례를 받을 때 역동적이고 감정적인 현상을 동시에 경험한다. 그들은 하나님이 주신 알 수 없는 언어로 새 노래를 부르거나 방언으로 말하기 시작할지도 모른다. 반면에 어떤 이들은 그저 그분의 말씀에서 하나님을 취하고 그 후 몇 날 몇 주 동안 하나의 과정으로서 성령세례의 실재를 경험하기도 한다.

우리가 어떤 식으로 성령을 경험했느냐는 중요하지 않다. 핵심은 하나님의 말씀을 믿음으로 우리가 성령 충만함과 성령세례를 받았다는 것을 아는 것이다. 우리는 우리가 거듭났다는 것을 알아야 하는 것처럼 성령세례를 받았다는 것을 알아야 한다.

물과 성령으로 동시에 세례를 받는 것도 가능하다. 아니면 어떤 사람은 물로 세례를 받기 전에 먼저 성령세례를 받을 수도 있다. 이런 일이 사도행전 10장 44-46절에서 일어났다. 베드로가 고넬료의 집에서 이방인들에게 복음을 전하던 중 놀라운 현상이 일어났다.

> 베드로가 이 말을 할 때에 성령이 말씀 듣는 모든 사람에게 내려오시니 베드로와 함께 온 할례 받은 신자들이 이방인들에게도 성령 부어 주심으로 말미암아 놀라니 이는 방언을 말하며 하나님 높임을 들음이러라

고넬료의 집에 있던 사람들은 말씀을 듣고 구원을 받았다. 그리고 주님께서 즉시 권능 가운데 성령을 부어주셔서 그들은 오순절에 제자들이 경험했던 것과 같은 경험을 했다. 성령세례는 개인에게 담대함을 불어넣고, 효과적인 사역을 위한 성령의 권능을 삶 가운데 공급한다.

개인의 경험과 상관없이 성령세례는 믿음으로 받는다. 어느 날, 한 목사님 부부가 내게 와서 말했다. "저희는 성령세례를 받았는지 확신이 서질 않습니다." 나는 내가 그들에게 안수하고 기도할 때에 확실히 알 수 있다고 분명히 말했다. 그러자 그들은 '믿음으로 성령의 약속을 받기'로 선택했다. 그리고 그들은 영광스럽게 성령세례를 받았다. 그때부터 그들은 성령세례를 알았

다. 그들의 영적인 갈망은 그들로 하여금 성령께 순복하여 성령세례를 받도록 인도했다.

효율성은 당신이 결정한다

어떤 사람들은 "제가 정말 성령세례를 받아야만 하나요?"라고 물을지 모르겠다.

내 대답은 이렇다. 나는 "다른 사람들이 하나님을 발견하도록 도움을 주려면 그분의 모든 능력이 필요하지 않겠는가?"라고 되묻고 싶다. 내 주변의 많은 사람들이 지금 지옥을 향해 가고 있다. 이러한 가운데 하나님께서 우리 안에 두신 그분의 뜻과 우리를 통해 이루시려는 목적을 성취하기 위해서는 그분의 능력이 필요하다.

나는 종종 성령의 능력을 이렇게 설명하곤 한다. 잔디를 깎을 때, 가위로 할 수 있고 잔디 깎는 기계로 할 수도 있다. 그리스도인이 되기 위해선 성령세례를 받을 필요가 없다. 하지만 잔디 깎는 기계를 사용하는 것처럼 성령세례는 당신을 보다 더 효율적인 사람으로 만들어 준다. 실제로 예수님의 첫 제자들은 성령 충만을 교회의 특별한 책임을 맡을 사람들의 필수 사항으로 요구했다. "형제들아 너희 가운데서 성령과 지혜가 충만하여 칭찬 받는 사람 일곱을 택하라 우리가 이 일을 그들에게 맡기고"(행 6:3).

성령세례를 받으면 성령 충만으로 말미암아 성부와 성자와 성령과의 관계가 강해지기 때문에, 그리스도의 증거의 효율성이 높아진다. 성령께서는 예수님의 임재를 우리에게 더 생생하게 드러내시는데, 그 결과 우리는 그분을 더 많이 사랑하고 그분께 순종하길 원하게 된다.

사울의 경험

사울은 경건한 유대인이었지만, 사도행전을 보면 그는 초대교회 성도들에게 큰 해를 끼쳤다. 초대교인들을 핍박하기 위해 다메섹으로 가던 사울을 만나신 주님은 그의 인생에 초자연적인 일을 행하셨다.

> 대답하되 주여 누구시니이까 이르시되 나는 네가 박해하는 예수라 너는 일어나 시내로 들어가라 네가 행할 것을 네게 이를 자가 있느니라 하시니 … 아나니아가 떠나 그 집에 들어가서 그에게 안수하여 이르되 형제 사울아 주 곧 네가 오는 길에서 나타나셨던 예수께서 나를 보내어 너로 다시 보게 하시고 성령으로 충만하게 하신다 하니 (행 9:5-6, 17)

아나니아는 사울을 '형제'라고 불렀다. 왜냐하면 그가 이제 그리스도인이 되었기 때문이다. 그러나 사울은 아직 성령의 충만함을 받지 못했다. 많은 사람들이 우리가 구원받을 때 자동으로 성령세례를 받는다고 말한다. 물론 우리가 회심할 때 성령을 받고 동시에 성령세례까지 받는 것이 가능하지만, 항상 그런 것은 아니다. 바울이 된 사울은 그리스도를 삶에 영접한 지 사흘이 지나서야 성령세례를 받았다. 그것은 아나니아가 사울에게 안수하고 기도할 때 일어났다.

구원받을 때 성령을 받는 것과 성령세례를 받는 것과의 차이를 이렇게 설명할 수 있다. 우리는 웅덩이에 가서 물을 마실 수 있지만(이는 구원 받을 때에 성령을 받는 것과 같다), 그 물 속으로 완전히 뛰어들 수도 있다(이는 성령세례라 할 수 있다). 이러한 경우, 물은 같은 물(성령)이지만 우리는 완전히 다른 경험을 한다.

1800년대에 활동한 복음전도자 D. L. 무디가 복음을 전하는데, 매일 밤 맨 앞줄에 두 사람이 앉아 있었다. 거의 매일, 그들은 집회 후에 무디를 찾아

와서 말했다. "무디 선생님, 당신은 성령 충만을 받아야만 합니다." 처음에 그는 그들의 말을 거부했다. 하지만 몇 달이 지나서 뉴욕의 거리를 걷던 중 그는 하나님을 새롭게 만나고 성령의 충만함을 받는 경험을 했다.[2]

결과는 놀라웠다! 그는 집회에서 동일한 말씀을 전했는데, 이전에는 두세 사람이 예수님을 영접했던 것이 이제는 수백, 수천의 사람들이 예수님을 알기 위해 나왔다. 그의 평생에 백만 명의 사람들이 그의 삶 가운데 역사하시는 하나님의 능력으로 인해 지옥에 가지 않게 되었다고 말했다고 한다.[3] 무엇이 이런 차이를 만들었는가? 그것은 성령의 강력한 세례, 즉 내적 충만함 때문이었다. 그는 능력을 받은 것이다.

그분의 능력을 경험하라

나는 예수님을 주님으로 영접하고서 7년 뒤에 성령세례를 받았다. 더 빨리 성령세례를 받을 수 있었지만, 당시 나는 성령의 역사에 대해 매우 무지했다. 당시 나는 주님을 사랑했고 청소년 사역에 관여했지만, 삶에서 무언가가 빠져 있다는 것을 깨달았다. 나에겐 성령의 능력이 필요했다. 나는 종종 기독교 사역에 참여했는데, 그곳에서 사람들은 마약이나 수많은 삶의 문제들에서 해방되었다. 그것을 통해 나는 그곳의 사역자들이 내가 가지고 있지 않은 영적인 능력을 가지고 있다는 것을 알게 되었다.

성경을 연구하면서 이런 경험이 하나님의 말씀에 근거한 것이라는 사실을 확신한 후, 나는 어느 날 숲에 들어가서 "하나님, 저는 성령세례를 받고 싶습니다"라고 기도했다. 그러나 아무런 일도 일어나지 않았다. 돌이켜 보면 당시 내 마음에 교만함이 있었다는 것을 알 수 있다. 나는 성령세례를 혼자서 내 방식대로 받고 싶었고, 너무 급진적인 것은 원치 않았다. 그러나 뜻대로 되지 않자, 나는 겸허한 마음으로 한 목사님을 찾아갔다. 그는 나에게 안수하며 기도해 주었다. 바로 그날 밤 나는 성령세례를 받았다.

성령세례를 받은 후, 나는 전혀 다른 차원의 능력을 받았다. 그것은 내가 아닌 하나님으로부터 온 것이었으며, 내 안에서 그분을 기쁘시게 하고자 하는 강력한 갈망을 불러 일으켰다. 성령세례를 받기 전에도 사역을 했지만, 주님께 돌아온 사람들은 소수에 불과했다. 그러나 성령세례를 받은 후에 모든 것이 변했다. 그 후 몇 년간 사역을 통해 수백 명의 젊은이들이 자신의 삶을 그리스도께 드렸다. 나는 그것이 나 자신의 능력과 힘으로 한 것이 아니라는 것을 분명히 알 수 있었다. 그것은 성령의 능력이었다.

그러나 고백할 것이 하나 있다. 사실 처음에 나는 이런 경험을 다른 사람들과 나눠도 될지 확신이 서지 않았다. 왜냐하면 당시 그런 경험이 교회 내에서 첨예한 논쟁거리가 되었기 때문이었다. 그러다가 그 문제로 한 젊은 여인이 나를 책망한 일을 계기로 마음을 바꿨다. 그녀는 이렇게 말했다. "왜 저에게 성령세례에 대해 말해 주지 않았나요? 지난 주일 밤 저는 성령세례를 받았고 지금 저는 삶 가운데 그분의 능력을 경험하고 있습니다."

아무리 석유 랜턴에 기름을 채웠다 할지라도 그 자체로는 빛을 발할 수 없다. 랜턴의 기능을 제대로 발휘하려면 성냥으로 불을 붙여야 한다. 이와 동일한 원리가 성령의 역사하심에도 적용된다. 우리 안에 성령이 거하시더라도 삶 가운데 풀어지는 능력이 부족할 수 있다. 그러나 성령세례를 받으면 이야기는 달라진다. 하나님은 이와 관련하여 젊은 여인을 통해 나에게 말씀하셨고, 그날 이후로 나는 내가 발견한 이 진리를 사람들에게 말했다. '영적 산파'로서 예수님께서 그분의 소중한 성령으로 세례를 주시도록 섬기는 것은 내게 크나큰 기쁨이 되었다.

나의 경우 구원을 받고 성령세례를 받기까지 여러 해가 걸렸지만, 우리가 거듭나서 곧바로 성령세례를 통해 하나님의 능력을 받는 것이 그분의 뜻이라고 나는 믿는다. 사도행전 2장 38-39절은 성령세례가 단지 오순절의 제자들만을 위한 것이 아니라, 이 세대와 다가올 세대에 그리스도를 믿을 모든 사람들을 위한 것이라고 말한다. "그리하면 성령의 선물을 받으리니 이 약속은 너희와 너희 자녀와 모든 먼 데 사람 곧 주 우리 하나님이 얼마든지 부르시는 자들에게 하신 것이라."

성령세례 I

| 묵상을 위한 질문

1. 성령의 능력을 경험한 적이 있는가? 그렇다면 그 경험을 설명해 보라.

2. 성령세례 때문에 더 효과적으로 일했던 경험이 있다면 이야기해 보라.

3. 성령을 받는 것과 성령세례를 받는 것의 차이를 설명해 보라. 왜 모든 사람의 경험이 조금씩 다르다고 생각하는가?

4. 성령세례는 누구를 위한 것인가?

성령세례 II

하나님의 선한 선물을 받으라

어느 날 신실한 그리스도인 중 몇몇 사람들이 성령세례를 받은 사람들에 대해 부정적인 이야기를 들었다고 했다. 그러나 우리는 하나님의 말씀에 따라 사는 것이지, 다른 사람들의 경험과 생각에 따라 사는 것이 아니다. 우리는 성령의 역사가 전혀 아닐 수 있는데도 성령의 이름으로 일어난다고 일컬어지는 일을 보며 "만일 이것이 성령이시라면, 나는 이런 것과 전혀 관계를 맺고 싶지 않다"라고 생각할지 모르겠다. 그러나 우리가 순진하지 못한 것을 보았다고 해서 성령세례를 외면할 수는 없다.

어떤 이들은 "만일 내가 성령 충만함을 받아야만 한다면 그건 하나님께 달린 문제야 … 나는 주님께서 어떻게 하시든지 받아들일 준비가 되어 있어"라고 말할지 모른다. 이 말은 고상한 말처럼 들리지만, 실제로는 불신앙의 말일 수도 있다. 왜냐하면 그들은 실제로는 충만함을 받고 싶어 하지 않기 때문이다. 일전에 한 젊은이가 나에게 자신은 성령세례를 받을 만한 자격이 없는 것처럼 느껴진다고 말했다. 나는 그에게 "자네 말이 맞네. 나도 그럴 만한 자격이 없네. 우리는 구원도, 다른 어떤 것도 받을 만한 자격이 없지만, 하나님은 그 귀한 것들을 우리에게 선물로 거저 주시길 원하신다네"라고 말했다.

하나님은 주도권을 가지시고 우리가 그리스도를 영접하고 성령의 세례를 받는 일을 이미 시작하셨다. 이제 그분께서 거저 주시는 것을 믿음으로 받는 것은 우리에게 달려 있다. 성령세례를 받는 것은 개인의 믿음의 행위이며, 우리가 내려야 하는 결단이다. 하늘 아버지는 우리에게 성령을 선물로 주길 원하신다.

> 너희가 악할지라도 좋은 것을 자식에게 줄 줄 알거든 하물며 너희 하늘 아버지께서 구하는 자에게 성령을 주시지 않겠느냐 하시니라 (눅 11:13)

당신은 성령세례를 받았는가? 만일 받았는지 확신이 서지 않는다면 구하라! 주님은 당신에게 성령세례를 주길 원하신다. 당신은 어린아이가 아버지에게 선물을 구하듯 그저 주님께 믿음으로 구하기만 하면 된다.

하늘 아버지는 당신이 성령을 받기 원하시며, 그분은 성령세례를 거저 주신다. 내가 당신에게 크리스마스 선물을 주었는데, 집에 가서 선물 꾸러미를 풀어 보았다고 가정해 보자. 그 중 하나가 당신이 필요로 했던 연장이었다면, 그것을 실제로 사용하는 것이 선물을 제대로 받는 것이 된다. 이와 동일한 원리가 하나님의 영에도 적용된다. 우리는 믿음으로 성령세례라는 선물을 받아야 하며, 개인적으로 주신 모든 놀라운 영적 선물들을 사용해야 한다.

나와 모두를 위한 선물

에베소서의 어떤 신자들은 한 번도 성령에 대해 들어본 적이 없었다. 그래서 바울은 그들에게 어떻게 하면 성령을 받을 수 있는지에 대해 가르쳤다. 그가 그들을 위해 기도했을 때, 성령께서 임하셨고 그들은 소위 '영의 언어'라 불리는 '방언'을 말했다.

> 바울이 그들에게 안수하매 성령이 그들에게 임하시므로 방언도 하고 (행 19:6)

고린도전서 12장 7-10절에는 9가지 성령의 초자연적인 은사가 열거되어 있다. 이 중 우리가 살펴보고자 하는 은사는 방언의 은사이다.

> 각 사람에게 성령을 나타내심은 유익하게 하려 하심이라 어떤 사람에게는 성령으로 말미암아 지혜의 말씀을, 어떤 사람에게는 같은 성령을 따라 지식의 말씀을, 다른 사람에게는 같은 성령으로 믿음을, 어떤 사람에게는 한 성령으로 병 고치는 은사를, 어떤 사람에게는 능력 행함을, 어떤 사람에게는 예언함을, 어떤 사람에게는 영들 분별함을, 다른 사람에게는 각종 방언 말함을, 어떤 사람에게는 방언들 통역함을 주시나니

그리스도인들이 성령세례를 받을 때 그들은 방언, 즉 새로운 하늘의 언어로 말하기 시작할 때가 많다. 성경은 그들이 하나님을 높여 드렸다고 말한다(행 10:46). 이것은 우리 영이 하나님께 기도하는 것이기 때문에, 이처럼 개인적으로 드리는 기도의 언어를 하나님은 이해하신다. 방언은 우리와 하나님 사이의 직통전화이다.

사도행전에서 방언은 성령세례에 동반되는 최초의 외적 표적일 때가 많았다(행 2:4, 10:45-46, 19:6). 그렇다면 성령 충만한 그리스도인들은 모두 방언을 해야 하는가? 아니다. 그럴 필요는 없지만, 대부분 방언을 할 것이다. 그것은 마치 신발 가게에 가서 신발 한 켤레를 들고 "신발에 덮개가 꼭 있어야 하나요?"라고 묻는 것과 같다. 물론 꼭 있어야 하는 것은 아니다! 그러나 신발에

덮개가 달려 있을 경우 그것을 가질 수 있다. 방언으로 기도하는 것은 하나님께서 주신 축복이다. 당신이 우리 집에 왔는데, 내가 당신에게 식사를 대접한다고 상상해 보자. 당신은 "제가 이 스테이크를 먹어야 하나요?"라고 묻거나 아니면 "제가 이 샐러드를 먹어야 하나요?"라고 묻는다. 물론 당신은 꼭 그럴 필요는 없다. 하지만, 당신이 식사의 일부인 그것들을 먹는 것이 더 맛있는 식사를 하는 데 도움이 될 것이다.

하나님은 우리가 영적인 은사들을 사용하길 원하시며, 이는 우리로 다른 이들에게 축복이 되게 하려 하심이다. 우리는 이러한 은사들을 적극적으로 사용해야 한다. 이는 우리가 영적으로 세움을 입고, 보다 효율적인 신앙생활을 위한 초자연적인 힘과 능력을 얻기 위함이다. 고린도전서 14장 1절은 "신령한 것을 사모하라"고 말한다.

유다서 20절은 "너희는 너희의 지극히 거룩한 믿음 위에 자신을 세우며 성령으로 기도하며"라고 우리에게 말한다. 하나님은 우리가 믿음 안에서 자신을 세우길 원하시며, 이는 우리가 그리스도를 위한 강력한 증인이 되기 위함이다. 사도행전 1장 8절은 성령이 우리에게 임하시면 우리가 그분의 증인이 되는 권능을 받을 것이라고 말한다. 우리는 주님의 증인이 되기 위해 능력을 받는다. 방언으로 기도할 때, 우리는 영적으로 세움을 받는다. 그것은 마치 영적 배터리를 충전하는 것과 같다. 방언으로 기도함으로써 당신이 계속해서 영적으로 세움을 입으면, 병자를 위해 기도하고 능력 있게 사람들을 섬길 수 있다.

너희가 다 방언 말하기를 원하나

방언은 예수 그리스도의 몸인 교회 안에서 줄곧 논쟁거리가 되어 왔다. 처음으로 방언하는 사람들이 모인다는 집회에 참석했을 때, 나는 뒷좌석에 앉았다. 마음이 불편해지면, 재빨리 빠져나갈 생각이었기 때문이다. 종종 방언의 은사나 다른 성령의 은사를 남용하는 일들이 많아 나처럼 망설이는 사람들이 많지만, 우리는 이를 두려워할 필요가 없다.

지금 생각하면 우습기도 하지만 내가 성령세례 받는 것을 두려워한 이유 중 하나는, 백화점 같은 사람이 많이 있는 곳에 있는데 성령께서 나에게 임하시는 것을 상상했기 때문이다. 나는 통제 불능의 상태에서 방언을 하게 될까 봐 두려웠다. 종종 나는 자신을 제어할 수 없는 상황에 빠진 내 모습을 그리곤 했다. 그런데 어느 날 다음과 같은 성경말씀을 읽었다. "예언하는 자들의 영은 예언하는 자들에게 제재를 받나니"(고전 14:32).

당신의 영은 당신의 제재를 받는다. 그것은 마치 수도꼭지와 같다. 수도꼭지는 당신이 틀고 잠글 수 있다. 물은 언제나 나올 수 있지만, 그것은 당신의 통제 아래 있다. 당신은 언제든지 방언으로 기도하거나 그렇지 않거나를 선택할 수 있지만, 그 은사를 주시고 방언을 말할 능력을 주시는 분은 하나님이시다.

그렇다면 그리스도인이 방언을 말하고 다른 영적인 은사들을 사용하는 것이 얼마나 중요하겠는가? 사도 바울은 모든 사람이 방언으로 말하길 원했고, 방언의 은사가 그의 영적인 생활의 매우 중요한 부분이라는 것을 강조했다.

> 나는 너희가 다 방언 말하기를 원하나 … 내가 너희 모든 사람보다 방언을 더 말하므로 하나님께 감사하노라 (고전 14:5, 18)

만일 방언을 하지 않으면 2류 그리스도인인가? 물론 아니다! 그러나 하나님은 우리가 축복을 받길 원하시고, 그것을 사용하길 원하신다. 이는 우리 삶에 대한 그분의 부르심을 이뤄 드리기 위함이다. 어떤 이들은 방언으로 기도하는 것이 이기적인 것이라고 말하기도 한다. 기도하는 것이 이기적인가?

성경을 읽는 것이 이기적인가? 왜 우리는 성경을 읽고 기도하며 방언을 말하는가? 우리는 하나님과 교통하고 또한 영적으로 세움을 입기 위해 그렇게 한다. 이는 또한 우리가 다른 사람들을 보다 더 효과적으로 돕기 위함이기도 하다.

마귀를 우회하다

우리는 두 가지 방법으로 기도한다. 즉 우리 마음으로, 그리고 우리 영으로 기도한다. 고린도전서 14장 14-15절에 따르면 이 둘은 모두 필요하고 둘 다 성령의 통제 아래 있다. "내가 만일 방언으로 기도하면 나의 영이 기도하거니와 나의 마음은 열매를 맺지 못하리라 그러면 어떻게 할까 내가 영으로 기도하고 또 마음으로 기도하며 내가 영으로 찬송하고 또 마음으로 찬송하리라."

우리가 기도하는 첫 번째 방법은 마음으로 하는 것이다. 우리가 "하늘에 계신 우리 아버지"라고 기도할 때, 그것은 우리 마음에서 나오는 기도이다. 우리는 이 말을 이해한다. 우리는 보통 이렇게 지성을 사용하여 배운 언어로 기도한다.

우리가 기도하는 두 번째 방법은 우리의 영으로 하는 것이다. 우리가 우리 영으로 기도할 때(방언으로 기도할 때) 우리의 마음은 열매를 맺지 못하지만, 우리의 영은 지성의 제한을 받지 않고 직접 아버지 하나님께 기도한다.

쉽게 이야기해서 영으로 기도할 때 우리는 자신이 무슨 말을 하는지 모르지만, 하늘 아버지는 우리가 무슨 말을 하는지 다 아신다. 이때 우리는 하나님께서 말의 형태와 그 내용까지 다 주실 것을 신뢰할 수 있다. 새로운 언어를 사용할 때, 우리는 우리의 덕을 세우거나(고전 14:4) 영적으로 우리 자신을 세운다. 그것은 마치 하나님께 하는 직통전화와 같다.

성령세례를 받은 직후 나는 철물점에 갔다. 거기에서 두 남자가 펜실베니아 주 독일어로 대화를 나누고 있었는데, 우리 동네의 독일인 후손들이 주로 이 언어를 사용한다. 나는 이 언어를 전혀 이해하지 못했지만, 그들은 서로 분명하게 이해했다. 그 순간 하나님의 영이 내게 말씀하셨다. "이 두 사람이 서로를 이해하는 것처럼, 나도 네가 방언으로 기도할 때 그 말을 정확히 이해한다. 계속해서 나를 찬양하고, 내가 네게 준 이 새 언어로 나를 높여라." 나는 그날 이후로 마귀가 주는 불신과 의심의 성가신 생각에서 벗어나 방언으로 자유롭게 기도하게 되었다.

오늘날 나는 날마다 방언으로 기도한다. 왜냐하면 내가 방언으로 기도할 때, 마귀를 우회해 갈 수 있기 때문이다. 그는 내가 무슨 말을 하는지 모른다. 하나님의 말씀에 따르면 나는 '천사의 말'과 '비밀'을 말한다.

내가 사람의 방언과 천사의 말을 할지라도 (고전 13:1)

방언을 말하는 자는 사람에게 하지 아니하고 하나님께 하나니 이는 알아 듣는 자가 없고 영으로 비밀을 말함이라 (고전 14:2)

방언의 종류

방언에 대한 일반적인 오해를 불식하기 위해, 이제 하나님의 말씀에서 언급된 두 가지 종류의 서로 다른 방언을 살펴보자. 지금까지 우리가 언급한 방언의 종류는 개인기도와 중보를 위한 것이다. 이것은 하나님을 높이고, 또한 하나님과 우리 사이에 직통전화처럼 통신하는 그런 종류의 방언이다.

이와 같이 성령도 우리의 연약함을 도우시나니 우리는 마땅히 기도할 바를 알지 못하나 오직 성령이 말할 수 없는 탄식으로 우리를 위하여 친히 간구하시느니라 마음을 살피시는 이가 성령의 생각을 아시나니 이는 성령이 하나님의 뜻대로 성도를 위하여 간구하심이니라 (롬 8:26-27)

사우스웨스턴 바이블인스티튜트(Southwestern Bible Institute)의 창시자인 넬슨은 헬라어 학자였다. 그는 젊은 사역자들에게 이 본문을 헬라어 원문으로 문자 그대로 읽으면 "성령께서는 우리를 위해 분명하게 발음할 수 있는 소리의 말할 수 없는 탄식으로 우리를 위해 중보하신다"라고 읽어야 한다고 말했다(분명한 소리의 말이란 평상시 우리가 하는 말을 뜻한다). 그는 헬라어 본문에서 이것은 기도 가운데 나오는 '탄식'뿐만 아니라 또한 '방언'을 뜻한다는 사실을 지적했다.1) 성경은 성령께서 우리가 기도하는 것을 돕는다고 말한다. 나는 기도할 때 종종 내 마음의 갈망들을 말로 제대로 표현할 수 없다고 느낄 때가 많다. 그리고 때로 상황이 너무 복잡해서 나는 어떻게 기도해야 할지 모르는 경우가 있다. 그러나 성령은 아신다!

두 번째 종류의 방언은 고린도전서 12장 28-30절에 언급되어 있다. 이 말씀은 하나님께서 교회의 여러 가지 일과 책임들을 누군가에게 임명하셨다는 것을 말씀하신 후에 뒤따라 나온다.

하나님이 교회 중에 몇을 세우셨으니 첫째는 사도요 둘째는 선지자요 셋째는 교사요 그 다음은 능력을 행하는 자요 그 다음은 병 고치는 은사와 서로 돕는 것과 다스리는 것과 각종 방언을 말하는 것이라 다 사도이겠느냐 다 선지자이겠느냐 다 교사이겠느냐 다 능력을 행하는 자이겠느냐 다 병 고치는 은사를 가진 자이겠느냐 다 방언을 말하는 자이겠느냐 다 통역하는 자이겠느냐

이 성경말씀에서 "다 방언을 말하는 자이겠느냐?"라고 말하기 때문에, 많은 사람들이 모든 사람이 다 방언을 개인기도의 언어로 말하는 것은 아니라고 생각한다. 그러나 이 말씀은 실제로는 "모든 사람들이 방언의 은사를 가지고 교회에 말하는 자로 임명을 받겠느냐?"라고 묻고 있는 것이다.

방언의 종류 중 교회에서 사용되는 것이 있다. 그것은 우리가 개인적인 기도로 하는 것과는 다른 종류의 방언이다. 방언의 은사가 교회 안에서 사용될 때, 이 은사를 가진 사람은 방언으로 메시지를 전하고 방언 통변의 은사를 가진 자가 그 의미를 해석해 주어서 그리스도의 몸을 세운다.

정리해서 말하면, 모든 그리스도인들이 방언을 말함으로써 영적으로 세움을 입고 하나님을 보다 잘 섬길 수 있지만, 그분은 때로 그분의 교회를 세우시기 위해 특별한 방언의 은사를 주신다. 이 성경말씀은 모든 사람이 다 교회 집회에서 방언을 말함으로써 하나님께 쓰임을 받지는 못할 것이라고 분명히 말한다. 그러나 우리는 여전히 개인적인 기도의 언어로 방언을 할 수 있다. 동일한 원리가 다른 은사들에도 적용된다. 당신과 나는 교회 안에서 다스리는 은사를 가지고 있지 않을 수도 있지만, 우리 모두는 우리의 재정을 다스려야 한다. 우리는 치유의 은사를 가지고 있지 않을 수도 있지만, 우리 모두는 가족 중 아픈 병자를 위해 기도하도록 부르심을 받았다.

사모하라

바울은 고린도전서 12장 28-30절에서 교회에게 주신 성령의 은사들을 열거한 후에 31절에서 이렇게 말한다.

너희는 더욱 큰 은사를 사모하라 내가 또한 가장 좋은 길을 너희에게 보이리라 그렇다면 더욱 큰 은사는 무엇인가? 더욱 큰 은사는 당신이 처한 상황에 달려 있다. 만일 당신에게 신유가 필요하다면, 당신은 하나님께서 신유의 '더욱 큰 은사'를 주실 것을 믿어야 한다. 왜냐하면 그것이 당신에게 필요한 것이기 때문이다.

"가장 좋은 길"은 무엇인가? 그것은 사랑이다. 고린도전서 13장은 우리에게 사랑에 대해 모든 것을 말해준다. 어떤 사람들은 자신에게 이 모든 은사가 필요하지 않다고 말한다. 그들은 단지 사랑만 필요하다고 말한다. 그러나 바울이 여기서 말하고자 한 바는 그것이 아니다. 그는 사랑 없이 영적 은사들을 소유하는 것이 아무것도 아니라는 것을 강조하고 있다. 고린도전서 13장 8-13절에 따르면 우리는 이러한 은사들을 사용해야 한다.

> 사랑은 언제까지나 떨어지지 아니하되 예언도 폐하고 방언도 그치고 지식도 폐하리라 우리가 부분적으로 알고 부분적으로 예언하니 온전한 것이 올 때에는 부분적으로 하던 것이 폐하리라 내가 어렸을 때에는 말하는 것이 어린아이와 같고 깨닫는 것이 어린아이와 같고 생각하는 것이 어린아이와 같다가 장성한 사람이 되어서는 어린아이의 일을 버렸노라 우리가 지금은 거울로 보는 것 같이 희미하나 그때에는 얼굴과 얼굴을 대하여 볼 것이요 지금은 내가 부분적으로 아나 그때에는 주께서 나를 아신 것 같이 내가 온전히 알리라 그런즉 믿음, 소망, 사랑 이 세 가지는 항상 있을 것인데 그 중의 제일은 사랑이라

이 말씀은 "온전한 것이 올 때에" 방언이 폐한다는 사실을 드러낸다(고전 13:10). 어떤 사람들은 이 말씀이 오늘날 더 이상 방언이 필요하지 않다는 것을 의미한다고 믿는다. 그들은 "온전한 것"이 성경을 말한다고 믿는다. 그러나 그들은 동일한 말씀에서 우리가 "얼굴과 얼굴을 대하여" 볼 것이라는 부

분을 인식하지 못한다. 우리는 성경을 얼굴과 얼굴을 대하여 보지 않는다. 우리는 예수님을 얼굴과 얼굴을 대하여 볼 것이다. 그때, 즉 마지막 때에는 방언의 은사가 필요하지 않다. 그러나 우리가 예수님을 얼굴과 얼굴을 대하여 볼 때까지, 주님은 이 땅에서 그분의 영광을 위하여 사용하도록 방언과 예언과 다른 초자연적인 성령의 은사들을 우리에게 주셨다.

계속해서 성령의 충만을 받으라

당신이 성령세례를 받았다는 것을 분명히 아는가? 당신은 방언으로 기도하는가? 당신의 삶 가운데 영적 은사들이 분명하게 나타나고 있는가? 만일 이를 확신하지 못한다면, 오늘 그분의 귀하신 성령으로 당신을 충만하게 채워주시도록 주님께 구하라. 때로는 성령의 충만함을 경험하기 위해 믿음에 있어서 당신의 생각에 동의하는 누군가가 필요할 수도 있다. 바울은 아나니아에게 갔다. 사마리아인들은 베드로와 요한을 기다렸다. 나는 친구 목사에게 갔다.

우리는 믿음으로 나아가고, 믿음으로 성령의 약속을 받아야 한다. 믿음으로 성령을 받은 후, 우리는 계속해서 날마다 성령 충만을 받아야 한다. 유명한 복음전도자인 D. L. 무디는 "나는 날마다 성령 충만을 받아야만 합니다. 왜냐하면 그것이 새어나가기 때문입니다"[2]라고 말하곤 했다.

사도행전 4장 31절의 말씀에 따르면 초대교인들도 이 사실을 알았다. "빌기를 다하매 모인 곳이 진동하더니 무리가 다 성령이 충만하여 담대히 하나님의 말씀을 전하니라." 사도행전 2장을 보면 오순절에 이미 많은 그리스도인들이 성령 충만함을 받았다. 그러나 그들은 다시 성령의 충만함을 받을 필요가 있었다. 이처럼 우리도 지속적으로 새롭게 하심을 경험해야만 한다. 바울은 성령 충만을 유지하기 위해선 죄와 상관없는 삶을 살아야 한다는 것을 그리스도인들에게 경고했다.

> 술 취하지 말라 이는 방탕한 것이니 오직 성령으로 충만을 받으라 (엡 5:18)

신약성경의 성령세례는 예수 그리스도께 헌신한 제자가 되었다는 맥락에서 발생한다. 주님이 그분의 영을 부어주시려면, 우리의 마음이 하나님과 바른 관계에 있어야 한다. 우리가 그리스도께 순종하는 삶을 살 때, 삶 가운데 성령에 대한 각성과 임재감이 더 커진다. 우리는 아버지 하나님과 더 깊은 교제를 나누고, 다른 이들을 향한 사랑 가운데 성장해 갈 것이다.

하나님은 사람들의 삶 가운데 변화를 일으키는 일에 당신을 사용하길 원하신다. 그러나 돌파를 하려면 성령의 능력이 필요하다. 성령 충만한 신자인 당신은 아직 그리스도를 영접하지 않은 사람들을 사랑할지도 모른다. 각 사람은 개인적으로 하나님을 구세주로, 그리고 성령세례를 주시는 분으로 경험해야만 한다. 오래된 속담처럼 "말을 물가로 끌고 갈 수는 있어도 그것에게 물을 먹일 수는 없다." 그러나 만일 여물에 소금을 넣으면 말은 목이 말라 더 빨리 물을 마실 것이다. 성령세례가 우리의 삶 가운데 역사하면 이로 인해 우리 주변의 사람들은 생수에 목마르게 된다.

주님은 당신을 사용하셔서 다른 사람들이 영원의 손길을 경험하게 되길 원하신다. 당신이 성령세례를 받을 때, 당신의 가족들이 변할 것이다. 그것은 당신의 자연적인 능력이 아니라, 성령을 통해 당신 안에서 역사하시는 그리스도를 통해서 일어난다.

내가 성령세례를 받자마자 아내 라베른이 나에게 자기를 위해 기도해 달라고 부탁했다. 그리고 그녀는 성령세례를 받았다. 그 뒤로 한 사람씩 가족들이 성령세례를 받았다. 그렇게 우리 네 자녀 역시 하나님의 은혜로 모두 성령세례를 받았다.

하나님의 능력과 권세를 따라 살며 성령께서 당신의 삶을 통해 흘러가시는 것을 경험할 때, 하나님께서 당신을 축복하실 것이다.

성령세례 Ⅱ

묵상을 위한 질문

1. 선물은 그것을 받아서 실제로 사용해야 그 의미가 있다. 하나님께서 그 자녀들에게 주시는 방언의 은사는 어떻게 받는가?

2. 방언의 은사를 통해 기도할 때 어떤 유익이 있는가? 방언으로 기도할 때 자신이 무슨 말을 하고 있는지 아는가? 마귀가 그 의미를 알고 있는가?

3. 만일 공중 앞에서 사용하지 않는다 할지라도 방언을 받고 이를 당신의 개인기도에서 사용할 수 있는가? 교회가 함께 모일 때에 방언의 목적은 무엇인가?

4. 사도행전 4장 31절의 그리스도인들은 왜 다시 성령 충만함을 받았는가? 삶 가운데 성령세례를 받았다는 능력의 증거가 있는가?

기초가 탄탄하면 진정한 변화와 성숙을 경험하여
풍성한 열매를 맺게 됩니다.

Discovering the Basic Truths of CHRISTIANITY

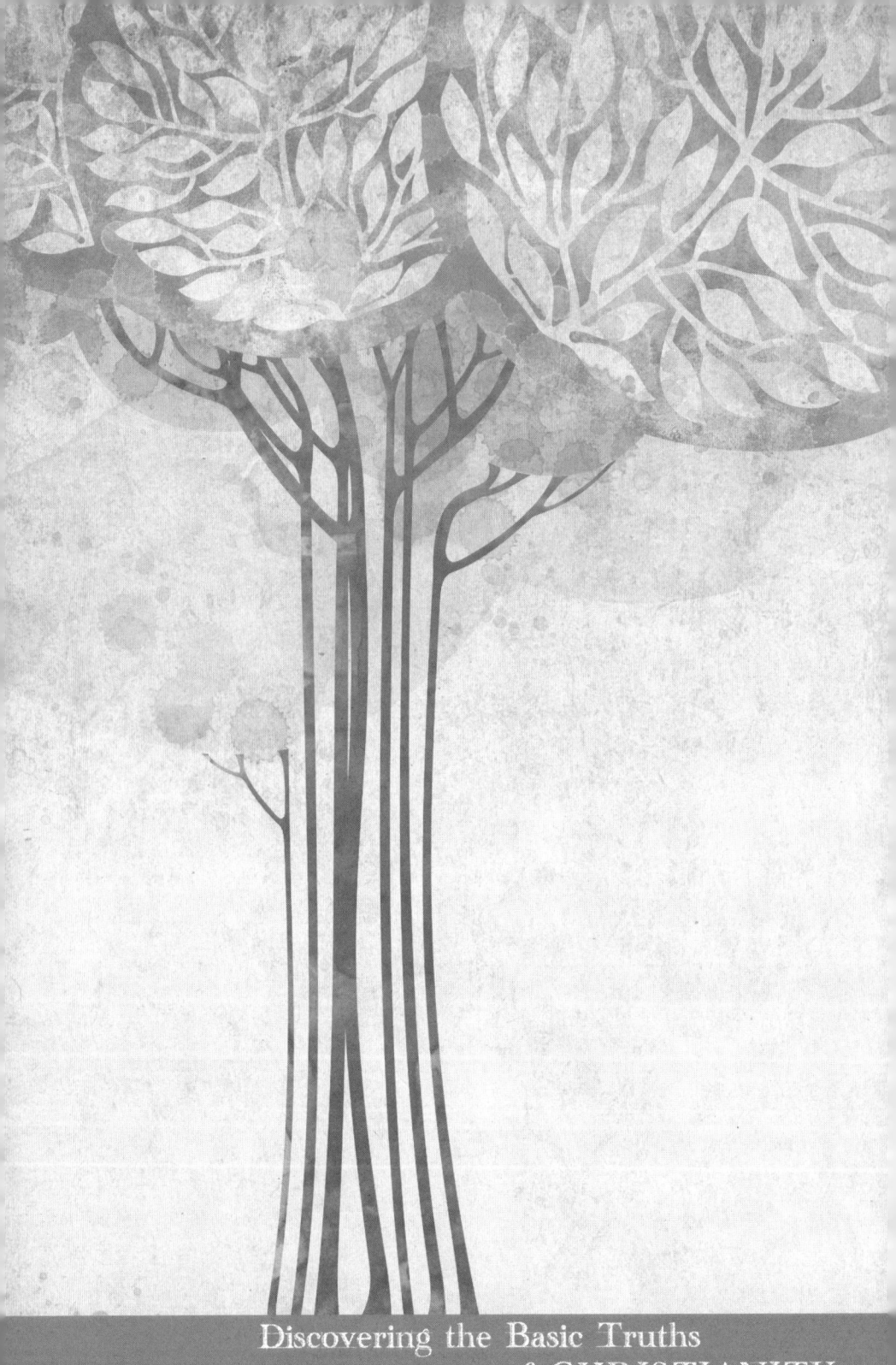

Discovering the Basic Truths of CHRISTIANITY

PART IV
영원을 위한 삶

예수님께서 자기 백성을 위해 다시 오실 때, 그리스도 안에서 죽은 자들과 아직 살아서 믿는 자들 모두가 천국에 살도록 고안된 부활의 새로운 몸을 받게 될 것이다. 그때에 우리의 영과 혼과 몸은 하나가 되어 새로운 부활의 몸으로 바뀔 것이며, 우리는 영원히 하나님을 위해 실제 된다. 이 몸은 이 세상에서 살던 놈의 정체성을 그대로 갖고 있어 쉽게 알아 볼 수 있으며(눅 16:19-31), 천국에서 살 수 있도록 썩거나 죽는 일이 없고(고전 15:42), 강건하고 질병이 없으며(고전 15:43), 자연의 법칙에 묶이지 않으며(눅 24:31, 요 20:19, 고전 15:44), 먹고 마실 수 있다(눅 14:15, 22:14-18, 24:43). 그러므로 그리스도인에게 죽음은 마치 졸업식과도 같다. 죽음을 통해 우리는 인생의 한 단계에서 다른 단계로 옮겨가는 것이다!

천국은 놀라운 장소가 될 것이다. 하나님 앞에서 그분을 예배하는 것은 모든 경험 중 최고의 것이 될 것이다. 잠시 당신이 이 땅에서 즐기던 것 중 가장 놀라운 것들을 생각해 보라. 그리고 천국은 그것보다 10억 배 이상 더 좋다는 것을 기억하라.

Chapter 13

축복과 치유의 임파테이션

안수

몇 년 전에 한 성경학교를 방문했을 때, 거기서 나이 많은 신사 한 분을 만났다. 그는 전 생애에 걸쳐 하나님의 기적적인 능력이 역사하는 것을 경험했다. 나는 그에게 나를 위해 기도해 줄 수 있느냐고 물었다. 내가 필요로 하는 것이 그에게 있다는 것을 알았기 때문이다. 그날 그가 내게 안수하고 기도했을 때, 나는 주님이 나에게 이 소중한 하나님의 사람을 통해 축복을 주신다는 것을 감지했다. 성경말씀에 따라 나는 우리가 다른 사람에게 안수하고 그를 위해 기도할 때, 놀라운 일이 일어난다는 것을 안다.

레위기 16장 21-22절에서 아론은 살아 있는 염소에게 안수하고 백성들의 죄를 고백했다. 그러면 그 죄는 그의 손에서 염소에게 전이되었다. 이 초자연적 전이는 안수를 통해 일어났다.

이런 초자연적 전이를 통해 무슨 일이 일어나는가? 성경은 안수를 통해 한 사람에서 다른 사람에게로 하나님의 권능과 축복이 전이된다는 사실을 분명하게 말한다. 히브리서 6장 1-2절을 보면 '안수'는 우리의 신앙생활에 놓여야 할 중요한 기초석 가운데 하나이다.

> 그러므로 우리가 그리스도의 도의 초보를 버리고 … 안수와 … 관한 교훈의 터를 다시
> 닦지 말고 완전한 데로 나아갈지니라

주님께서 안수의 기초석을 놓으시는 목적은, 우리가 주님의 축복을 경험하고 또 다른 사람들에게 축복이 되게 하시기 위함이다. 구약성경에서 안수는 다음 세대에 축복을 전달하는 공인된 관습이었다. 야곱은 죽기 전에 안수를 통해 하나님의 축복을 그의 후손에게 전달해 주었다(창 48:14).

내 친구가 한 그리스도인에 관한 실화를 말해 주었다. 그는 자신의 임종이 가까웠고, 곧 하늘에 계신 아버지와 함께하게 될 것을 깨달았다. 그는 자녀들을 모아놓고 하나님의 축복을 각 사람에게 전달해 주었다. 그런 다음 다시 침실로 들어가 누운 그는 조용히 주님 곁으로 갔다. 이 이야기는 하나님의 축복을 전달한(imparting) 현대판 예이다.

그러나 우리는 안수를 통해 축복을 전달하기 위해 임종 때까지 기다릴 필요가 없다. 다음 두 장에서 우리는 안수가 어떻게 축복뿐만 아니라 치유, 영적 은사, 그리고 권세를 전달해 주는지를 검토할 것이다.

서로에게 생명을 전달하라

사람들을 단지 만지기만 해도 그들을 축복하고 격려하고 도울 수 있는 능력이 우리 가운데 있다. 교회의 유아실에서 봉사하는 자들은 아이들을 팔에 안고 하나님의 말씀을 선포함으로써 그들을 축복할 수 있다. 어느 날 밤, 우리 집의 한 아이가 계속해서 울어댔다. 나는 우는 아이를 팔에 안고서 성령 안에서 기도하며 하나님의 축복을 그에게 전달해 주었다. 그러자 몇 분 후

에 아이는 조용해졌다. 이처럼 평강의 축복을 아이에게 전달해 준 것이 얼마나 큰 특권인가! 예수님 또한 이렇게 행하셨다. "그 어린아이들을 안고 그들 위에 안수하시고 축복하시니라"(막 10:16). 나도 매일 밤 자녀들이 잠자리에 들기 전에 그들에게 안수한다. 아이들을 위해 기도할 때, 나는 주님의 건강과 치유, 은혜와 기름부음을 그들의 삶 가운데 전달한다. 어떻게 그것이 가능한가? 우리가 영적 축복을 다른 사람에게 전달할 때 능력이 풀어지기 때문이다.

나는 처음 만나는 사람들과 악수하는 것을 좋아한다. 개인적으로 나는 예수 그리스도를 믿는 우리가 누군가와 악수할 때, 그것은 일종의 안수가 되어 믿음과 확신과 하나님의 은혜를 그들의 삶에 전달해 줄 수 있다고 믿는다. 베드로전서 3장 8-9절에 따르면 주님은 우리가 다른 사람들에게 축복이 되길 원하신다. 이는 우리가 그분에게서 오는 축복을 받기 위함이다.

> 마지막으로 말하노니 너희가 다 마음을 같이하여 동정하며 형제를 사랑하며 불쌍히 여기며 겸손하며 악을 악으로, 욕을 욕으로 갚지 말고 도리어 복을 빌라 이를 위하여 너희가 부르심을 받았으니 이는 복을 이어받게 하려 하심이라

우리가 안수의 원리를 이해하고 생명을 전하는 이 진리에 참여할 때, 초자연적인 역사가 일어난다. 성령 충만한 그리스도인이 다른 사람들에게 안수하고 믿음의 기도를 할 때, 그들 안에 있는 하나님 능력이 기도를 받는 사람에게 전이된다. 향이 진한 향수를 뿌린 사람과 포옹하고 나면 몇 분 동안 자신에게서 그 향수 냄새가 나는 것을 경험해 본 적이 있는가? 마찬가지로 누군가가 당신에게 안수할 때, 그는 주님이 자신에게 주신 것을 당신에게 전달해 준다. 그에게 있던 것이 당신에게 옮겨가는 것이다. 우리는 다른 사람들에게 안수하여 하나님의 축복을 전달해 줄 수 있으며, 그들도 당신을 위해 동

일하게 그렇게 할 수 있다.

성령의 능력을 전달하라

신구약 성경 모두에서 우리는 안수의 예를 많이 찾아볼 수 있다. 여기서 한 사람은 어떤 특별한 목적을 위해 다른 사람에게 안수한다. 잠시 시간을 내서 성경이 보여주는 안수에 관한 분명한 목적들 몇 가지 살펴보도록 하자.

먼저 안수를 통해 성령의 능력이 어떻게 전달되는지를 주의깊게 보라. 사도행전 8장 14-15절, 그리고 17절에서 우리는 안수를 통해 성령세례를 구하는 사람들을 도울 수 있다는 것을 알 수 있다.

> 예루살렘에 있는 사도들이 사마리아도 하나님의 말씀을 받았다 함을 듣고 베드로와 요한을 보내매 그들이 내려가서 그들을 위하여 성령 받기를 기도하니 … 이에 두 사도가 그들에게 안수하매 성령을 받는지라

베드로와 요한은 사마리아로 내려가서 이제 막 복음을 듣고 예수님을 영접한 사람들에게 안수했다. 그러자 그들은 성령세례를 받았다. 아마 당시은 "성령으로 세례를 받으려면 꼭 안수를 받아야 하나요?"라고 물을지 모르겠다. 아니다. 그럴 필요는 없다. 그러나 예수님을 믿는 성령 충만한 그리스도인이 다른 사람에게 안수하고 믿음의 기도를 드릴 때, 초자연적인 일이 일어난다. 하나님은 초자연적으로 자기 백성들 가운데 역사하시고, 그들이 믿음 안에서 기도할 때 성령의 강력한 능력을 전달할 수 있는 거룩한 능력을 주신다.

오래 전에 한 친구가 나에게 안수하고 기도해 주었다. 그러자 나는 새로운 언어로 기도하기 시작했다(방언을 말한 것이다.) 현재 나도 동일하게 사람들에

게 안수할 때, 그들이 성령세례를 받고 방언으로 기도하는 것을 목도하는 특권을 누리고 있다. 그리고 당신도 그럴 수 있다. 성령세례를 전달하는 안수는 단지 사도행전에 나오는 신자들만을 위한 것이 아니다. 그것은 오늘날 우리에게도 해당된다.

예수 그리스도는 어제나 오늘이나 영원토록 동일하시다(히 13:8). 그분은 다른 사람들이 성령세례를 받는 일에 당신을 사용하길 갈망하신다. 주님께서 당신을 사용하시길 기대하라.

영적 은사들을 전달하라

안수의 또 다른 목적은 영적 은사들을 전달하는 것이다. 로마서 1장 11-12에서 바울은 로마 교인들의 믿음을 강화시키기 위해 로마 교인들에게 영적 은사들을 전달해 주길 원한다고 말했다. "내가 너희 보기를 간절히 원하는 것은 어떤 신령한 은사를 너희에게 나누어 주어(impart, 영어 성경에는 '전달해 주어'라고 되어 있다 - 역주) 너희를 견고하게 하려 함이니 이는 곧 내가 너희 가운데서 너희와 나의 믿음으로 말미암아 피차 안위함을 얻으려 함이라."

예수님은 우리가 안수를 통해 성령세례를 전달할 뿐만 아니라, 또한 성령께서 주시는 영적 은사들을 전달해 주길 원하신다. 고린도전서 12장 8-10절은 초자연적인 9가지 영적 은사들에 대해 말한다.

> 어떤 사람에게는 성령으로 말미암아 지혜의 말씀을, 어떤 사람에게는 같은 성령을 따라 지식의 말씀을, 다른 사람에게는 같은 성령으로 믿음을, 어떤 사람에게는 한 성령으로 병 고치는 은사를, 어떤 사람에게는 능력 행함을, 어떤 사람에게는 예언함을, 어떤 사람에게는 영들 분별함을, 다른 사람에게는 각종 방언 말함을, 어떤 사람에게는 방언들 통

역할을 주시나니

우리가 주님에게서 특별한 영적 은사들을 받고 이것을 사용하는 법을 배우면, 다른 사람들에게 안수하여 이 은사를 그들에게 전달할 수 있다. 성령께서 그리스도의 몸에게 주신 은사는 이것이 전부가 아니다. 로마서 12장 6-8절에 다른 은사들이 언급되어 있는데 그것은 예언, 섬김, 가르침, 위로, 구제, 다스림, 긍휼이다. 이런 은사들은 우리가 가지고 있는 내적 갈망이나 동기들로서, 이를 통해 우리는 하나님의 백성들을 세우고 그분의 사랑을 다른 사람들에게 표현할 수 있다.

하나님이 우리에게 주시는 초자연적 은사들은 매우 다양하며, 이는 매우 실용적이다. 하나님께서 우리에게 이것들을 주실 때 다른 사람에게 안수할 수 있는 능력 또한 주신다. 이는 이런 은사들이 그들의 삶 가운데서도 꽃피우는 것을 보시기 위함이다. 주님은 당신을 사용하셔서 이 귀한 은사들을 다른 사람들에게도 전달해 주길 원하신다.

아마 당신은 분별이나 믿음의 은사가 필요할지 모르겠다. 그렇다면 삶 가운데 이런 은사가 역사하는 사람에게 당신을 위해 기도해 달라고 부탁하라. 많은 경우에 나는 은사를 지닌 사람들에게 안수하고 기도해 달라고 부탁했으며, 그들을 통해 초자연적인 능력과 힘을 받았다. 어떤 경우에는 내가 다른 사람들에게 안수하여 믿음의 은사를 전달해 주는 특권을 누렸고 이를 통해 그들도 영적인 힘과 더 큰 믿음을 받았다.

임파테이션 받기

기름부음과 하나님의 은사들은 삶 가운데 은사들이 활발하게 역사하는 사람들과 교제할 때 증가된다. 또한, 이런 시간을 통해 은사들이 우리에게 전달될 기회가 더 많아진다. 어떤 특정한 은사를 가진 자들과 교제할 때, 그들의 안수를 통해 그 은사가 우리에게 전달될 수 있다. 디모데전서 4장 14절에서 바울은 "네 속에 있는 은사 곧 장로의 회에서 안수 받을 때에 예언을 통하여 받은 것을 가볍게 여기지 말며"라고 말했다.

교회 지도자들은 디모데에게 안수하였고, 이를 통해 하나님은 그에게 맡겨진 책임을 다하는 데 필요한 영적 은사들을 주셨다. 바울은 디모데에게 안수를 통해 받은 은사들을 무시하지 말라고 말했다. 그는 또한 디모데에게 이 은사들을 일으킬 것을 말했다.

> 그러므로 내가 나의 안수함으로 네 속에 있는 하나님의 은사를 다시 불일 듯하게 하기 위하여 너로 생각하게 하노니 (딤후 1:6)

만일 당신이 예언의 은사나 섬김의 은사 혹은 긍휼의 은사를 가지고 있다면, 성령으로 기도하고 그것들을 사용할 때 이런 은사들을 불일 듯 일으킬 수 있다. 하나님의 말씀의 진리를 고백하고 이 은사들을 주신 것에 대해 감사할 때, 당신 안에서 이런 은사들을 불일 듯 일으킬 수 있으며, 이를 통해 주변의 사람들에게 축복이 될 수 있다.

병자에게 건강을 전달하라

또한 안수는 신유의 사역과도 관련이 있다. 주님은 우리가 그분의 인도하심(prompting)에 열려 있어서, 서로를 위해 기도해 줌으로써 하나님의 신유의 능력이 풀어지길 원하신다. 마가복음 16장 17-18절의 말씀은 우리에게 이렇게 말한다. "믿는 자들에게는 이런 표적이 따르리니 곧 그들이 내 이름으로 … 병든 사람에게 손을 얹은즉 나으리라."

이 약속은 모든 그리스도인을 위한 것이다. 성경은 예수님을 믿는 자들이 병자에게 안수하면 그들이 나을 것이라고 말한다. 하나님은 병자에게 안수하도록 당신과 당신의 가족을 부르셨다. 많은 그리스도인들의 경우, 누군가가 아프면 제일 먼저 하는 행동이 의사에게 전화하거나 약국에 가는 것이다. 그러나 누군가 아플 때 우리가 해야 할 첫 번째 행동은, 그 사람에게 안수하고 기도하는 것이다. 하나님은 그들의 병이 나을 것이라고 말씀하신다. 하나님의 치유의 능력은 안수를 통해 한 신자에게서 다른 신자에게로 간다. 의사에게 가는 것이 잘못된 것은 아니지만, 우리는 먼저 예수님께 가야 한다.

사도행전 9장에서 안수기도의 능력을 알았던 아나니아는 사도 바울의 치유를 위해 기도했다.

> 그에게 안수하여 이르되 형제 사울아 주 곧 네가 오는 길에서 나타나셨던 예수께서 나를 보내어 너로 다시 보게 하시고 성령으로 충만하게 하신다 하니 즉시 사울의 눈에서 비늘 같은 것이 벗어져 다시 보게 된지라 (행 9:17-18)

사울은 다메섹 도상에서 그의 삶을 예수 그리스도께 드렸다. 사흘 후 아나니아가 사울을 위해 기도했을 때, 두 가지 일이 벌어졌다. 먼저 사울은 사흘 동안 앞을 보지 못했는데 다시 보게 되었다. 성경은 아나니아가 안수기도를 했을 때, 그의 눈에서 비늘 같은 것이 벗어졌다고 말한다. 둘째, 사울은 성령 충만함을 받았다.

예수님이 사람들을 만지셨을 때, 그들에게 건강을 전달해 주셨다. 마가복음 1장 41-42절에서 우리는 예수님이 나병환자를 고치시는 장면을 본다. "예수께서 불쌍히 여기사 손을 내밀어 그에게 대시며 이르시되 내가 원하노니 깨끗함을 받으라 하시니 곧 나병이 그 사람에게서 떠나가고 깨끗하여진지라."

또다시 마가복음 6장 56절에서 우리는 예수님의 치유의 임파테이션을 본다.

> 아무 데나 예수께서 들어가시는 지방이나 도시나 마을에서 병자를 시장에 두고 예수께 그의 옷 가에라도 손을 대게 하시기를 간구하니 손을 대는 자는 다 성함을 얻으니라

예수님은 오늘도 우리 각 사람 안에 사신다. 우리가 믿음으로 나아가 하나님의 말씀을 믿으면, 우리 또한 치유의 도구가 될 것이다. 우리가 병자에게 안수하여 믿음의 기도를 드릴 때, 성경은 그들이 나음을 입을 것이라고 말한다.

모든 그리스도인은 임파테이션을 할 수 있다

안수는 단지 지도자들만 행하는 것이 아니다. 모든 그리스도인은 이런 식으로 영적인 축복을 다른 사람들에게 전달할 수 있다. 하나님의 사람인 우리가 바로 교회이다. 신약성경을 읽어보면, 우리는 교회가 주일 아침에 어떤 건물에 함께 모이기만 하는 그리스도인의 모임이 아니라는 것을 알 수 있다. 그들은 날마다 서로에 대해 상호반응하는 관계를 가졌다. 그들은 서로의 삶에 얽혀 있었다.

> 날마다 마음을 같이하여 성전에 모이기를 힘쓰고 집에서 떡을 떼며 기쁨과 순전한 마음으로 음식을 먹고 하나님을 찬미하며 또 온 백성에게 칭송을 받으니 주께서 구원 받는 사람을 날마다 더하게 하시니라 (행 2:46-47)

당시의 그리스도인들은 참된 교회를 경험했다. 그들은 서로에게 하나님의 축복을 어떻게 전달하는지를 알았다. 왜냐하면 그들은 하나님의 백성으

로서 서로 친밀한 관계를 맺었기 때문이다. 오늘날에도 동일한 역사가 전 세계에서 일어나고 있다. 사람들은 예수 그리스도와 맺은 관계에 대해 열광한다. 사람들은 죽은 종교에 신물이 났다. 그들은 진짜를 원한다. 예수 그리스도께서 그들을 구원하시고 그들에게 성령세례를 주실 때, 이들은 단지 앉아서 '교회 생활'만 하길 원치 않는다. 그들은 관계를 원한다. 즉 예수님뿐만 아니라 상호반응하는 관계를 원한다. 그들은 자기의 가정을 열고, 바로 거기에서 사람들에게 사역을 한다.

가정에서 함께 모이는 상호반응적인 소그룹과 이들이 대그룹의 형태로 가르침을 받고 함께 예배하는 모임이 전 세계 도처에서 일어나고 있다. 이들을 셀그룹, 가정교회, 친교그룹, 소그룹 그 무엇이라 부르든 간에, 그들은 그리스도인들을 성숙한 신앙인으로 양육하고 모든 그리스도인이 제 몫을 다하도록 은사에 맞는 역할을 부여하는 것을 목표로 한다. 소그룹은 모든 구성원들에게 다른 사람들을 축복하고, 그들의 삶을 다른 사람들의 삶 가운데로 전달할 기회를 준다. 다음 세대의 그리스도인들은 소그룹 형태의 영적 가족 안에서 양육을 받고 축복 받을 수 있다.

종종 나의 믿음이 완전히 바닥난 것 같은 느낌을 받을 때가 있다. 믿음은 하나님의 말씀을 들음에서 나기 때문에(롬 10:17), 나는 하나님의 말씀을 묵상하는 것이 믿음 회복의 첫 단계라는 것을 안다. 그러나 나는 또한 '믿음이 충만한' 누군가가 나를 위해 기도하여 믿음과 주님의 치유의 능력을 전달해 줄 때, 믿음이 새롭게 될 때가 많았다. 하나님은 우리를 서로에게 필요한 존재로 만드셨다. 우리는 그분의 몸이며 그 몸의 각 지체는 모두 중요하다. 우리에게 필요한 것이 있을 때, 주님은 종종 다른 사람들을 사용하여 우리 삶에 필요한 것을 전달해 주시는 방법을 사용하신다. 또한 주님은 우리가 그분으로부터 받은 것을 다른 사람들에게 전달하길 원하신다.

축복과 치유의 임파테이션

묵상을 위한 질문

1. 안수의 초자연적인 면은 무엇인가? 당신은 다른 그리스도인에게 안수를 통해 축복을 전달해 달라고 부탁한 적이 있는가?

2. 고린도전서 12장에 나오는 9가지 영적 은사들을 열거해 보라. 또한 로마서 12장에 나오는 추가적인 은사들을 열거해 보라.

3. "기름부음은 교제를 통해 온다"란 말의 의미를 설명해 보라. 디모데후서 1장 6절에 따를 경우, 어떻게 하면 하나님이 주신 은사를 불일 듯 일으킬 수 있는가?

4. 다른 사람에게 영적 축복을 전달할 수 있는 방식을 몇 가지 들어 보라.

Chapter 14

권세의 임파테이션

특별 사역을 인정하라

안수의 또 다른 목적은 어떤 특별한 사역을 위해 부르심을 받은 사람이 하나님으로부터 권세를 받았다는 사실을 공적으로 인정하고, 그 사역을 완수하도록 파송하기 위함이다. 사도행전 13장 2-3절은 안디옥 교회의 영적 지도자들이 두 사람에게 안수함으로써 그들을 인정하고 파송하는 사건을 설명해 준다.

> 주를 섬겨 금식할 때에 성령이 이르시되 내가 불러 시키는 일을 위하여 바나바와 사울을 따로 세우라 하시니 이에 금식하며 기도하고 두 사람에게 안수하여 보내니라

교회 지도자들은 안수를 통해 성령께서 바나바와 사울에게 주신 축복과 은혜를 전달했다. 그들은 특별한 사역을 위해 임명을 받았으며, 이는 그들을 향한 하나님의 부르심을 인정하는 것이었다. 바나바와 사울은 지금까지 지구

상에서 가장 강력한 선교팀 중 하나로 보내심을 받았다.

사도행전 6장에 보면 일단의 사람들이 과부와 궁핍한 자들에게 음식을 나눠 주기 위해 따로 세움을 받았다. 사람들은 이들을 사도들 앞으로 데려왔고, 사도들은 안수하여 그들에게 음식을 나눠 주는 특별한 사역을 위해 권세와 책임을 전달했다. 주님 앞에 경건하고 믿음이 충만했던 이 '집사들'은 다음처럼 교회를 섬기는 사역을 위해 따로 세움을 입었다.

> 온 무리가 이 말을 기뻐하여 믿음과 성령이 충만한 사람 스데반과 또 빌립과 브로고로와 니가노르와 디몬과 바메나와 유대교에 입교했던 안디옥 사람 니골라를 택하여 사도들 앞에 세우니 사도들이 기도하고 그들에게 안수하니라 (행 6:5-6)

성경은 하나님께 권세를 받은 자들은 이처럼 지도자들의 안수를 통해 특별한 사역을 위해 따로 세움을 받아야 한다는 것을 가르쳐 준다. 젊었을 때 나를 양육해 준 영적 지도자들이 내게 안수하여 지도자로서 새로운 역할을 맡도록 임명했다. 주님은 그들을 사용하셔서 나를 새로운 지도자로 임명하신 것이다.

구약성경의 예

특별한 사역에 대한 권세를 부여하기 위해 안수를 하는 구약의 예로, 모세와 여호수아의 이야기가 있다. 모세는 광야에서 이스라엘 백성을 충성스럽게 인도했다. 사역을 거의 마칠 무렵, 그는 주님께 자기를 대신해 이스라엘을 다스릴 새로운 지도자를 임명해 달라고 구했다. 그리하여 그가 40년 동안 훈련시킨 여호수아가 그의 자리를 대신했다. 리더십을 이양할 때, 구체적으로 어떤 일이 일어났는지 살펴보자. 민수기 27장 18, 20절에서 우리는 안수의 원리를 분명하게 볼 수 있다.

> 여호와께서 모세에게 이르시되 눈의 아들 여호수아는 그 안에 영이 머무는 자니 너는 데려다가 그에게 안수하고 … 네 존귀를 그에게 돌려

이 일은 모세가 다음 지도자로 여호수아가 세워져야 한다는 필요를 인식했을 때 일어났다. 여호수아는 이미 충분히 훈련을 받고 하나님의 부르심을 받았지만, 모세가 그에게 안수하여 하나님의 백성을 인도하기 위해 주님으로부터 받은 능력과 권세를 전달해 줌으로써 여호수아의 부르심을 인정했다. 모세의 안수를 통해 그의 권세를 전달받은 여호수아는 지혜의 영으로 충만했다(신 34:9). 이처럼 모세는 주님으로부터 받은 영적인 능력과 축복을 여호수아에게 전달해 주었다.

영적 지도자들이 권세를 전달하다

성경은 영적 지도자들에게 우리에 대한 경건한 권세와 책임을 맡기셨다고 가르친다. 주님은 이 지도자들에게 우리의 영혼을 감독할 것을 명하신다. 히브리서 13장 17절은 이렇게 말한다.

> 너희를 인도하는 자들에게 순종하고 복종하라 그들은 너희 영혼을 위하여 경성하기를 자신들이 청산할 자인 것 같이 하느니라 그들로 하여금 즐거움으로 이것을 하게 하고 근심으로 하게 하지 말라 그렇지 않으면 너희에게 유익이 없느니라

무엇보다도 우리는 예수 그리스도를 믿음으로 말미암아 주님의 자녀가 되었기 때문에 하나님의 권세를 가지고 있다. 그러나 교회 안에서 특정 분야의 사역에 관여할 때, 우리는 하나님께로부터 권세를 직접 받을 뿐만 아니라, 영적 지도자들에게 임명을 받음으로써 권세를 받는다.

어느 분야에서 사역하든지 다음과 같은 질문을 하는 것이 현명하다. "주님, 주님께서는 저를 위해 경성할 영적 지도자를 제 삶 가운데 한 명 이상 두셨나요?" "주님, 저의 책임에 대해 함께 나눌 수 있는 사람이 있나요?" 언젠가 때가 되면, 주님은 우리에게 누군가에게 안수하여 우리가 그분으로부터 받은 축복과 영적 은사들을 전달하라고 부탁하실 것이다.

30년 전, 내가 소속되어 있었던 지역 교회는 새로운 교회를 개척하기 위해 나를 한 팀의 지도자들과 함께 파송했다. 당시 나는 교회 지도자들에게 파송받는 우리를 위해 기도해 주고, 그들의 축복과 함께 우리를 보내주길 구했다. 두 분의 목사님이 나의 요구에 응하셨고, 그들은 내게 안수하고 기도해 주었다. 이 두 분의 목사님은 내가 새로이 목사로서 섬기면서 여러 차례 위기에 봉착할 때마다, 나와 우리 리더들을 건져 주었다.

영적 지도자들은 새로이 목사가 되는 자들과 지도자들, 선교사들에게 안수하여 그들을 새로운 섬김의 자리에 임명해야 한다. 안수를 하는 것은 하나님이 주시는 영적 축복과 은사들을 전달하기 위함이다. 우리가 다른 사람들에게 안수하여 특별한 사역을 위해 그들을 따로 세울 때, 초자연적인 일이 일어난다. 새로운 영적 지도자들에게 안수하는 자들은 주님 앞에서 자신이 임명하는 자들에 대해 그들의 영혼을 경성할 책임이 있다.

지난 20년 동안 나는 전 세계에서 교회를 개척하는 새로운 영적 지도자들에게 안수하고 기도하는 특권을 누렸으며, 영적 리더십에 있어서 그들의 멘토가 되었다.

서두르지 말라

몇 년 전, 나는 동남아시에서 일어난 부흥에 대해 읽었다. 한 젊은이가 예수님을 알게 되었고, 하나님은 그를 강력하게 사용하시기 시작했다. 이에 교회 장로들이 모여서 그에게 안수하고 기도함으로 권세와 책임을 부여하여 복음전도자로 파송했다. 그가 가는 곳마다 사람들이 구원을 받았고 고침을 받았다. 교회는 성장하기 시작했고 놀라운 기적들이 일어났다. 그러나 얼마 안 되어 이 젊은이는 교만해졌고 결국 성적인 죄를 범하고 말았다.

교회 지도자들이 사랑으로 권면하자 그 젊은이는 "이봐요, 기적과 치유가 일어나고 있는데 당신들이 왜 나에게 이래라저래라 하는 겁니까?"라고 말했다. 그는 자신의 행동에 대해 책임지려 하지 않았고, 자기 죄를 회개하길 거절했다. 그러자, 수년 전 그에게 안수했던 지도자들은 그 일에 대해 자신들이 책임을 느낀다는 사실을 그에게 전했다.

교회 지도자들은 "우리는 앞으로 이렇게 할 겁니다"라고 그에게 말했다. "우리는 당신을 한 인격으로서 사랑합니다. 그러나 우리는 당신이 주님께 불순종함으로써 하나님의 권능을 남용한다고 생각합니다. 그래서 우리는 기도를 통해 기름부음, 즉 우리가 안수함으로 당신에게 준 그 능력을 다시 돌려 달라고 할 것입니다." 그러자 무슨 일이 났는지 아는가? 그들이 '임명을 취소하는' 기도를 한 후, 그 젊은이는 더 이상 병자를 고치는 하나님의 권능을 받지 못했다. 그리고 기적이 일어나는 일이 멈췄다. 그날부터 그 전도자는 이전에 경험했던 기적을 볼 수가 없었다.[1] 교회 지도자들은 그들이 이 젊은 지도자에게 복음전도자로서의 책임과 권위를 너무 일찍 주었다는 것을 뒤늦게야 깨달았다. 그들은 디모데전서 5장 22절에서 경고한 내용을 뼈아프게 배웠다. "아무에게나 경솔히 안수하지 말고."

교회 지도자들은 새로운 장로들이나 목사들 그리고 사역자들에게 성급히 안수하지 않도록 주의해야 한다. 사역을 위해 따로 세우심을 받을 자는, 주님을 신실하게 섬겼던 기록이 있어야 한다. 영적 지도자들이 누군가에게 안수할 때, 그들은 하나님의 대표로서 그 사람에게 사역의 권세를 부여한다. 그러므로 주님의 사람들이 특별한 사역을 위해 따로 세움을 받을 때, 안수를 통해 영적 능력이 풀어진다. 그러나 같은 방법으로 이러한 권세는 회수될 수도 있다.

자신을 깨끗하게 지키라

디모데전서 5장 22절에서 바울은 아무에게나 성급히 안수하지 말라는 말씀을 한 후에 계속해서 "다른 사람의 죄에 간섭하지 말며 네 자신을 지켜 정결하게 하라"고 말씀한다.

안수할 때 상대의 삶 가운데 죄가 있다는 것을 알고 있다면, 우리는 그 사람의 죄에 간섭할 수 있다. 이 말씀은 교회 안에서 누군가를 특별한 사역을 위해 임명하는 것에 대해 주로 말하지만, 이것이 우리가 기도해 주는 사람과도 관련이 있을 수 있다고 나는 믿는다.

예를 들어 보자. 어느 날 저녁에 우리 소그룹 소속의 한 젊은 자매가 자기를 위해 기도해 달라고 했다. 당시 그녀는 등의 심한 통증 때문에 매우 힘들어했다. 그런데 누군가가 그녀가 먼저 가족 중 한 사람을 용서해야 한다는 사실을 분별했다. 우리가 이에 대해 묻자, 곧바로 그녀는 자기에게 상처를 준 한 사람을 용서하지 못하고 있다고 말했다. 치유를 위해 믿음의 기도를 온전히 받을 수 있도록 우리는 먼저 그 사람을 용서할 것을 권했다. 그리고 그녀는 그렇게 했다. 그녀가 자기에게 해를 끼친 그 사람을 기꺼이 용서하기로 한 후에야, 우리는 그녀의 치유를 위해 믿음의 기도를 드릴 수 있었다. 먼저 다른 사람을 위해 기도할 때, 하나님의 축복과 권세를 전해 주기 전에 먼저 그들이 자기의 죄를 고백하고 회개함으로 하나님의 말씀과 용서를 받아 자유케 되는 것이 중요하다. 그런 다음 안수를 하면 참으로 열매가 맺힐 것이다.

하나님은 안수를 통해 그분의 축복과 권세를 다른 사람들에게 전달해 주는 일에 당신을 사용하길 원하신다. 그분은 가는 곳마다 하나님의 권세를 사람들에게 전달할 기회를 당신에게 주고 싶어 하신다. 물론 이를 행할 때, 우리는 지혜롭게 행해야 한다. 예를 들어, 가능한 한 남자는 남자에게, 여자는 여자에게 사역하는 것이 좋다. 성경은 나이 많은 남자가 젊은 남자에게, 나이 많은 여자가 젊은 여자에게 다가갈 것을 권한다.

> 늙은 여자로는 이와 같이 … 그들로 젊은 여자들을 교훈하되 … 너는 이와 같이 젊은 남자들을 신중하도록 권면하되 (딛 2:3-4, 6)

만일 내가 하나님의 축복이나 권세를 여자에게 전달해 주려 한다면, 나는 다른 사람과 함께해야 한다. 이처럼 분별력을 사용하는 것은 매우 중요하다. 남녀 사이에는 언제나 적절한 경계가 있어야 하며, 특히 그들에게 안수기도를 할 때에는 더욱 그렇다. 이는 오해가 없도록 하기 위함이다. 성경은 "악은 어떤 모양이라도 버리라"고 우리에게 말한다(살전 5:22).

위임된 권세

내가 은행에 가서 우리 아버지가 서명한 수표책(checkbook)을 받았다고 상상해 보자. 이럴 경우, 나는 은행에서 돈을 찾을 수 있는 권세를 위임받게 된 것이다. 이제 주님께 "오늘 어떻게 하면 제가 주님의 축복과 권세를 사람들에게 전달해 줄 수 있습니까?"라고 여쭤보자. 성경은 우리가 제사장이라고 말한다. 베드로전서 2장 9절에 따르면 우리는 왕 같은 제사장이다.

> 그러나 너희는 택하신 족속이요 왕 같은 제사장들이요 거룩한 나라요 그의 소유가 된 백성이니 이는 너희를 어두운 데서 불러내어 그의 기이한 빛에 들어가게 하신 이의 아름다운 덕을 선포하게 하려 하심이라

예수님이 오시기 전인 구약시대에 제사장들이 어떤 일을 했는지 기억하라. 그들은 주님과 그분의 백성 사이에 서 있었다.

오늘날 우리는 새로운 방식으로 안수를 통해 하나님의 축복을 사람들에게 전달해 주며, 심지어 그리스도인이 아닌 사람들에게도 그렇게 한다. 고린도후서 3장 6절은 우리가 '새 언약의 일꾼'이라고 말한다. 당신과 나는 주님의 일꾼이며 안수를 통해 사람들을 섬길 수 있다. 사람들이 아프면 우리는 예수님의 이름으로 치유를 전할 수 있다. 그들에게 평화가 없을 때, 우리는 그분의 평화를 전해 준다. 그들이 약할 때, 우리는 그분의 힘을 전해 준다. 그들이 성령 충만이 필요할 때, 우리는 귀하신 성령을 받도록 도울 수 있다.

당신이 소그룹이나 가정교회에 속해 있다면 이러한 '사역'을 할 수 있다는 것을 알고 있을 것이다. 당신은 소그룹 리더나 목사 혹은 장로가 기도해 주길 기다릴 필요가 없다. 당신도 얼마든지 할 수 있다. 당신이 병자를 위해 기도해 주러 병원에 갈 때가 있을 것이다. 이런 경우 소그룹 사람들에게 당신에게 손을 얹고 안수기도를 해 달라고 부탁하라. 이를 통해 하나님의 축복과 기름부음이 당신에게 전달되어, 당신이 병원에서 병자를 위해 예수의 이름으로 섬길 때 보다 더 효과적으로 사역할 수 있을 것이다.

만일 당신이 부모라면 자녀에게 안수하여 그들을 위해 기도하라. 당신은 안수를 통해 하나님의 권세와 은혜와 기름부음을 자녀들에게 전할 수 있다. 나는 사람들에게 주님의 평화와 지혜와 힘을 전달해 주는 특권을 누릴 때가 많다. 또한 나는 많은 사람들로부터 안수를 받아 이와 동일한 축복을 전달받는 특권을 누렸다. 서로를 위해 사역하는 것, 바로 이것이 하나님이 우리에게 바라시는 것이다.

다른 사람들에게서 권세 받기

만일 당신이 특정 영역에서 사역할 경우, 누군가에게 안수를 받고 섬김의 영역으로 임명을 받은 적이 있는가? 아마 당신은 교회나 지역사회에서 어린이 사역을 맡았을지도 모른다. 그렇다면, 안수를 통해 축복과 권세를 받으라. 주님께서 영적 감독자로 당신에게 허락하신 자들에게 당신을 위해 안수기도를 해 달라고 부탁하라. 히브리서 13장 7절은 "하나님의 말씀을 너희에게 일러주고 너희를 인도하던 자들을 생각하며 그들의 행실의 결말을 주의하여 보고 그들의 믿음을 본받으라"고 말한다. 영적 지도자들은 당신이 필요로 하는 것을 가지고 있다. 당신은 그들의 믿음과 행동을 본받을 수 있다. 왜냐하면 그들은 믿음이 강하기 때문이다. 이렇게 할 때, 당신은 그들에게서 임파테이션을 받는다.

아마도 지역 교회의 목사님이나 소그룹 지도자들도 당신에게 안수기도를 함으로써 특정한 영역에서 섬길 수 있도록 임명할 수 있다. 이런 식으로 당신은 그분의 교회의 권세와 축복뿐만 아니라 하나님의 권세를 받게 될 것이며, 이는 주님께서 당신에게 맡기신 일들을 감당하기 위함이다.

 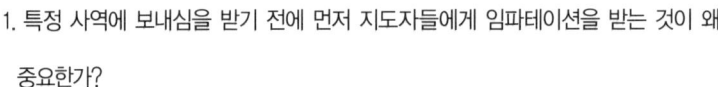

묵상을 위한 질문

1. 특정 사역에 보내심을 받기 전에 먼저 지도자들에게 임파테이션을 받는 것이 왜 중요한가?

2. 어떤 사람에게 안수하기를 거부할 수 있는 타당한 이유들을 열거해 보라.

3. "악은 그 모양이라도 버리라"는 말씀이 안수의 맥락에서 어떤 의미인지 설명해 보라.

4. 안수를 통해 다른 사람들에게 사역할 수 있는 예들을 들어 보라.

Chapter 15
우리는 영원히 살 것이다

죽은 자의 부활

우리는 이번 장에서 '죽은 자의 부활'을, 그리고 다음 장에서는 '영원한 심판'이라는 중요한 기초석들을 검토할 것이다.

> 그러므로 우리가 그리스도의 도의 초보를 버리고 … 죽은 자의 부활과 영원한 심판에 관한 교훈의 터를 다시 닦지 말고 완전한 데로 나아갈지니라 (히 6:1-2)

왜 죽은 자의 부활이 우리의 믿음에 그렇게 중요한가? 기독교와 다른 모든 종교들과의 가장 큰 차이는 기독교의 중심에 있는 다음의 진리에 있다. 그것은 바로 예수 그리스도께서 지금도 살아 계시다는 것이다! 모하메드도 죽었다. 부처도 죽었다. 세계적인 종교를 창시한 이 모든 '위대한 선지자들'은 죽었지만, 예수 그리스도는 살아 계시다! 초대교회는 "예수 그리스도께서 죽은 자들 가운데서 살아나셨다"고 분명하게 선포했다. 예수 그리스도께서 죽은 자 가운데서 살아나셔서 여전히 살아 계시고 건재하시다는 사실은 그들의 믿음의 기초였다.

주님의 부활은 우리 믿음의 중심에 있다. 그분은 죽은 자 가운데서 살아나셨으며, 이는 예수 그리스도의 복음의 핵심이다. 예수님은 죽은 자 가운데 부활하셨고, 그리스도를 믿는 자들도 그분의 부활에 동참할 것이다. 우리는 영원히 살 것이다. 실제로 마지막 때에 악인을 포함해 모든 사람들이 부활하지만, 악인은 심판과 형벌을 받을 것이다. 요한복음 5장 28-29절에서 예수님께서는 친히 죽은 자, 즉 경건한 자와 그렇지 않은 자들의 부활에 대해 말씀하셨다.

> 이를 놀랍게 여기지 말라 무덤 속에 있는 자가 다 그의 음성을 들을 때가 오나니 선한 일을 행한 자는 생명의 부활로, 악한 일을 행한 자는 심판의 부활로 나오리라

우리는 영원히 살 것이다

죽은 자의 부활이 있다는 것을 알면 엄청난 소망이 생긴다. 영생이 없으면 영원한 관계도 없다. 하나님께 관계는 너무나 중요하기 때문에, 그분은 우리를 영원한 존재로 지으셨다. 그분은 우리와 영원히 교제하길 원하신다. 그리스도인들은 영원히 (하나님과 서로에 대해) 관계를 맺게 될 것이다. 왜냐하면 우리는 영원히 살게 될 것이기 때문이다!

예수님의 형제였던 야고보는 주님께서 죽은 자 가운데서 살아나셔서 그에게 나타나시기까지 그분이 하나님의 아들이시라는 사실을 깨닫지 못했다 (요 7:5). 그러나 야고보는 부활하신 주님을 만난 후 즉시 그분을 믿었다. 당신도 그러지 않겠는가?

> 이는 성경대로 그리스도께서 우리 죄를 위하여 죽으시고 장사 지낸 바 되었다가 성경대

로 사흘 만에 다시 살아나사 … 그 후에 야고보에게 보이셨으며 그 후에 모든 사도에게
와 (고전 15:3-4,7)

나는 장례식에 많이 가봤는데, 참된 그리스도인들이 죽을 때엔 소망이 있다. 그들은 가서 주님과 함께 한다. 죽은 자의 부활로 인해 우리가 그들을 장차 다시 보게 될 것이라는 확신이 있기 때문에, 그리스도인의 장례식에는 소망의 기운이 감돈다.

그러나 영생을 믿지 않는 자들은 죽은 자의 부활에 대한 소망이 없다. 미국혁명과 프랑스혁명으로 유명한 토마스 페인(Paine)은 비참하게 죽은 불신자로도 잘 알려져 있다. 그는 하나님께 반역하여 그분에 대해 귀를 막아버렸다. 그리스도인들이 죽음을 앞둔 그에게 복음을 전하려 하면, 그는 "당장 꺼지시오. 그리고 당신들의 하나님도요!"라고 대답했다. 이 불신자가 죽을 때, 곁에 있었던 시종들의 귀에 들린 마지막 말은 역사 속에 이렇게 기록되었다. 그것은 "나의 하나님, 나의 하나님, 어찌하여 나를 버리셨나이까?"였다.[1]

모든 사람은 영생한다. 왜냐하면 우리는 영원한 존재들이기 때문이다. 예수님께서도 요한복음 5장 24절에서 그리스도인의 생명의 부활과 악인의 심판의 부활에 대해 말씀하신다.

> 내가 진실로 진실로 너희에게 이르노니 내 말을 듣고 또 나 보내신 이를 믿는 자는 영생을 얻었고 심판에 이르지 아니하나니 사망에서 생명으로 옮겼느니라

그리스도인들은 주님과 영원히 살 것이다. 왜냐하면 그들은 하나님의 말씀을 듣고 믿었기 때문이다. 그러나 불신자들은 정죄를 받고 영원한 형벌 가운데 살게 될 것이다(살후 1:9).

사망을 폐하다

예수님의 부활은 죽음을 이기신 승리이다. 예수님이 죽은 자 가운데 부활하셨을 때, 주님은 마귀를 이기셨다. 고린도전서 15장 25-26절에서 우리는 멸망할 마지막 원수는 사망이란 말씀을 읽는다. "그가 모든 원수를 그 발 아래에 둘 때까지 반드시 왕 노릇 하시리니 맨 나중에 멸망 받을 원수는 사망이니라."

우리 집에 책이 한 권 있는데, 그 안에는 죽기 전 인생의 마지막 순간에 일어난 일들에 관한 다양한 이야기들이 들어 있다. 어떤 것은 그리스도인들에 대한 놀라운 이야기이다. 그들은 이 땅에서의 마지막 순간에 천국을 보고, 평안하게 주님께로 간다.

그러나 무신론자들이나 불가지론자 혹은 하나님의 이름을 저주하는 자들의 경우, 그들의 마지막 이야기들은 대부분 무섭다. 그들과 함께 있던 간호사들도 공포에 떨었는데, 이는 불신자들이 문자 그대로 죽기 전에 지옥 불을 보았기 때문이다.[2]

내 친구의 어머니가 한 분 계신데, 그분은 인생의 마지막 시간을 자녀들과 함께하셨다. 이 나이 많은 여인은 온 마음을 다해 주님을 사랑했다. 그러나 그녀는 오랫동안 백내장을 앓았다. 그녀가 이 세상을 떠나 주 예수님과 함께하는 그날, 그녀의 백내장이 사라졌는데 젊었을 때처럼 눈이 푸른 빛을 내며 반짝거렸다. 방의 모서리를 응시하던 그녀는 거기에 서 계신 예수님을 보았다고 말했다.

잠비아에 있을 때, 나는 한 젊은 아가씨를 만났다. 그녀는 나에게 천국에 대한 놀라운 이야기를 해 주었다. 심각한 자동차 사고를 당해 의식을 잃었을 때, 그녀는 눈부시게 밝은 빛이 자동차의 뒤쪽으로 다가오는 것을 보았다. 잠시 후, 그녀는 자신의 몸이 들려 하늘로 올라가는 것을 발견했다. 그곳에서는 영광스러운 존재들이 하늘의 언어로 노래했다. 지금까지 본 것 중 가장 아름다운 곳에 더 가까이 갔을 때, 그녀는 다시 땅으로 내려오기 시작했다. 자신이 본 영광스러운 도성으로 계속해서 가지 못한다는 것을 알게 되었을 때, 그녀는 매우 실망했다. 다음 순간 그녀가 본 것은 병실 침대의 난간이었으며, "이제 괜찮아"라고 말하는 가족의 음성을 들었다.

"하지만 저는 그곳에 가고 싶어요"라고 그녀가 곁에 있던 천사에게 말했다. 그러자 "아직 네 때가 안 되었다"라고 천사가 대답했다. 그런 뒤에 그녀는 병실 침대에서 깨어났다. 주님은 그녀에게 천국을 조금 맛보게 하신 것이다!

그리스도인들은 죽은 자의 부활에 대한 크나큰 소망을 가지고 있다. 예수님이 죽은 자 가운데서 부활하셨을 때, 그분은 죽음을 폐하셨다. 우리는 죽음을 이기신 그분과 영원히 살 영원한 존재들이다.

생명책

주님께서 생명책이라 불리는 곳에 모든 그리스도인의 이름을 적어 놓으셨다는 사실을 알고 있는가? 우리가 예수 그리스도를 주님으로 영접할 때, 우리의 이름은 그분의 책에 등재된다. 그리고 그분은 우리에게 죄와 이 세상의 유혹을 끝까지 이길 힘을 주실 것이다.

> 이기는 자는 이와 같이 흰 옷을 입을 것이요 내가 그 이름을 생명책에서 결코 지우지 아니하고 그 이름을 내 아버지 앞과 그의 천사들 앞에서 시인하리라 (계 3:5)

생명책을 생각할 때, 모든 사람의 인생 기록을 완벽하게 담고 있는 전자기 녹음테이프를 상상해 보라. 현대 기술은 에러(error)가 생겨도 기록 헤드에 그 부분을 지나게 하면 1초 내에 완전히 지워진다. 심지어 수초 내에 전체 테이프의 내용을 완전히 '통째로' 지울 수도 있다. 죄인의 삶을 기록한 천국의 기록도 이와 같다. 죄인이 처음으로 회개하고 그리스도께 믿음으로 나올 때, 하나님은 천국에서 그에 대한 기록을 '통째로' 지우신다. 이전에 지은 모든 죄의 기록들은 즉시 그리고 완전히 삭제되어 깨끗한 테이프가 되고, 그 위에 믿음과 의의 새로운 삶이 새로이 기록된다. 그리스도인이 된 후에 다시 죄를 범한다 할지라도, 단지 회개하고 죄를 고백하기만 하면 하나님은 그 부분의 기록을 지우시고 테이프를 깨끗케 하신다.[3]

당신이 하나님 앞에 서고 예수 그리스도께서 하나님 아버지의 우편에 앉아 계실 때, 주님은 "내가 내 생명을 너를 위해 주었다"라고 말씀하실 것이다. 당신의 죄는 2,000년 전에 완전히 씻겨 없어졌다. 그래서 나는 예수 그리스도를 너무나 사랑한다. 그분은 나의 구원을 위해 십자가에서 값을 치르셨다.

우리는 이 땅을 졸업하고 천국으로 간다

당신이 구원을 받고 예수님을 알게 될 때, 당신의 영은 구원을 받는다. 당신이 죽어 영생으로 들어갈 때, 당신의 영은 곧바로 하늘에 계신 그리스도 앞으로 간다. 그때 당신은 즉시 몸을 떠나 주와 함께 있게 된다(고후 5:8).

예수님께서 자기 백성을 위해 다시 오실 때, 그리스도 안에서 죽은 자들과 아직 살아서 믿는 자들 모두가 천국에 살도록 고안된 부활의 새로운 몸을 받게 될 것이다. 그때에 우리의 영과 혼과 몸은 하나가 되어 새로운 부활의 몸으로 바뀔 것이며, 우리는 영원히 하나님을 위해 살게 된다. 이 몸은 이 세상에서 살던 몸의 정체성을 그대로 갖고 있어 쉽게 알아 볼 수 있으며(눅 16:19-

31), 천국에서 살 수 있도록 썩거나 죽는 일이 없고(고전 15:42), 강건하고 질병이 없으며(고전 15:43), 자연의 법칙에 묶이지 않으며(눅 24:31, 요 20:19, 고전 15:44), 먹고 마실 수 있다(눅 14:15, 22:14-18, 24:43). 그러므로 그리스도인에게 죽음은 마치 졸업식과도 같다. 죽음을 통해 우리는 인생의 한 단계에서 다른 단계로 옮겨가는 것이다!

천국은 놀라운 장소가 될 것이다. 하나님 앞에서 그분을 예배하는 것은 모든 경험 중 최고의 것이 될 것이다. 잠시 당신이 이 땅에서 즐기던 것 중 가장 놀라운 것들을 생각해 보라. 그리고 천국은 그것보다 10억 배 이상 더 좋다는 것을 기억하라. 요한계시록 21장 1-4절은 천국에 대해 이렇게 말한다.

> 또 내가 새 하늘과 새 땅을 보니 처음 하늘과 처음 땅이 없어졌고 바다도 다시 있지 않더라 또 내가 보매 거룩한 성 새 예루살렘이 하나님께로부터 하늘에서 내려오니 그 준비한 것이 신부가 남편을 위하여 단장한 것 같더라 내가 들으니 보좌에서 큰 음성이 나서 이르되 보라 하나님의 장막이 사람들과 함께 있으매 하나님이 그들과 함께 계시리니 그들은 하나님의 백성이 되고 하나님은 친히 그들과 함께 계셔서 모든 눈물을 그 눈에서 닦아 주시니 다시는 사망이 없고 애통하는 것이나 곡하는 것이나 아픈 것이 다시 있지 아니하리니 처음 것들이 다 지나갔음이러라

천국은 완전한 안식의 장소가 될 것이다. 우리는 완전히 하나님의 임재에 사로잡힐 것이다.

불멸의 곡인 '만세반석 열리니'(Rock of Ages)를 작곡한 어거스트 토플레디가 38세의 나이로 죽음을 앞두었을 때, 그는 졸업할 준비가 충분히 되어 있었다. 임종 약 1시간 전에 그는 마치 부드러운 잠에서 깨어난 듯 보였다. "아! 이 얼마나 기쁜 일인가! 셋째 하늘의 기쁨을 누가 측량할 수 있단 말인가? 내

주위에 퍼져 있는 이 밝은 빛이 얼마나 아름다운가! 이를 말로 표현할 수가 없구나. 모든 것이 빛, 빛, 빛이니 그분의 영광의 빛이로다."4)

아이들은 어떻게 되는가?

때로 사람들은 "그러면 아이들은 어떻게 되나요? 아이들은 천국에 가나요?"라고 묻는다. 그렇다! 아이들이 이 타락한 세상에 태어날 때, 그들은 타락한 성품을 갖고 태어난다. 그러나 어린아이는 하나님의 율법과 자신의 타락한 성품, 욕망의 차이를 미처 알지 못한다. 아이가 책임을 질 수 있는 나이가 되었을 때, 그는 옳고 그른 것 사이에서 결정을 내려야 한다. 그는 결국에는 하나님을 택하거나 아니면 하나님과의 영원한 분리로 이끄는 자신의 길을 택하게 된다.

아이들이 죄를 범하기 전에는 하나님의 율법에 대한 죄의식이나 영적 책임이 없다. 바울은 자신이 "전에 율법을 깨닫지 못했을 때에는 내가 살았더니"라고 말함으로써, 어린아이도 선과 악의 차이를 이해하기 전에는 "살아 있다"라는 사실을 우리에게 보여준다. "전에 율법을 깨닫지 못했을 때에는 내가 살았더니 계명이 이르매 죄는 살아나고 나는 죽었도다"(롬 7:9). 그때가 언제인지는 오직 하나님만 아신다. 그러나 아이가 자신이 하나님의 율법에 대해 죄를 범하고 있다는 사실을 인식한 후에는 영적으로 죽은 상태가 된다. 그래서 우리는 삶을 예수 그리스도께 드림으로 거듭나야만 한다.

우리 네 자녀는 어린 시절에 죄를 깨닫고 예수님을 구세주로 영접했다. 아기였을 때에 그들은 죄의 찔림이 무엇인지 몰랐다. 그러나 결국 자녀 각자가 성령의 책망하심에 대해 반응해야만 하는 그날(책임을 지는 나이)이 왔다.

모든 사람은 천국에 가기 위해 결단의 자리에 나와 예수 그리스도와 그분이 주시는 구원의 제안에 응답해야 한다. 예수님은 마태복음 18장 3절에서 이렇게 말씀하셨다.

> 진실로 너희에게 이르노니 너희가 돌이켜 어린아이들과 같이 되지 아니하면 결단코 천국에 들어가지 못하리라

예수님은 지금 처소를 마련하고 계신다

지금 이 순간에도 주님은 우리가 영원히 살 처소를 준비하고 계신다. 예수님께서는 친히 우리에게 이렇게 말씀하셨다.

> 너희는 마음에 근심하지 말라 하나님을 믿으니 또 나를 믿으라 내 아버지 집에 거할 곳이 많도다 그렇지 않으면 너희에게 일렀으리라 내가 너희를 위하여 거처를 예비하러 가노니 가서 너희를 위하여 거처를 예비하면 내가 다시 와서 너희를 내게로 영접하여 나 있는 곳에 너희도 있게 하리라 (요 14:1-3)

이를 상상할 수 있는가? 예수님께서 지금 천국에서 당신을 위해 특별한 처소를 준비하고 계신다! 예수 그리스도께서는 우리를 위해 다시 오실 것이다. 이 땅에 아직 살아 있는 우리는 주님이 재림하실 때 그분을 공중에서 만나게 될 것이다. 죽어서 그 영이 주님과 함께 하는 자들은 주님과 함께 올 것이며, 주님은 그들에게 새로운 몸을 주실 것이다. 그날은 정말 흥분되는 날이 될 것이다.

> 형제들아 자는 자들에 관하여는 너희가 알지 못함을 우리가 원하지 아니하노니 이는 소

망 없는 다른 이와 같이 슬퍼하지 않게 하려 함이라 우리가 예수께서 죽으셨다가 다시 살아나심을 믿을진대 이와 같이 예수 안에서 자는 자들도 하나님이 그와 함께 데리고 오시리라 우리가 주의 말씀으로 너희에게 이것을 말하노니 주께서 강림하실 때까지 우리 살아 남아 있는 자도 자는 자보다 결코 앞서지 못하리라 주께서 호령과 천사장의 소리와 하나님의 나팔 소리로 친히 하늘로부터 강림하시리니 그리스도 안에서 죽은 자들이 먼저 일어나고 그 후에 우리 살아 남은 자들도 그들과 함께 구름 속으로 끌어 올려 공중에서 주를 영접하게 하시리니 그리하여 우리가 항상 주와 함께 있으리라

(살전 4:13-17)

예수 그리스도께서는 그분의 교회, 즉 자기 백성을 위해 다시 오실 것이다. 그것은 주께서 2,000년 전에 이 땅을 방문하신 이래로 가장 역사적인 사건이 될 것이다. 그리스도인인 우리는 오늘 주님이 재림하신다는 생각으로 매일을 살아야만 한다. 만일 그분께서 수년 내에 오시지 않는다 해도 괜찮다. 우리는 계속해서 하늘을 쳐다보고, 날마다 성령과 교제하며 그분의 재림을 고대할 것이다.

19세기의 복음전도자였던 D. L. 무디는 천국에 자기를 위한 처소가 예비되었다는 것을 알았다. 임종의 순간, 그는 베일 너머의 무언가를 본 것 같았다. 그래서 그는 소리쳤다. "땅이 물러나고 내 앞에 하늘이 열리도다. 참으로 아름답도다. 만일 이것이 죽음이라면 달콤하구나. 하나님이 부르시니 나는 가야만 한다네. 이것이 나의 승리일세. 이날은 나의 대관식 날이로다! 나는 오랫동안 이날을 기다려 왔다네."5)

우리는 영원히 *살 것이다*

| 묵상을 위한 질문

1. 예수 그리스도의 복음의 중심에 있는 것은 무엇인가? 그것은 왜 그렇게 중요한가?

2. 생명책에는 기록된 죄가 있는가? 만일 있다면 왜 그렇고, 없다면 또 왜 그런가?

3. 어떤 면에서 죽음은 졸업과 같은가? 새롭고 완전한 영, 혼, 몸을 가졌을 때 천국은 무엇과 같다고 생각하는가?

4. 예수님은 우리를 위해 언제 다시 오시는가?

Chapter 16

하나님은 모든 자를 심판하신다

영원한 심판

앞 장에서 우리는 '죽은 자의 부활'의 원리를 검토하였다. 이번 장에서 기독교 신앙의 또 다른 기초석을 살펴보겠다. 이것은 죽은 자의 부활과 연결되어 있는데 그것은 '영원한 심판'이다.

> 그러므로 우리가 그리스도의 도의 초보를 버리고 … 영원한 심판에 관한 교훈의 터를 다시 닦지 말고 완전한 데로 나아갈지니라 (히 6:1-2)

심판이란 무엇인가? 심판이란 단어는 문자적으로 '법정에서 내린 공식 결정', 즉 판결이란 뜻이다.[1] 판사가 누군가에게 형을 부과할 때, 그는 판결을 내린다. 그 순간 심판이 선포되며, 거기엔 반전이 없다. 성경은 심판이 영원하다고 말한다. 영원한 심판은 영원히 지속되는 판결이다.

영원이란 무엇인가? 한 작은 새가 천년에 한 번 해변에 온다고 상상해 보라. 이 새가 바닷가의 모래 하나를 물고 가서는 바다 한 가운데 어딘가에 떨어뜨린다. 만약 세상의 모든 해변에 있는 모든 모래를 이런 식으로 다 옮긴다 해도 영원의 시작에 불과하다! 영원의 길이를 측량하기란 이렇게 어렵다!

지금까지 살았던 모든 사람들은 언젠가 하나님께 영원 동안 지속되는 심판을 받게 될 것이다. "한 번 죽는 것은 사람에게 정해진 것이요 그 후에는 심판이 있으리니"(히 9:27). 믿는 자들은 하나님의 심판을 두려워할 필요가 없다. 왜냐하면 그들은 예수님과 함께 천국에서 영생할 것이기 때문이다. 그러나 악인은 영원한 형벌을 받는다.

> 그들은 영벌에, 의인들은 영생에 들어가리라 하시니라 (마 25:46)

볼테르는 프랑스의 불신자로 유명하다. 그는 인생의 대부분을 기독교를 조롱하며 보냈다. 볼테르가 중풍에 걸렸을 때, 그는 자기의 인생이 끝날 것을 알고 두려움에 싸인 나머지 너무나 괴로워서 때로는 하나님과 사람에 대한 분노로 이를 갈기까지 했다. 또한 가끔은 "오, 그리스도시여! 저는 하나님과 사람에게 버림을 받고 죽어야만 합니다"라고 하소연하기도 했다. 볼테르의 불신자 친구들은 그의 침상에 가길 두려워했다. 그를 간병했던 간호사도 유럽의 모든 부(富)를 다 준다고 해도 불신자가 죽는 모습을 다시는 보고 싶지 않다고 서슴 이야기했다. 이 공포의 광경은 절대 과장이 아니었다.[2]

천국은 상상할 수 없을 정도로 아름다운 곳이다. 그곳에서 하나님의 사람들은 그분을 비롯하여 수많은 사람들과 교제하지만, 지옥은 그리스도를 배척한 자들을 위해 마련된 끝없는 고통과 형벌의 장소이다(막 9:43, 계 20:11-15).

그리스도의 심판대

언젠가 우리 모두는 심판의 날을 맞아, 살아계신 하나님 앞에 서게 될 것이다. 2,000년 전 십자가에서 우리를 대신해 심판을 받으신 예수 그리스도를 믿는 신자들의 경우, 그것은 정죄의 심판이 아닐 것이다. 그러나 주 예수 그리스도를 영접하지 않은 사람들은 판결을 기다려야 한다. 그 순간에는 따로 도피할 곳도 없다.

> 이는 우리가 다 반드시 그리스도의 심판대 앞에 나타나게 되어 각각 선악 간에 그 몸으로 행한 것을 따라 받으려 함이라 우리는 주의 두려우심을 알므로 사람들을 권면하거니와 우리가 하나님 앞에 알리어졌으니 또 너희의 양심에도 알리어지기를 바라노라 (고후 5:10-11)

지금은 자유케 하는 복음을 사람들에게 전할 때이다. 이 글을 쓰는 오늘, 나는 한 젊은 부부가 그들의 삶을 예수 그리스도께 드리도록 돕는 특권을 누렸다. 그리스도를 위해 결단한 그들의 죄는 용서되었고, 그들은 영원한 형벌을 받지 않을 것이다. 그들은 하나님의 나라에서 영원히 살 것이다.

영원한 형벌에서 우리를 구원하시기 위해 십자가에서 값을 치르신 예수님과 그 일을 행하신 하나님을 찬양하라! 우리가 예수님을 주로 영접했을 때, 주님은 "내가 너를 사랑한다. 내가 너를 씻겨 주마. 그리고 내 가족의 일원으로서 너를 완전히 새로운 사람으로 만들어 주겠다. 너는 영원히 나와 함께 살 것이다"라고 말씀하신다. 우리가 구원을 받는 것은 하나님의 계획이다.

> 하나님이 그 아들을 세상에 보내신 것은 세상을 심판하려 하심이 아니요 그로 말미암아 세상이 구원을 받게 하려 하심이라 (요 3:17)

공적의 심판

그리스도인들은 하나님의 정죄의 심판에서 자유로우며 영원히 천국에 거하게 된다. 하지만 고린도전서 3장 12-15절의 말씀에 따르면, 하나님께 대한 우리의 충성도에 따라 회계해야 한다고 말한다.

> 만일 누구든지 금이나 은이나 보석이나 나무나 풀이나 짚으로 이 터 위에 세우면 각 사람의 공적이 나타날 터인데 그날이 공적을 밝히리니 이는 불로 나타내고 그 불이 각 사람의 공적이 어떠한 것을 시험할 것임이라 만일 누구든지 그 위에 세운 공적이 그대로 있으면 상을 받고 누구든지 공적이 불타면 해를 받으리니 그러나 자신은 구원을 받되 불 가운데서 받은 것 같으리라

그날 그리스도의 심판대에서 하나님은 우리의 성품과 은밀한 행위, 선한 행실과 동기, 태도 등을 공개적으로 검증하실 것이다. 만일 우리가 거룩하고 경건한 삶을 살지 않고 자비와 친절을 보이지 않았다면, 우리의 터는 약할 것이다. 그것은 금이나 은이나 보석 대신 나무와 풀과 짚으로 지은 터가 될 것이다. 이렇게 되면 구원을 받는다 할지라도 우리는 커다란 '손실'을 입게 될 것이다. 경솔한 신자는 다음과 같은 손실을 겪는다. 즉 그는 그리스도께서 오실 때 정체성을 잃게(부끄러움을 느끼게) 될 것이며(요일 2:28), 하나님을 위해 평생 수고한 공적이 사라질 것이며(고전 3:13-15), 하나님 앞에서 영광과 명예를 잃게 될 것이고(롬 2:7), 천국에서 섬기고 권세를 가질 기회를 잃게 될 것이며(마 25:14-30, 19:30), 상급을 잃어버리게 될 것이다(고전 3:12-15, 빌 3:14, 딤후 4:8).

우리의 태도와 동기가 성령의 열매와 그리스도를 닮은 사랑을 나타낼 때, 우리의 공적은 보석처럼 견고할 것이며 하나님께로부터 많은 상급을 받게 될 것이다. 만일 우리의 동기가 하나님의 성령의 인도하심이 아니라 이기적인 야망이라면, 이런 공적은 파괴되고 타버릴 것이다. 이 엄숙한 말씀은 우리로 주님을 위해 신실하고 자기희생적인 삶을 살게 하는 동기가 되어야 한다.

수십 년 동안 전 세계를 다니며 복음을 선포했던 한 유명한 성경교사는, 하나님께서 모든 그리스도인들의 공적을 심판하실 때를 설명하기 위해 다음과 같은 글을 썼다.

*각 사람이 그분의 심판대 앞에 섰을 때, 그분의 눈에서 나오는 불꽃같은 빛 속에서 그 백성들의 공적 가운데 모든 추한 것과 진지하지 않은 것과 무가치한 것들은 즉시 그리고 영원히 소멸될 것이다. 오직 참되고 영원한 가치를 지닌 것만이 남아 불로 정제되고 연단될 것이다. 이와 같은 심판의 장면을 생각할 때, 우리 각 사람은 스스로에게 이렇게 물어야 한다. '나의 공적이 그날에 불 시험을 견디려면 이생에서 나는 그리스도를 어떻게 섬겨야 할 것인가?'[3)]

악인의 심판

산 자든 죽은 자든 모든 시대의 모든 사람들이 심판을 받지만, 성경은 살아계신 하나님 앞에 잃어버린 자들이 섰을 때, 그들의 마지막 운명을 다르게 보여준다. 요한계시록 20장 11-15절은 이렇게 말한다.

또 내가 크고 흰 보좌와 그 위에 앉으신 이를 보니 땅과 하늘이 그 앞에서 피하여 간 데 없더라 또 내가 보니 죽은 자들이 큰 자나 작은 자나 그 보좌 앞에 서 있는데 책들이 펴 있고 또 다른 책이 펴졌으니 곧 생명책이라 죽은 자들이 자기 행위를 따라 책들에 기록된 대로 심판을 받으니 바다가 그 가운데에서 죽은 자들을 내주고 또 사망과 음부도 그 가운데에서 죽은 자들을 내주매 각 사람이 자기의 행위대로 심판을 받고 사망과 음부도 불못에 던져지니 이것은 둘째 사망 곧 불못이라 누구든지 생명책에 기록되지 못한 자는 불못에 던져지리라 여기서 언급한 둘째 사망은 무엇인가? 둘째 사망은 영원히 불타는 영원한 지옥이다. 이 지옥의 무서운 그림은 너무나 두려워 거의 생각조차 할 수 없지만, 성경에 따르면 이것은 실제로 불타는 지옥이다. 성경은 우리에게 이렇게 말한다.

인자가 그 천사들을 보내리니 그들이 그 나라에서 모든 넘어지게 하는 것과 또 불법을 행하는 자들을 거두어 내어 풀무 불에 던져 넣으리니 거기서 울며 이를 갈게 되리라 그 때에 의인들은 자기 아버지 나라에서 해와 같이 빛나리라 귀 있는 자는 들으라 (마 13:41-43).

죽음의 순간, 그리스도인과 불신자의 운명은 모두 돌이킬 수 없다. 누가복음 16장 19-31절에서 우리는 부자와 나사로의 이야기를 읽는다. 부자는 평생 자기중심적인 삶을 사는 데 인생을 소비했지만, 결국 죽은 후에 지옥에 있는 자신을 발견한다. 나사로는 거지로서 부자의 이웃에 살면서 그의 식탁에서 떨어지는 부스러기를 먹으며 산 가난한 자였다. 그러나 그의 마음은 하나님과 바른 관계에 있었으며, 죽었을 때 그는 즉시 낙원으로 갔다. 부자는 지옥에서 겪는 고통 때문에 울부짖었지만, 때는 이미 너무 늦었다.

어떤 사람들은 냉소적으로 이렇게 말한다. "난 지옥이 두렵지 않아. 난 그곳에서 친구들과 파티를 벌일 거야." 그러나 안타깝게도 지옥은 파티 장소가 아니다. 그곳은 영원한 불이며, 무서운 공포의 장소이다.

마귀와 그의 사자들을 위한 곳

예수님은 사람들 때문에 지옥을 만들지 않으셨다. 주님은 마귀와 그의 사자들을 위해 지옥을 만드셨다.

> 또 왼편에 있는 자들에게 이르시되 저주를 받은 자들아 나를 떠나 마귀와 그 사자들을 위하여 예비된 영영한 불에 들어가라 (마 25:41)

지옥의 가장 안 좋은 점은 그곳에는 하나님의 선하심이 없다는 것이다. 우리가 알고 있는 모든 선한 것은 하나님에게서 온다. 그러한 선한 것이 하나도 없는 곳에 있는 것을 상상할 수 있는가? 꺼지지 않는 불의 모든 고통 가운데 있는 지옥은 이와 같을 것이다.

성경에 따르면 천국의 보상에 여러 등급이 있는 것처럼, 지옥의 형벌에도 여러 단계가 있다.

> 주인의 뜻을 알고도 준비하지 아니하고 그 뜻대로 행하지 아니한 종은 많이 맞을 것이요 알지 못하고 맞을 일을 행한 종은 적게 맞으리라 무릇 많이 받은 자에게는 많이 요구할 것이요 많이 맡은 자에게는 많이 달라 할 것이니라 (눅 12:47-48)

다른 말로 하면 복음을 듣고 진리(예수님)를 알았음에도 계속해서 그분을 멀리하는 자들은, 결코 복음을 듣지 못한 자보다 훨씬 더 심한 심판을 받게 된다는 것이다. 나는 모든 종류의 '심각한 죄'(살인, 성적 도착, 마술과 같은 죄)를 범한 사람들은 지옥에서 가장 심한 형벌을 받을 것이라 생각하곤 했다. 그러나 위의 말씀은 진리를 알고도 순종하지 않은 자들이 모르고 순종하지 않은 자들보다 훨씬 더 엄격한 형벌을 받게 될 것이라고 말한다. 그러나 명백한 진리는, 지옥은 지옥이란 것이다. 온도가 백만 도이건 천만 도이건 지옥은 지옥이며, 그것은 저주받은 자들에게는 "꺼지지 않는 불"(막 9:43)이며, 끝없는 고통의 장소이며, 두려운 현실(reality)이다.

복음을 전혀 듣지 못한 자들

예수님은 우리가 하나님께 나아가 그분과 영원히 함께 살 수 있는 유일한 길이다. 예수님은 요한복음 14장 6절에서 "내가 곧 길이요 진리요 생명이니 나로 말미암지 않고는 아버지께로 올 자가 없느니라"고 말씀하셨다.

그렇다면 예수 그리스도에 대해 전혀 들어본 적이 없는 사람들은 어떤가? 우리는 하나님이 공평한 재판관이시라는 사실을 확신할 수 있다. 성경은 그분이 의로우신 분이라고 말한다(요일 2:1). 누군가가 복음을 듣지 못한 사람들에 대한 하나님의 심판의 공정성을 질문할 때, 나는 먼저 "그러나 당신은 복음을 들었습니다. 예수님에 대해 당신은 어떻게 반응하겠습니까?"라고 되묻는다. 로마서 2장 14-15절은 이렇게 말한다.

> 율법 없는 이방인이 본성으로 율법의 일을 행할 때는 이 사람은 율법이 없어도 자기가 자기에게 율법이 되나니 이런 이들은 그 양심이 증거가 되어 그 생각들이 서로 혹은 송사하며 혹은 변명하여 그 마음에 새긴 율법의 행위를 나타내느니라

여기서 우리는 주님께서 어떤 사람이 아는 것과 그의 양심이 말하는 바에 따라 심판하신다는 것을 알 수 있다. 모든 사람은 옳고 그름에 대해 일정량의 지식을 가지고 있다. 그리고 우리는 하나님이 공평한 재판관이시라는 사실을 믿어야 한다. 하나님은 의롭고 미쁘시다(요일 1:9). 그분은 그 어떤 사람보다 더 공의로우시다. 변명할 수 없는 자는 예수 그리스도의 진리를 아는 우리들이다. 갈라디아 6장 7-8절은 이렇게 말한다.

스스로 속이지 말라 하나님은 업신여김을 받지 아니하시나니 사람이 무엇으로 심든지 그대로 거두리라 자기의 육체를 위하여 심는 자는 육체로부터 썩어진 것을 거두고 성령을 위하여 심는 자는 성령으로부터 영생을 거두리라

그래서 우리는 우리 삶에 영적인 씨를 뿌려야 한다. 우리는 하나님의 말씀을 읽고 묵상하며, 그 진리를 다른 사람들과 나눠야 한다. 그리고 우리는 우리 주 예수님과 친밀한 관계를 맺어야 한다. 우리가 영적인 것을 심으면 영적인 것을 거둘 것이다. 우리가 육체(우리 자신의 악한 본성)로부터 심으면, 우리는 그와 같은 종류의 것을 영원히 거두게 될 것이다. 그러므로 성령으로 심고 영원히 그분을 위해 살라.

너희는 먼저 그의 나라와 그의 의를 구하라 그리하면 이 모든 것을 너희에게 더하시리라 (마 6:33)

당신은 무엇을 구하는가? 천국의 영원한 생명을 포함해 하나님의 모든 축복을 구해야 한다. 사람은 영원히 산다. 하나님의 나라는 무엇인가? 그것은 하나님과 그분의 백성들이다. 영원히 지속되는 것은 하나님과의 관계, 성도들과의 관계이다.

사람들에게 복음을 전하라

범죄자였던 찰스 피스는 영국에서 사형선고를 받았다. 그의 사형이 집행되던 날 아침, 교도소의 채플린이 졸음에 겨운 목소리로 그에게 성경말씀 몇 구절을 읽어 주었다. 그는 심드렁하게 읽었지만, 피스는 그 내용에 충격을 받았다.

그는 이렇게 말했다. "만일 내가 당신과 하나님의 교회가 믿는다고 말하는 이것을 믿는다면, 나는 영국 전체가 깨진 유리로 덮였다 할지라도 영원한 지옥에서 한 영혼을 구원하기 위해 그 위를 맨몸으로 기어갈 것이며, 또한 그렇게 사는 것이 가치가 있다고 생각하겠다!"4) 그리스도인들은 기독교가 사실이며, 영원한 결말이 구원받은 자와 구원받지 못한 자 모두를 기다리고 있다는 것을 알고 있다. 그래서 우리는 복음을 전해야만 한다.

우리 교회의 초창기 시절, 하나님께서는 한 청년에게 환상을 보여주셨다.

*저는 환상 속에서 지옥 불을 보았습니다. 그리고 저는 너무나 많은 사람들이 그 불을 향하여 걸어가다가 절벽을 넘어 지옥으로 떨어지는 것을 보았습니다. 그런 뒤에 저는 군대를 이룬 또 다른 그룹의 사람들이 손에 손을 잡고 불가로 내려가 불구덩이에 떨어지기 바로 직전에 그들을 끌어올리는 것을 보았습니다. 사람들은 말 그대로 지옥에서 건짐을 받았습니다. 하나님이 우리를 불러 맡기신 일이 바로 이것입니다.

우리는 할 수 있는 것을 모두 다하여 그들을 지옥의 불에서 구원하여 영원히 하나님을 위해 살도록 해야 한다. 그리스도인들이 자신을 주님의 군대의 군사로 볼 때, 우리는 지옥 불에서 사람들을 끄집어낼 동기를 갖게 된다. 왜냐하면 우리는 그들을 자유케 할 진리를 알고 있기 때문이다. 그 진리가 예수의 이름에 반응하는 사람들을 해방시킬 것이다.

홍수나 다른 자연재해가 일어나면, 코스트 가드(the Coast Guard) 소속 군인들이 구조를 위해 동원된다. 그들은 지휘관의 명령에 순종하여 위험에 처한 자들의 생명을 구한다. 이처럼 그리스도인 우리는 영적인 군사들이다. 나는 세계 여러 나라를 여행할 때, 나의 지휘관이신 성령께 계속해서 눈과 귀를 열어

놓는다. 이는 그리스도 안에 있는 생명을 그분께서 예비하신 자들에게 전하기 위해서이다. 나는 며칠 전에 아프리카를 여행하고 돌아오는 비행기 안에서 한 중국인에게 그리스도께 나의 삶을 드리게 된 일을 간증하는 특권을 누렸다.

예수 그리스도는 곧 다시 오신다. 그날을 위해 우리에게 해야 할 일이 있다! 예수님은 신자들에게 잃어버린 영혼들을 돌아보라고 권면하신다. 만일 그들에게 복음을 전하지 않는다면, 그들은 영원을 지옥에서 보내게 될 것이다. 추수가 준비되었고 이제 밭이 희어졌기 때문에 우리는 그들에게 복음을 전해야만 한다. 예수님께서는 이렇게 말씀하셨다.

> 너희가 넉 달이 지나야 추수할 때가 이르겠다 하지 아니하느냐 내가 너희에게 이르노니 눈을 들어 밭을 보라 희어져 추수하게 되었도다 (요 4:35)

영원한 심판에 대해 제대로 알게 되면, 모든 신자들은 죄를 미워하고 잃어버린 자들을 부지런히 찾아 그들에게 인류를 향한 하나님의 놀라운 계획을 전할 것이다. 지옥에 대해 농담을 하는 사람들은 사실 지옥이 어떤 곳인지 제대로 알지 못한다. 각 사람이 죽은 후에는 탈출할 기회가 더 이상 없다 (히 9:27). 옛 속담에 "지옥으로 가는 길은 선한 의도로 포장되어 있다"라는 말이 있다. 만일 당신이 아직 하나님이 보내신 그분의 아들 예수 그리스도를 영접하지 않았다면, 이제 영생을 위해 그분을 영접해야 할 때이다. 더 이상 지체하지 말라!

하나님은 모든 자를 **심판하신다**

묵상을 위한 질문

1. 고린도전서 3장 12-15절의 말씀에 따르면, 심판 날에 그리스도인의 삶에서 어떤 것이 '빛 가운데' 드러나는가?

2. 어떤 사람의 이름이 생명책에서 발견되지 않을 경우, 그의 최후는 어떻게 되는가?(계 20:11-15) 이것은 바뀔 수 있는가?(눅 16:19-31)

3. 로마서 2장 14-15절에 따르면 하나님은 어떻게 공의로운 재판관이 되시는가?

4. 어떻게 하면 지옥문 입구에서 사람들을 구원해낼 수 있는가? 당신은 이렇게 해 본 적이 있는가?

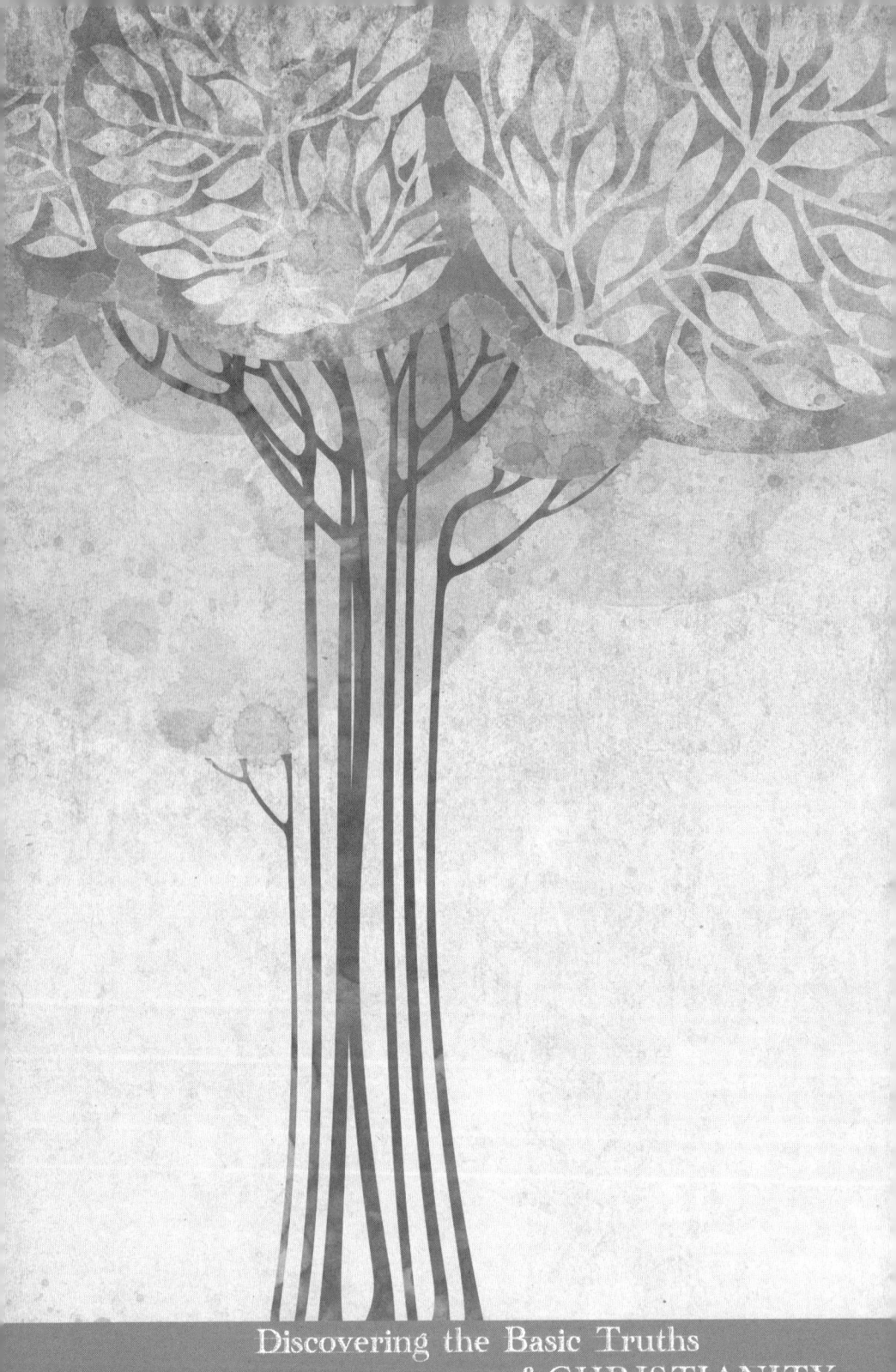

Discovering the Basic Truths of CHRISTIANITY

PART V
저주로부터의 자유

우리 안에 살아 계신 하나님의 능력으로 율법의 저주에서 해방되었는데, 왜 어떤 그리스도인들은 마치 구속받지 못하고 해방되지 못한 것처럼 살아가고 있는가? 그렇다. 비록 우리가 예수 그리스도께 삶을 드리고 성령 충만을 받았다 할지라도, 그리스도인인 우리에게도 속박당하는 영역이 남아 있을 수 있다.

무엇보다도 그리스도인인 우리는 삶의 모든 분야에서 승리할 수 있다는 것을 깨달아야 한다!(롬 8:37) 성경의 첫 번째 책에는 승리가 약속되어 있다. 여기서 하나님은 이 세상을 구속하시고, 사탄을 이기는 승리를 우리에게 주시겠다고 약속하신다.

저주란 무엇인가?

죄가 완벽한 세상을 바꾸다

하나님은 이 세상에 대해 완벽한 계획을 가지고 계셨다. 아담과 하와로 시작된 인류를 향한 그분의 계획은, 모든 피조물이 축복을 받는 것이었다. 거기에는 질병도 가난도 없고, 오직 아름다움과 건강과 풍성함만이 있을 예정이었다(창 1-2장). 그러나 하나님이 선악을 알게 하는 나무에 대해 주신 명령에 아담과 하와가 불순종하자, 죄가 세상에 들어왔다. 그들은 자신을 믿었고, 하나님께 순종하는 대신 자신의 생각과 능력을 믿었다. 그로 인해 그들은 치명적인 실수를 저질렀는데, 이것은 우리 모두에게 영향을 미쳤다.

> 그러므로 한 사람으로 말미암아 죄가 세상에 들어오고 죄로 말미암아 사망이 들어왔나니 이와 같이 모든 사람이 죄를 지었으므로 사망이 모든 사람에게 이르렀느니라
> (롬 5:12)

아담과 하와가 마귀의 거짓말을 믿기로 선택함으로 주님께 불순종했기 때문에, 우리는 '저주받은' 혹은 '타락한' 세상에서 살고 있다. 오늘날 모든 인간은 죄와 악에 대한 충동을 가지고 이 세상에 태어난다. 우리는 하나님이나 다른 사람들에 대해 관심이 없고, 오로지 자신의 이기적인 방식을 따르고자 하는 성향과 죄성을 가지고 이 세상에 태어난다(롬 8:5-8).

사탄은 파괴를 일으킨다

하나님이 아담과 하와에게 주신 법을 어김으로써 땅(자연)은 저주를 받았다. 하나님께서는 아담에게 이렇게 말씀하셨다. "땅은 너로 말미암아 저주를 받고 너는 네 평생에 수고하여야 그 소산을 먹으리라"(창 3:17). 아담은 이제 생계를 위해 땀을 흘리고 수고를 해야만 한다. 그리고 결국에는 사망이 그뿐만 아니라, 그의 후손에게까지 임할 것이다.

이렇게 죄와 저주가 이 땅에 증가하기 시작했고, 세상은 이 죄의 '삯'을 경험했다. "죄가 지불하는 삯은 죽음입니다"(롬 6:23, AMP). 이 사망은 죄로부터 나오는 모든 가슴 아픈 일과 불행을 포함한다. 이처럼 죄는 우리 삶의 모든 분야에 파괴를 가져온다.

우리는 죄의 파괴력이 오늘날 사람들의 삶 가운데 뚜렷이 나타나는 것을 볼 수 있다. 수많은 사람들이 매주 에이즈(AIDS)로 죽고, 또한 이 살인적인 바이러스에 감염된다. 친척이나 친구들이 갑자기 심장마비에 걸리고 어떤 사람은 암으로 죽는다. 잔인한 윤간, 살인, 폭력이 수많은 희생자들을 공포에 떨게 하며, 날마다 끔찍한 범죄가 늘어가는 것처럼 보인다. 이 모든 공포에 대한 책임이 누구에게 있는가? 어떤 사람들은 만일 하나님이 정말로 우리를 사랑하신다면, 왜 사람들이 세계 곳곳에서 굶어죽어 가는지 그 이유를 묻는다. 나는 그 이유를 우리가 이런저런 모양으로 이 세상에서 계속해서 사탄의 권세와 활동에 직면하고 있다는 사실로 축약할 수 있다고 믿는다. 태초부터 사탄은 이 세상에 해악을 미쳤으며, 거짓과 배반으로 우리를 괴롭히려 한다. 최초에 내린 저주로 인해 사탄과 그의 귀신들은 온 시대에 걸쳐 인류를 괴롭힌다.

이번 장에서 우리는 저주와 관련된 모든 것과 이 저주의 묶임에서 해방되는 법을 좀 더 자세히 살펴볼 것이다. 비록 죄가 인류의 저주가 되었지만, 그리스도께서는 죄와 사탄을 이기는 데 필요한 모든 것을 제공해 주셨다.

마귀를 다스리시는 예수님

사탄은 죄의 아비이며, 이 세상의 주관자이다. 그는 죄를 이 세상에 가져왔고, 지금도 사람들을 유혹하여 온갖 종류의 악을 행하게 함으로써 지금의 이 악한 시대를 조정한다. 왜냐하면 이 세상은 하나님의 통치에 반항하여 사탄의 종이 되어 있기 때문이다(고후 4:4, 눅 13:16, 갈 1:4, 엡 6:12, 히 2:14). 그러나 영광스럽고 기쁜 소식은 예수님께서 마귀의 일을 멸하기 위해 오셨다는 사실이다! 그분은 우리 삶 가운데서 죄의 능력과 영향력과 연관성을 없애기 위해 오셨다. 요한일서 3장 8절은 "하나님의 아들이 나타나신 것은 마귀의 일을 멸하려 하심이니라"라고 말한다.

예수님은 이 세상에서 하나님의 일을 망치길 원하는 사탄과 거룩한 전쟁을 감행하셨다. 예수님이 2,000년 전에 이 땅에 오신 목적이 바로 이것이었다. 예수님의 계획은 우리 삶 가운데서 마귀의 역사들을 파괴하시는 것이었다. 그분은 우리 마음에 하나님의 나라를 세우시고, 우리로 사탄의 권세로부터 구원을 받게 하기 위해 오셨다. 사탄을 깨부수기 시작하신 분은 그리스도시다. 사탄은 결국 이 시대의 마지막 때 완전히 제압당하고, 결국 우리의 승리로 끝이 날 것이다. 예수님 때문에 우리는 저주와 그 결과들을 두려워할 필요가 없다. 예수님은 사탄보다 훨씬 더 강력하시다! 요한복음 14장 30절에서 "이 세상 임금이 오겠음이라 그러나 그는 내게 관계할 것이 없으니"라고 말씀하셨을 때, 주님은 세상의 임금인 마귀를 제압할 탁월한 능력을 가지고 계신 것을 인정하셨다.

예수님은 또한 이렇게 말씀하셨다.

> 자녀들아 너희는 하나님께 속하였고 또 그들을 이기었나니 이는 너희 안에 계신 이가 세상에 있는 자보다 크심이라 (요일 4:4)

모든 그리스도인 안에 사시는 성령께서는 세상에 있는 마귀와 그의 귀신들보다 더 크고 강하시다. 그분은 우리의 전쟁을 싸우시고 승리를 주신다. 우리는 이 세상에서 마귀와 그의 악한 궤계를 다 이길 수 있다. 왜냐하면 우리는 예수님을 통해 승리를 부여받았기 때문이다.

우리를 위해 지주가 되신 예수님

우리는 하나님의 율법을 어길 때 생기는 저주에서 완전히 자유할 수 있다. 우리는 그리스도께서 십자가에서 행하신 일 때문에 우리를 향한 마귀의 거짓말에서 자유로울 수 있다. 성경은 주님께서 우리를 저주에서 속량하셨다고 말한다.

> 그리스도께서 우리를 위하여 저주를 받은 바 되사 율법의 저주에서 우리를 속량하셨으

니 기록된 바 나무에 달린 자마다 저주 아래에 있는 자라 하였음이라 (갈 3:13)

군중이 예수님을 십자가에 못 박으라고 요구했을 때, 그들은 주님을 저주 받은 자로 여기고 싶어 했다. 왜냐하면 유대인의 율법에 따르면 나무에 달린 자마다 하나님의 저주 아래 있기 때문이다(신 21:23). 그러므로 예수님은 십자가에서 못 박히심으로 우리를 위해 저주를 당하셨다. 주님은 가시 면류관을 쓰셨는데, 이는 죄와 범죄함의 상징 바로 그것이었다. 왜냐하면 주님은 이 세상의 죄를 지고 가는 하나님의 어린양이기 때문이었다(요 1:29). 예수님께서 2,000년 전 십자가에 달리셨을 때, 우리 삶 가운데 있는 모든 저주는 다 예수님 위에 놓여졌다. 이를 통해 우리는 구속함을 받았고 저주에서 해방되었다!

구속(redeemed)이란 단어는 '다시 사다'란 뜻이다.1) 이와 관련하여 한 청년의 이야기를 소개하겠다. 그는 많은 시간을 들여 작은 배를 만들었고, 호수로 가서 그 배를 띄웠다. 기다란 줄을 배에 맨 소년은 호수 위에 떠다니는 배를 보며 무척 즐거워했다. 그런데 갑자기 줄이 끊어지면서 순식간에 소년은 소중한 소유를 잃어버렸다. 그는 배가 하류로 떠내려가다가 결국에는 강물로 흘러들어가는 것을 그저 바라만 봐야 했다. 그는 그 배가 영원히 사라졌다고 생각했다.

몇 년 뒤, 청년이 된 그는 자기가 성장한 곳 하류 쪽에 있는 한 마을의 전당포에 들어갔다. 그런데 그곳에서 기대하지 않은 것을 발견했다. 수년 전, 자기가 만들어 호수에서 가지고 놀다가 잃어버린 배가 눈에 들어온 것이다. 청년은 주인에게 다가가 말했다. "이 배는 제 것입니다. 제 이름 약자가 바닥에 새겨져 있어요."

그러자 주인이 대답했다. "음, 미안하지만 누군가가 이 배를 가져와서 제가 그 배를 샀습니다. 그 배를 가져가려면 값을 지불해야 합니다." 그 청년은 즉시 주인에게 돈을 지불하여 다시 그 소중한 배를 살 수 있었다.

이 이야기는 하나님이 우리를 위해 행하신 것을 보여준다. 먼저 하나님은 당신과 나를 만드셨다. 그 후 우리는 제 갈 길로 갔지만, 그분은 우리를 구속하셔서 다시 사셨다. 예수님께서 2,000년 전에 십자가에서 흘리신 보혈로 인해, 우리는 삶을 지배하던 하나님의 율법을 어긴 저주에서 구속되었다(즉 다시 사신 바 되었다).

예수님께서 저주를 끊어 주셨지만, 우리는 그것을 정확히 알고 자유를 추구해야 한다. 주님께서 저주를 끊을 수 있는 권세를 우리에게 주셨다는 사실을 모르거나 혹은 우리를 해방시킨 그리스도의 권세 가운데 행하지 않을 때, 마귀는 우리 삶에 계속해서 저주를 걸 수 있다.

어둠에 넘겨지다

우리가 구속함을 받고 자유케 되었는데, 왜 그리스도인들은 다른 사람들과 다를 바 없이 재정적 손실과 심각한 질병, 감정적 격동 그리고 수많은 문제들을 겪어야 하는가? 고통을 겪는 이유는 사람마다 크게 다르다. 먼저 우리는 사람들이 고통을 겪는 일반적인 세 가지 이유 중 첫 번째 것을 살펴볼 것이다.

예수님은 날 때부터 소경된 자를 고쳐주신 적이 있다(요 9:1-3). 제자들이 예수님께 "이 사람이 소경으로 태어난 것이 누구의 죄입니까? 이 사람의 죄입니까, 아니면 그의 부모의 죄입니까?"라고 물었다(요 9:2). 이에 예수님은 그 사람의 죄도 그의 부모의 죄도 아니라고 대답하셨다. 그렇다면 그는 왜 고통을 겪어야만 했는가? 그가 소경으로 태어난 것은 그의 잘못이 아니었다. 그렇다면 왜 사람들은 그들의 잘못도 아닌데 이런저런 모양으로 고통을 받는 일이 많은가?

우리는 이 세상에 저주가 있다는 사실을 항상 기억해야만 한다. 우리는 앞서 '율법의 저주'를 통해 죄가 이 세상에 들어왔다는 것을 알았다. 율법의 저주는 인간이 지은 원죄의 결과로 경험하게 되는 모든 고통에 대한 하나님의 꼬리표이다. 아담과 하와가 하나님께 불순종한(즉 그분의 율법을 어기거나 죄를 범한) 이래로, 우리는 어둠의 세력에 넘겨진 지구에 살고 있다. 그때 이후로 세상은 사탄의 통치 아래 고통을 당하고 있다. 신자들은 불신자들과 함께 아담과 하와가 타락한 결과들을 지속적으로 감수하고 있다. 현재 일어나고 있는 일의 대부분은 단순히 타락한 세상에서의 삶의 결과인 경우가 많다. 예를 들어, 암이나 다른 질병은 고도로 가공된 음식들을 건강치 못한 방식으로 섭취한 결과일지 모른다. 이런 음식들은 농약이나 방부제, 비료 때문에 그 가치를 잃어버렸다.

다음과 같은 시나리오를 상상해 보라. 멋진 정원이 악한 주인의 손에 들어간다. 한때 아름다운 꽃과 식물 그리고 음식으로 가득했던 곳이 곧 엉겅퀴와 가시나무로 가득 차게 되었다. 그러던 어느 날, 친절하고 배려심 많은 사람이 비싼 가격을 지불하고 그 정원을 샀다. 그는 그것을 이전에 소유했던 농부들에게 주며, 다시 아름답고 유익한 곳으로 만들어 달라는 분명한 지침을 내린다. 그 후 농부들의 수고를 통해 조금씩 정원이 다시 살아난다. 이것이 바로 예수님께서 인류를 위해 행하신 일이다! 주님은 이 세상을 다시 사시기 위해 자기 생명이라는 비싼 값을 치르셨다. 예수님께서는 사탄을 멸하는 일을 시작하시고, 우리 삶에 역사하는 사탄의 세력을 파괴하시기 위해 십자가를 지셨다. 예수님의 제자인 우리는 악을 사랑과 건강과 용서와 평화 그리고 모든 이를 위한 축복으로 바꿀 수 있는 권세를 부여받았다.

하나님은 결코 전쟁, 질병, 암, 살인, 굶주림 그리고 가난을 계획하신 적이 없으셨다. 하나님은 이 세상에서 일어나는 악을 유발하지 않으신다(약 1:13). 그러나 하나님은 주권자이시며, 이 세상의 악이 그분의 허락하신 뜻 안에서 일어나도록 허용하신다. 때로는 직접 개입하기도 하시지만, 나쁜 일이 일어나도록 허락하기도 하신다. 비록 그것을 원치 않으시지만 말이다. 이 세상에서 악은 계속해서 조금도 수그러들지 않는다. 왜냐하면 마귀가 하나님을 섬기지 않는 자들과 그를 이길 힘이 없는 자들을 통해 계속해서 역사하기 때문이다.

하나님은 잠시 동안 악이 지속되도록 허락하신다. 그러나 마지막 때에 사탄은 결국 멸망할 것이며, 그때에 하나님은 그를 불못에 영원히 던져 버리실 것이다(계 20:7-10).

로마서 8장 23절은 그때까지 신자들이 죄악된 세상에서 살기 때문에 내적으로 신음한다고 말한다. "또한 우리 곧 성령의 처음 익은 열매를 받은 우리까지도 속으로 탄식하여 양자 될 것 곧 우리 몸의 속량을 기다리느니라."

우리는 성경과 그분의 축복을 받았지만, 여전히 내적으로 신음한다. 왜냐하면 우리는 죄악된 세상에서 살고 있으며, 이 세상의 불완전함과 고통 그리고 슬픔을 경험하고 있기 때문이다. 우리는 완전한 구속을 바라며 탄식한다. 그러한 구속은 하나님의 영광이 나타나는 부활의 때에 주어질 것이다(고후 5:4). 그때까지 우리는 하나님의 은혜와 힘과 위로 가운데 행해야만 한다. 이것들은 우리의 삶 가운데 영적인 승리를 가져다준다.

인간의 잘못된 선택

이 땅에서 사람들(신자과 불신자 모두)이 고통을 받는 이유는 그들이 잘못된 선택을 하기 때문이다. 하나님은 친히 교제를 나누기 위해 인간을 창조하셨다. 그분은 완벽한 선택을 하도록 프로그램화된 로봇을 만드신 것이 아니다.

하나님은 우리가 그분과 교제하고, 의무가 아니라 자원하는 마음으로 그분께 순종하길 원하신다. 하나님은 그분의 형상대로 우리를 만드시고 선택할 능력을 주셨다. 그런데 때로는 우리의 선택이 좋지 않다. 그럴 경우에 어떤 일이 일어나는가?

이 우주에는 하나님이 정하신 법, 소위 '뿌린 대로 거두는 법칙'이 있다. 갈라디아 6장 7절은 "심은 대로 거둔다"고 말한다. 다른 말로 하면, 우리가 살면서 잘못된 선택을 하면 그 결과를 거둬들이게 된다는 의미이다. 우리가 운전을 부주의하게 하면 사고를 당할 수 있다. 우리가 몸을 학대하면 심각한 건강의 문제가 발생할 수 있다. 우리가 일하길 거부하면 음식과 의복 없이 지내야 할지 모른다. 부도덕함이나 간음의 죄는 종종 결혼생활의 파괴를 야기한다.

잘못된 선택은 개인에게 영향을 미칠 뿐만 아니라 그의 가족과 주변 사람, 심지어는 미래의 세대들에게까지 영향을 미칠 수 있다. 알코올중독자 아버지는 자신의 삶을 망칠 뿐만 아니라, 그의 가족 전체의 삶까지 황폐케 하는 결과를 낳는다. 성경은 부모의 죄가 자녀의 삼사 대까지 이를 수 있다고 말한다(출 20:5, 신 5:9).

일전에 상담했던 한 청년은 자기 아버지처럼 되고 싶지 않다고 말했다. 그의 아버지의 삶은 개탄스러울 정도로 바람직하지 못했다. 그런데 얼마 후, 그 청년은 그리스도를 떠나기로 작정했다. 그리고 가장 놀라운 일이 그 다음 몇 년 사이에 일어났다. 이 청년의 라이프스타일과 성품이 결국에는 그의 아버지처럼 된 것이다. 더 이상 주님이신 예수 그리스도께 순종하며 살지 않았던 이 젊은이는 그의 아버지 세대부터 내려온 저주를 끊을 수가 없었다. 실제로 이 저주는 수세대 전부터 그에게까지 전해 내려와 계속해서 그를 속박 가운데 살게 만들었다. 바로 이런 이유 때문에, 예수님은 십자가에서 그분의 생명을 주신 것이다. 주님은 우리를 위해 저주가 되셨으며, 이는 우리가 더 이상 조상들이 뿌려 놓은 것을 거둘까 두려워하지 않도록 하시기 위함이다.

그리스도인으로서 우리는 하나님의 말씀에 따라 행동해야 하며, 하나님의 보호하심을 벗어나게 만드는 모든 것을 피해야만 한다. 우리는 이미 알고 있는 죄를 고백하고, 성령을 근심케 하고 있는 것은 아닌지 항상 삶을 검토해야만 한다. 그러나 우리가 잘못된 선택을 할 때, 심지어 모르고 그렇게 했을지라도 징계의 수단으로 하나님은 고난과 역경을 허락하실지 모른다. 이는 우리로 다시금 그분의 뜻에 순복하고 믿음 가운데 행하게 하려 하심이다. 히브리서 12장 5-6절은 하나님이 우리를 사랑하시기 때문에 징계하신다고 설명한다.

> 또 아들들에게 권하는 것 같이 너희에게 권면하신 말씀도 잊었도다 일렀으되 내 아들아 주의 징계하심을 경히 여기지 말며 그에게 꾸지람을 받을 때에 낙심하지 말라 주께서 그 사랑하시는 자를 징계하시고 그가 받아들이시는 아들마다 채찍질하심이라 하였으니

하나님은 우리가 그분의 자녀로서 거룩한 삶을 살길 원하신다. 고난은 때로 우리의 관심을 끌기 위해 하나님이 사용하시는 도구이다. 그분은 우리의 삶을 향한 그분의 목적들을 이루시고, 우리가 그분을 온전히 신뢰하길 원하신다. 때로 우리는 고난을 견뎌야만 한다. 왜냐하면 그것이 영적 성장을 위한 촉매제가 될 수 있기 때문이다. "무릇 징계가 당시에는 즐거워 보이지 않고 슬퍼 보이나 후에 그로 말미암아 연단 받은 자들은 의와 평강의 열매를 맺느니라"(히 12:11). 고난을 통해 우리는 어쩔 수 없이 자신보다는 하나님을 더 신뢰하게 된다.

직접적인 사탄의 공격

사람들이 이 세상에서 고통을 겪는 세 번째 이유는 직접적인 사탄의 공격 때문이다. 신약성경은 귀신의 괴롭힘 때문에 고통 받는 사람들의 이야기로 가득하며, 이것은 오늘날에도 계속해서 일어나고 있다.

때로 귀신의 저주가 임하여 감정적·영적으로, 나아가 신체까지 불구가 되기도 한다. 저주란 단어는 '누군가에게 해나 부상이 임하도록 하는 기도나 주문'이란 의미를 지닌다.2) 사탄 숭배에 관여한 자들은 때로 사람들에게 저주를 걸려고 시도한다. 종종 이런 저주에 걸린 사람들은 설명이 안 되는 사건을 당하거나 아니면 특별한 종류의 문제들을 경험하기도 한다.

모압 왕 발락은 자기 쪽으로 오고 있는 이스라엘 백성들에게 저주를 걸려고 했다. 발락은 이스라엘의 하나님이 그들의 원수들을 어떻게 멸망시키셨는지에 대한 이야기를 듣고는 두려워했다. 그래서 그는 발람이라는 선지자를 불러 이스라엘 백성에게 저주를 걸어 달라고 부탁했다. 그러나 그의 계획은 성공하지 못했다. 이스라엘 자녀들이 하나님의 계획을 따라 살기로 선택하자, 어떤 적도 그들을 이길 수가 없었다(민 22-24장).

신자들이 항상 사탄의 공격과 속박을 이기는 것은 아니다. 비록 욥이 하나님과 동행하는 의로운 자였지만, 주님은 사탄에게 그를 공격하는 것을 허락하셨다. 성령 충만하고 경건한 바울도 '육체의 가시'를 경험했으며, 그는 이를 사탄의 사자라고 묘사했다. 이 두 사람 모두 고통을 받았지만, 하나님은 그들의 고통을 중요한 영적 교훈들을 가르치는 데 사용하셨다. 이들은 모두 승리의 삶을 사는 법을 배웠다. 왜냐하면 그들은 궁극적으로 자신에게 사단과 귀신의 세력을 이길 권세가 있다는 것을 알았기 때문이다. 이것은 오늘날 우리에게도 해당되는 이야기이다.

보통 직접적인 사탄의 공격이 일어나는 이유는 다음의 두 가지이다.

1. 우리는 그리스도의 보호하심 가운데 행하지 않거나 그분의 능력 가운데 행하지 않음으로 우리 삶을 마귀의 공격에 열어 준다.

2. 바울의 경우 그는 너무나 큰 계시 가운데 행했기 때문에 예수님께서 사탄으로 그에게 접근하도록 허락했으며, 이는 바울로 하여금 교만해지지 않도록 하기 위함이었다(고후 12:7).

우리는 치열한 영적 전투를 통해 사탄의 권세를 깨야만 한다. 우리는 영적인 세계에서 살고 있으며, 원수는 할 수만 있으면 우리를 멸하려고 기회를 노린다. 마귀는 와서 도적질하고, 죽이고 멸망시키려 한다(요 10:10). 사탄은 얼마든지 우리를 공격할 수 있으므로, 그리스도인인 우리는 사탄의 궤계를 경계해야만 한다.

> 근신하라 깨어라 너희 대적 마귀가 우는 사자 같이 두루 다니며 삼킬 자를 찾나니 너희는 믿음을 굳건하게 하여 그를 대적하라 이는 세상에 있는 너희 형제들도 동일한 고난을 당하는 줄을 앎이라 모든 은혜의 하나님 곧 그리스도 안에서 너희를 부르사 자기의 영원한 영광에 들어가게 하신 이가 잠깐 고난을 당한 너희를 친히 온전하게 하시며 굳건하게 하시며 강하게 하시며 터를 견고하게 하시리라 (벧전 5:8-10)

그리스도인인 우리가 사탄과 그의 귀신들을 두려워할 필요는 없지만, 사탄은 분명한 우리의 원수이다. 그는 이미 그의 권세에서 구원받은 우리를 멸하기 위해 우는 사자와 같이 위협하며 노린다. 그러므로 우리는 믿음 위에 굳게 서야만 한다. 원수가 어떤 공격과 고난을 가하고 우리의 감정과 생각과 행동에 영향을 미치려 한다 할지라도, 하나님께서 우리를 꿰뚫어 보시며 지키실 것이다.

저주란 무엇인가?

│묵상을 위한 질문

1. 땅은 왜 저주를 받았는가?(창 3:17) 그 결과 어떤 일이 일어났는가?(롬 6:23)

2. 예수님은 우리의 삶 가운데 마귀의 일을 어떻게 멸하셨는가?

3. 우리의 선택이 삶에 어떤 영향을 미치는가? 우리가 조상의 죄에 영향을 받는 것이 가능한가?

4. 신자들은 사탄의 공격에 영향을 받지 않는가? 우리는 어떻게 사탄의 궤계를 경계할 수 있는가?(벧전 5:8-10)

Chapter 18

원수가 훔쳐간 것
되찾기

우리는 승리할 수 있다

우리 안에 살아 계신 하나님의 능력으로 율법의 저주에서 해방되었는데, 왜 어떤 그리스도인들은 마치 구속받지 못하고 해방되지 못한 것처럼 살아가고 있는가? 그렇다. 비록 우리가 예수 그리스도께 삶을 드리고 성령 충만을 받았다 할지라도, 그리스도인인 우리에게도 속박당하는 영역이 남아 있을 수 있다.

무엇보다도 그리스도인인 우리는 삶의 모든 분야에서 승리할 수 있다는 것을 깨달아야 한다!(롬 8:37) 성경의 첫 번째 책에는 승리가 약속되어 있다. 여기서 하나님은 이 세상을 구속하시고, 사탄을 이기는 승리를 우리에게 주시겠다고 약속하신다.

마귀는 온 우주에서 가장 저주받은 존재이며, 그의 멸망은 분명하다(계 20:10). 그래서 그는 하나님과 그분의 백성들을 대항해 끈질긴 전쟁을 한다. 그러나 그의 운명은 이미 창세기 3장에서 봉인되었다. 하나님은 여자의 후손(예수 그리스도)과 뱀의 후손(사탄과 그의 귀신들) 간에 영적 전쟁이 있을 것을 뱀에게 말씀하신다.

> 여호와 하나님이 뱀에게 이르시되 네가 이렇게 하였으니 네가 모든 가축과 들의 모든 짐승보다 더욱 저주를 받아 배로 다니고 살아 있는 동안 흙을 먹을지니라 내가 너로 여자와 원수가 되게 하고 네 후손도 여자의 후손과 원수가 되게 하리니 여자의 후손은 네 머리를 상하게 할 것이요 너는 그의 발꿈치를 상하게 할 것이니라 하시고 (창 3:14-15)

하나님은 그리스도께서 여자에게서 나시고 십자가에 달리심으로 '상하게' 되실 것이라고 약속하셨다. 주님은 죽은 자 가운데 살아나셔서 사탄과 죄와 사망을 완전히 멸하실 것이었다. 예수님은 우리를 사탄의 통치에서 구원하시고 하나님의 나라를 우리 마음에 세우시기 위해 이 땅에 오셨다. 주님은 우리에게 생명과 승리를 주시기 위해 오셨다!

비극적인 사건들은 하나님이 당신의 인생을 향해 계획하신 것이 아니다. 그것은 하늘에서 온 것이 아니다. 성경은 모든 좋은 선물은 다 위에서부터 온다고 분명히 말한다(약 1:17). 사탄의 가장 공교한 계교는, 우리로 하여금 삶 가운데 일어나는 나쁜 일에 대한 책임을 하나님께 돌리게 하는 것이다. 우리는 삶 가운데 일어나는 시련과 고난의 이유가 다양하다는 것을 이미 토론했다. 그 이유는 우리가 죄악된 세상에 살고 있고, 잘못된 선택을 하거나 사탄이 직접 공격을 하기 때문이다. 만일 우리가 이 모든 원인의 뿌리를 살핀다면, 그 근원에는 사탄이 있다는 것을 알게 된다! 따라서 우리는 결코 하나님께 책임을 돌려서는 안 된다.

하나님은 죄와 고통에 묶여 있는 우리를 풀어낼 방법을 제공해 주신 분이다. 그분은 우리를 향해 소망 가득한 인생을 계획하고 계시다. 하나님은 가장 부정적인 상황들을 돌이켜 선으로 바꾸실 수 있다. 지금 이 순간 눈앞의 상황이 아무리 막막해 보인다 할지라도, 우리는 소망으로 가득 찰 수 있다. 예수님은 우리가 이 모든 장애물을 극복하고 승리하도록 도우신다. 당신을 향한 그분의 계획은 평화의 계획이지, 악한 계획이 아니다. 그분은 당신에게 미래와 소망을 주고 싶어 하신다(렘 29:11).

예수님은 고난을 이해하신다. 왜냐하면 그분께서 십자가에서 돌아가실 때, 우리의 죄를 짊어지심으로써 어느 누구보다 더 기꺼이 고난을 받으셨기 때문이다. 그곳에서 주님은 흑암의 권세를 깨시고, 우리를 용서하셨으며 저주로부터 해방시키셨다.

언약 가운데 살라

아브라함이 그랬듯이, 우리는 하나님과 언약을 맺고 있다는 사실을 인식해야 한다. 창세기 17장 7절에서 아브라함과 맺은 언약을 통해 하나님은 이렇게 약속하셨다.

> 내가 내 언약을 나와 너 및 네 대대 후손 사이에 세워서 영원한 언약을 삼고 너와 네 후손의 하나님이 되리라

이 구약의 언약에서 하나님은 아브라함에게 친히 그분의 백성들의 하나님이 되어 주시겠다고 약속하신다. 하나님은 이런 관계를 신약성경에서도 계속해서 이어가셨다. 신약성경에서 그분은 예수 그리스도 안에서 우리와 새로운 언약을 맺으셨다. 새 언약은 믿음으로 말미암아 그리스도를 영접하여 그분의 약속을 받는 자들에게 하나님의 거룩한 보호와 축복을 주시겠다는 약속이다. 갈라디아 3장 6-9절은 이렇게 말한다.

> 아브라함이 하나님을 믿으매 그것을 그에게 의로 정하셨다 함과 같으니라 그런즉 믿음으로 말미암은 자들은 아브라함의 자손인 줄 알지어다 또 하나님이 이방을 믿음으로 말미암아 의로 정하실 것을 성경이 미리 알고 먼저 아브라함에게 복음을 전하되 모든 이방이 너로 말미암아 복을 받으리라 하였느니라 그러므로 믿음으로 말미암은 자는 믿음이 있는 아브라함과 함께 복을 받느니라

아브라함이 그랬던 것처럼, 믿음을 가진 자는 아브라함의 축복을 받는다. 우리는 예수 그리스도를 믿음으로 말미암아 아브라함의 축복을 유업으로 받았다. 이처럼 믿음은 축복을 가져온다.

주님의 보혈은 우리와 하나님과의 관계를 견고하게 해주지만, 그분과 우리의 교제의 깊이는 오르락내리락할 수 있다. 그것은 하나님께 대한 우리의 순종에 달려 있다. 그러므로 우리는 순종함으로 하나님과 친밀한 교제를 유지해야 한다. 그래야 신명기 28장 1-6절의 말씀처럼 축복을 받을 수 있다.

그러나 주님의 음성에 귀를 기울이지 않는다면, 우리는 저주 아래 있게 될 것이다(신 28:15). 저주는 축복이 없는 상태이다. 하나님과의 교제를 상실한 삶은 저주를 낳는다. 하나님에게서 멀어진다면, 우리는 그분의 축복을 기대할 수 없다.

반면에 예수님을 사랑하고 그분을 의지하면, 주님께서 결코 우리를 떠나지 않으시고 버리지 않으신다는 것을 확신할 수 있다(히 13:5). 주님은 어떤 난관에서도 우리를 도우실 것이다. 예수 그리스도께서는 우리를 자유케 하고, 삶의 모든 영역에서 온전케 하시기 위해 오셨다.

삶에 악이 임하는 것은 하나님의 뜻이 아니다. 질병, 혼돈, 우울증, 두려움, 불안 혹은 열등감이 우리에게 임하는 것은 하나님의 뜻이 아니다. 그러나 앞서 배웠듯이 우리가 언제나 고통에서 면제되는 것은 아니다. 그렇다고 해서

하나님께서 이 모든 고통으로부터 우리가 자유케 되길 원하신다는 사실이 부정되는 것은 아니다. 이런 고통은 저주의 일부이며, 하나님은 우리가 그로부터 자유케 되길 원하신다. 그분은 우리가 온전하도록 지으셨다.

어렸을 때, 나는 심장에 문제가 있었다. 친척 중 몇 명에게도 같은 문제가 있었다. 나는 그것이 이전 세대에서 유전적으로 전해 내려온 저주의 산물이었다고 믿는다. 친구들이 운동장에서 재미있게 뛰어 놀 때, 나는 한쪽에 서서 구경만 해야 했다. 설상가상으로 선생님들은 나를 심판으로 삼을 때가 많았다. 종종 상황이 까다로워 어렵게 판정을 내린 경우, 판정에 동의하지 않는 팀원들이 내가 형편없는 심판이라고 빈정대곤 했다.

그럼에도 불구하고 하나님을 찬양하라! 나는 지금 이런 추억에서 자유롭게 되었을 뿐만 아니라, 심장질환도 깨끗이 치유되었다. 현재 나는 야구, 농구, 축구를 마음껏 할 수 있으며, 매 순간을 즐기며 산다. 그것은 예수 그리스도께서 나를 위해 저주를 받으셨기 때문이다. 나는 그분과의 관계와 언약의 유익들을 누리고 있다.

원수의 거짓말을 허용하지 말라

그리스도인들도 때론 병이 들고 우울해한다. 그리스도인들도 그들의 부모나 조부모가 불 같은 성격 때문에 갈등했던 것처럼, 같은 이유로 힘들어 한다. 그리스도인이라 할지라도 가계를 통해 흘러내려오는 저주에 영향을 받고, 그것이 계속해서 여러 세대에 걸쳐 통제가 안 될 수도 있다. 그러나 우리가 알아야 할 아름다운 진리는, 우리가 예수의 이름으로 그러한 저주에서 분명히 해방될 수 있다는 사실이다. 우리는 더 이상 삶을 지배하는 습관, 죄 혹은 저주 속에서 무기력하게 뒹굴 필요가 없다.

예수님을 알기 전, 먼저 우리가 주님께 불순종했기 때문에 삶 가운데 저주를 경험하는 것이 마땅하다. 그러나 하나님의 은혜를 믿기 때문에, 우리는 예수 그리스도를 아는 지식에서 오는 자유 가운데 행할 수 있다.

마귀는 많은 사람들에게 거짓말을 한다. 그는 모든 거짓의 아비이다(요 8:44). 아마도 마귀는 당신에게도 거짓말을 했을지 모르겠다. 그는 당신이 씨름하고 있는 문제들이 당신의 부모들도 겪었던 문제들이기 때문에 해결할 수 없다고 말했을지 모른다. 그러나 진실은 이렇다. 당신이 예수님을 영접하기 전에는 어쩔 수 없었을지 모른다. 그러나 당신이 거듭남으로 모든 것이 달라졌다. 당신은 하늘의 새로운 아버지를 얻게 되었다. 당신의 새로운 아버지는 저주 가운데 있지 않으시다. 당신의 천부께서는 신경질을 내지도 않으신다. 당신의 새로운 천부께서는 암과 싸우지도 않으시며, 편두통이나 심장병 그리고 당신의 가계에서 '자라난' 그 어떤 질병도 없으시다. 당신의 좋으신 아버지는 모든 저주에서 당신을 해방시키실 것이다.

사람들은 우리에게 부정적인 예언을 할 때가 많다. 부모는 종종 자녀에게 "너는 꼭 네 아빠를 닮았구나. 그래서 신경질을 내는 거야"라고 하거나 "너는 결코 아무 일도 해내지 못할 거야"라고 말한다. 우리는 이와 같은 부정적인 예언들을 예수 그리스도의 이름으로 끊을 수 있다. 이는 저주에 속하는 말들이다. 하나님은 당신을 사랑하시며, 당신을 돌보신다. 그래서 그분은 십자가를 지셨고, 이는 우리의 모든 불안과 두려움 그리고 과거 세대에서 흘러온 모든 저주들을 부수기 위함이다.

하나님은 당신과 내게 좋은 선물을 주시고 싶어 하신다. 야고보서 1장 17절은 우리에게 이렇게 말한다.

온갖 좋은 은사와 온전한 선물이 다 위로부터 빛들의 아버지께로부터 내려오나니 그는

변함도 없으시고 회전하는 그림자도 없으시니라

약속의 땅을 요구하라

우리는 예수님께서 원수가 우리의 삶 가운데 두고 싶어 하는 모든 저주에서 우리를 해방시키기 위해 오셨다는 것을 안다. 로마서 5장 15절과 19절은 아담이 죄와 사망을 가져왔지만, 그리스도께서 그것을 몰아낼 은혜와 생명을 가져오셨다는 사실을 말해 준다.

그러나 이 은사는 그 범죄와 같지 아니하니 곧 한 사람의 범죄를 인하여 많은 사람이 죽었은즉 더욱 하나님의 은혜와 또한 한 사람 예수 그리스도의 은혜로 말미암은 선물은 많은 사람에게 넘쳤느니라 … 한 사람(아담)이 순종하지 아니함으로 많은 사람이 죄인 된 것 같이 한 사람(예수님)이 순종하심으로 많은 사람이 의인이 되리라

그리스도는 사탄이 우리에게서 빼앗아 가려 했던 것을 다시 찾으셨다. 이제는 우리가 원수 마귀가 우리에게서 훔쳐간 삶의 영역들을 다시 가져와야 한다. 이스라엘 백성들은 하나님이 그들에게 약속하신 땅, 가나안으로 갔다. 이 새 땅은 법적으로 그들의 땅이었다. 하나님은 그들에게 분명히 "내가 이 땅을 너희에게 주노라"라고 말씀하셨다. 그러나 그들은 그 땅에 들어가 한 걸음씩 나아가야 했다. 그들은 땅을 밟으며 그것을 요구해야 했다. 여호수아 1장 3절은 이렇게 말한다.

내가 모세에게 말한 바와 같이 너희 발바닥으로 밟는 곳은 모두 내가 너희에게 주었노니

다른 말로 하면 하나님은 여호수아에게 "여호수아야, 이 땅은 네 것이다. 그러나 너는 그 땅에 들어가 그것을 요구해야만 한다. 너는 원수에게서 그 땅을 다시 취해야 한다"라고 말씀하신 것이다. 만일 마귀가 당신의 평화와 기쁨과 건강이나 소망을 훔쳐갔다면, 오늘이야말로 그것을 원수에게 다시 요구해야 하는 날이다!

이스라엘 자녀들은 여리고성에 가서 그 성을 7바퀴 돌았다. 그리고는 고함을 지르자 성벽이 무너졌다. 그 성은 그들의 소유였지만, 그들은 물리적으로 그 안에 들어가 그것을 요구해야만 했다. 당신은 "음, 저는 그리스도인입니다. 이 모든 것이 저절로 일어나지 않나요?"라고 말할지 모르겠다. 법적으로는 당신의 말이 맞다. 그러나 실제적으로 이를 경험하기 위해서, 당신은 안으로 들어가 마귀에게서 도적질당한 구체적인 영역들을 다시 요구해야 한다.

하나님의 말씀을 삶에 적용하라

그리스도인들은 흑암의 세력에서 구원받았으며, 지금은 그리스도의 나라에 들어가 있다(골 1:13). 이 문을 여는 것은 믿음이다. 우리 삶에 질적인 차이를 만들어내는 것도 믿음이다. 여호수아는 믿음의 사람이었다. 그래서 그는 여리고성 주변을 7일 동안 돌았다(수 6:14-15). 믿음의 사람이었던 그는 하나님의 말씀에 순종했고, 주님이 약속하신 유업을 요구했다. 하나님이 말씀하신 것을 믿을 때, 우리는 우울증과 열등감, 불안감, 정신병에 대한 두려움, 질병에서 해방될 것이다. 이 문을 여는 것은 믿음이다. 로마서 5장 17절은 우리에게 분명하게 말한다.

한 사람의 범죄로 말미암아 사망이 그 한 사람을 통하여 왕 노릇 하였은즉 더욱 은혜와

의의 선물을 넘치게 받는 자들은 한 분 예수 그리스도를 통하여 생명 안에서 왕 노릇 하리로다

하나님은 생명 가운데 왕 노릇 하고 그리스도 안에서 승리의 삶을 살게 하시려고 우리를 부르셨다. 만일 내가 당신에게 1,000달러짜리 상품권을 준다 할지라도, 그것을 사용하지 않으면 아무런 가치가 없다. 하나님의 말씀도 마찬가지이다. 영적인 삶에서 승리하려면, 우리는 하나님의 말씀을 통해 그분을 아는 지식을 추구하고 이를 배우고 그 안에서 자라가야만 한다. 하나님의 말씀이 없으면 우리는 성장할 수도, 변화될 수도 없다. 하나님의 말씀은 우리에게 그분께 순종하고 그분과 교제하고자 하는 동기를 부여해 준다. 우리는 하나님의 말씀을 취하여, 이를 우리 삶의 모든 영역에 적용해야 한다. 이는 하나님이 약속하신 온전함을 경험하기 위함이다. 이렇게 함으로써 우리는 마귀가 우리에게서 훔쳐가려 했던 것을 다시 요구할 수 있다. 하나님의 말씀은 마귀를 대적하는 데 있어서 필수 불가결한 무기이다.

구원의 투구와 성령의 검 곧 하나님의 말씀을 가지라 (엡 6:17)

에베소서 6장에서 우리는 그리스도인의 전신갑주에 다양한 요소들이 있다는 것을 알 수 있다. 허리띠, 흉배, 신발, 방패, 투구는 모두 방어를 위한 것이다. 그러나 하나님의 말씀만이 유일한 공격 무기이다. 우리는 삶 가운데 흑암의 권세를 공격하고 그들을 쫓아내기 위해, 하나님의 말씀을 알고 이를 삶에 적용해야 한다.

이는 하루아침에 이뤄질 수도 있고, 그렇지 않을 수도 있다. 하나님은 기적의 하나님이시며 초자연적으로 신속하게 역사하셔서, 삶의 문제들을 바꾸

시거나 고치실 수 있다. 그러나 많은 경우, 그분은 성장과 변화라는 보다 점진적인 과정을 통해 우리를 변화시키신다. 문제 가운데 인내하려면 더 많은 믿음과 덕이 필요하며, 하나님은 우리가 그분의 말씀을 붙들고 극복하길 원하신다.

삶을 지배하는 시련이나 유혹을 극복하기 위해서, 우리는 하나님께 정직하게 우리의 약함을 시인하고 그분을 의지한다는 고백을 해야 한다. 우리가 말씀의 진리를 고백할 때, 믿음이 우리 마음에 세워진다(롬 10:17). 그리고 믿음이 세워지면, 우리는 주님의 온전하심을 경험하기 시작한다.

혀를 조심하라

우리는 말을 조심해야만 한다. 마태복음 12장 34절은 사람이 "마음에 가득한 것을 입으로 말한다"고 말씀한다. 다른 말로 하면 우리는 마음으로 믿으며, 실제로 믿는 바를 말로 드러낸다는 것이다. 또한 성경은 우리가 말로 인하여 심판을 받을 것이라고 말한다.

> 내가 너희에게 이르노니 사람이 무슨 무익한 말을 하든지 심판 날에 이에 대하여 심문을 받으리니 네 말로 의롭다 함을 받고 네 말로 정죄함을 받으리라 (마 12:36-37)

죽고 사는 것이 혀의 권세에 달려 있다(잠 18:21). 말에 따라 우리는 축복이나 저주를 선포할 수 있다. 만일 우리가 계속해서 "나는 아플 거라고 생각해"라고 말한다면, 우리는 삶에 질병의 저주를 선포하는 것일 수 있다. 대신에 우리가 "병이 날 것 같지만, 나는 하나님께서 내가 건강한 사람이 되길 원하신다는 것을 알아. 그래서 나는 그분의 치유를 받을 수 있어"라고 말해야 한다. 믿음의 말을 함으로써 우리는 삶에 축복을 선포한다. 아침에 깰 때, 나는 하나님의 말씀을 고백함으로써 나 자신에게 생명을 선포하는 법을 배웠다. "내게 능력 주시는 자 안에서 내가 모든 것을 할 수 있다. 날 위하여 죽으실 정도로 나를 사랑하신 예수 그리스도를 통해 나는 확실하게 승리할 것이다. 내 안에 계신 이는 세상에 있는 이보다 크시다." 그리고 나는 하루 종일 주님의 축복을 경험한다.

때로 사람들은 "우리 어머니는 유산을 하셨어요. 아마 저도 유산을 할지 몰라요"라고 말한다. 이런 말을 믿으면, 우리는 마귀로 하여금 우리가 말한 대로 행할 수 있도록 문을 열어놓게 된다. 원수는 이런 말을 통해 우리 가운데 두려움을 심고, 우리가 두려워하는 일들이 실제로 일어나게 하려 한다. 욥기 3장 25절은 "내가 두려워하는 그것이 내게 임하고 내가 무서워하는 그것이 내 몸에 미쳤구나"라고 말한다. 우리가 하나님의 말씀을 우리 자신과 주변 사람들에게 선포할 때, 두려움은 파쇄된다. 하나님은 디모데후서 1장 7절에서 "하나님이 우리에게 주신 것은 두려워하는 마음이 아니요 오직 능력과 사랑과 절제하는 마음이니"라고 말씀하신다.

어쩌면 당신은 "마음이 바르면 우리가 무슨 말을 하든 무슨 상관이냐?"라고 말할지도 모르겠다. 장난감 권총을 들고 은행에 들어가서 "1만 달러를 내놓으십시오"라고 말했다고 상상해 보라. 은행원은 권총을 보고 바로 경보를 울릴 것이다. 잠시 후 경찰이 달려오고 당신은 체포된다. 그런데 당신은 "저는 그냥 장난친 건데요. 이건 단지 물총일 뿐이에요. 저는 그저 장난한 거예요. 다른 의도는 없었어요"라고 항변한다. 물론 당신은 그럴 의도가 없었는지 모른다. 그러나 당신은 결국 당신이 한 말과 행동으로 인해 감옥신세를 질 것이다! 동일한 원리가 영적인 세계에도 적용된다. 마귀는 율법주의자다. 그는 우리가 한 말을 그대로 우리에게 사용할 것이다. 그러므로 우리는 말에 특별히 주의해야 한다. 우리는 하나님께서 그분의 말씀 가운데 하신 것들을 입으로 선포해야 한다. 또한 사람들의 삶 가운데 소망을 풀어내고 생명을 주는 말을 해야 한다.

나는 사람들에게 격려의 말을 할 때, 그 말이 그들의 삶을 바꾸는 경우를 자주 보았다. 마귀는 하루 종일 사람들에게 거짓말을 하여 그들로 낙망하고 혼동케 한다. 그러나 몇 마디 격려의 말로 인해 낙담과 혼동의 구름이 걷힌다. 오늘만 해도, 나는 어떤 문제로 고민하던 목사님에게 생명과 축복의 말을 함으로 감사하다는 말을 들었다.

유업을 풀어내라

하나님은 우리에게 삶의 모든 영역에 있어서 온전함과 건강과 승리를 약속하신다.

> 너희가 그리스도의 것이면 곧 아브라함의 자손이요 약속대로 유업을 이을 자니라
> (갈 3:29)

> 성령이 친히 우리의 영과 더불어 우리가 하나님의 자녀인 것을 증언하시나니 (롬 8:16)

예수 그리스도를 믿는 우리는 하나님의 자녀들이다. 하나님은 성령을 통해 우리에게 말씀하시고, 우리가 그분의 약속을 유업으로 받을 자들이라고 말씀하신다. 그분은 아브라함을 축복하시겠다고 말씀하신 하나님이시며, 믿음으로 당신과 나 또한 아브라함의 자녀들이다. 당신은 "만일 내가 정말로 하나님의 후사이면 왜 내가 여전히 두려움이나 혼동 혹은 우울증의 문제와 씨

름하고 있단 말인가?"라고 물을지 모르겠다. 우리는 신약성경이 새로운 언약, 즉 하늘 아버지께서 우리에게 남기신 유언장이라는 것을 기억해야만 한다. 만일 당신의 삼촌이 돌아가시면서 그분의 기업(inheritance)을 당신에게 유산으로 주겠다고 유언했다면, 당신은 그것을 받기 전에 먼저 그 기업을 풀어줄 해당 서류에 서명해야 한다. 영적으로도 해방되기 위해 우리는 하나님이 주신 우리의 기업을 받아야만 한다.

우리는 하나님의 말씀(주님의 유언과 우리의 기업)을 정확히 알고 이에 의거하여 행동할 때, 저주에서 해방된다. 예를 들어, 만일 당신이 오늘 자신이 약하게 느껴진다면 주님이 그분의 말씀 가운데 약속하신 힘을 요구하라. 성경은 "내게 능력 주시는 자 안에서 내가 모든 것을 할 수 있느니라"라고 말한다(빌 4:13). 이 약속을 고백하고 오늘 그분의 능력을 받으라.

어느 날 나는 자동차를 운전하며 도로를 달리고 있었다. 그런데 두려움의 영이 마치 구름처럼 임하여 마비될 정도였다. 즉시 나는 무슨 일이 일어나고 있는지를 깨달았다. 원수는 하나님이 내게 맡기신 일을 하기보다는 오히려 두려움을 따라 살도록 유혹한 것이다. 나는 담대하게 "예수의 이름으로 내가 이 두려움의 영을 버리며 떠나갈 것을 명하노라"고 말했다. 그러자 무슨 일이 일어났는지 맞춰보라. 즉시 두려움이 떠났다! 우리가 마귀를 대적하면 그는 도망가야만 한다!(약 4:7)

몇 년 전에 유럽에 갔을 때, 친구 집에 머물 때도 비슷한 두려움의 영을 경험했다. 내가 예수의 이름으로 대적하자 두려움의 영은 다시 한 번 떠나야 했다. 예수 그리스도는 우리를 위해 저주가 되셨다. 그러므로 우리는 두려움의 영이나 마귀가 우리를 대적하기 위해 가하는 어떤 고통도 참아서는 안 된다. 우리를 해방시키기 위해 오신 예수 그리스도 안에서 우리는 모든 것을 누릴 수 있다.

Chapter 18 원수가 훔쳐간 것 되찾기

묵상을 위한 질문

1. 예수 그리스도와 맺은 언약은 무엇을 의지하는가?

2. 당신이 승리하지 못하는 것처럼 보이는 삶의 특정 영역에서 마귀의 거짓말에 속고 있지는 않는가? 이에 대해 당신이 할 수 있는 것은 무엇인가?

3. 당신이 하는 말들이 어떻게 당신을 정죄할 수 있는가? 구체적인 예를 들어보라.

4. 우리의 기업이 무엇인지 깨달았을 때, 이것을 어떻게 풀어내는가? 빌립보서 4장 13절을 큰 소리로 선포하라.

예수의 이름으로 자유하기

자유로운 영성

이번 장과 다음 장에서, 우리는 예수 그리스도를 믿는 자로서 경험할 수 있는 자유의 7가지 영역을 살펴볼 것이다. 먼저 영적 자유를 살펴보자. 요한 일서 1장 9절은 이렇게 말한다.

> 만일 우리가 우리 죄를 자백하면 그는 미쁘시고 의로우사 우리 죄를 사하시며 우리를 모든 불의에서 깨끗하게 하실 것이요

우리가 삶을 예수님께 드리고 나면 마귀는 우리가 정말 구원받은 것이 아니라고 말함으로써 영적으로 우리를 마비시키려 할지도 모른다. 그는 거짓말쟁이다! 성경은 로마서 8장 1-2절에서 이렇게 말한다. "그러므로 이제 그리스도 예수 안에 있는 자에게는 결코 정죄함이 없나니 이는 그리스도 예수 안에 있는 생명의 성령의 법이 죄와 사망의 법에서 너를 해방하였음이라." 그리스도 안에 있는 자들에게는 결코 정죄함이 없다. 그리고 하나님의 책망과 원

수의 정죄 사이에는 큰 차이가 있다는 것을 기억하라. 하나님의 책망은 언제나 소망을 가져다준다. 그러나 마귀의 정죄는 낙망을 가져다준다.

성경은 우리에게 "하나님은 무질서의 하나님이 아니시요 오직 화평의 하나님"이라고 말한다(고전 14:33). 만일 당신의 마음을 주님께 드렸는데도 여전히 영적으로 삶 가운데 의심과 혼동을 경험하고 있다면, 그것은 하나님에게서 온 것이 아니다. 마귀는 혼동과 정죄의 주동자이다. 예수님께서는 이러한 저주를 끊기 위해 이미 값을 치르셨다. 삶을 예수님께 드린 후, 나는 심각한 죄책감에 시달린 시절이 있다. 그로 인해 지친 어느 날, 나는 요한일서 1장 9절을 펴서 읽은 후 마귀에게 선포했다. "나는 내 감정과 느낌을 믿는 대신 하나님의 말씀을 믿노라!" 그 순간 무슨 일이 났는지 아는가? 나는 자유롭게 되었다. 나중에 나는 원수가 나에게 저주를 걸어 놓았다는 것을 깨달았다. 거짓 죄책감의 저주는 나를 우울증과 혼동 그리고 좌절 가운데로 밀어 넣으려 했지만, 그날 밤 그 저주는 예수의 이름으로 끊어졌다.

한 농부의 이야기가 생각난다. 그는 삶 가운데 거짓된 죄책감, 혼동과 싸우고 있었다. 그는 자신이 구원받았다는 것을 확신할 수 없었다. 마침내 그는 창고 뒤로 가서 커다란 말뚝을 취하여 그것을 망치로 땅에 박았다. 그리고는 "예수님, 당신은 저의 인생의 주인이십니다"라고 고백했다. 그는 예수님께서 죽은 자 가운데 살아나신 것을 마음으로 믿었다(롬 10:9). 그리고 그는 담대하게 선언했다. "이 말뚝이 있는 바로 이 자리에서 저는 하나님께 저의 삶을 완전히 드렸습니다. 다음번에 마귀가 또다시 거짓말을 하면 저는 증거가 되는 이곳 말뚝 앞으로 올 것입니다. 지금 이 순간부터 저는 제가 구원받았다는 것을 확신할 것입니다!" 그는 어떻게 그것을 확신할 수 있었는가? 왜냐하면 거짓 죄책감의 저주와 혼동이 예수 그리스도로 말미암아 끊어졌다는 것을 알았기 때문이다. 그는 진리인 하나님의 말씀을 믿기로 결단했다. 그날 이후로 그의 삶은 완전히 달라졌다.

질병으로부터의 자유

자유의 두 번째 영역은 질병으로부터의 자유이다. 신체적 치유는 그리스도의 몸인 교회 안에서 종종 논쟁거리가 되곤 한다. 먼저 성경이 이에 대해 어떻게 이야기하는지 보자. 마태복음 8장 16-17은 우리에게 이렇게 말한다.

> 저물매 사람들이 귀신 들린 자를 많이 데리고 예수께 오거늘 예수께서 말씀으로 귀신
> 들을 쫓아 내시고 병든 자들을 다 고치시니 이는 선지자 이사야를 통하여 하신 말씀에
> 우리의 연약한 것을 친히 담당하시고 병을 짊어지셨도다 함을 이루려 하심이더라

신약성경에 따르면 당신과 내가 고침을 받고 건강하게 되는 것은 하나님의 뜻이다. 예수 그리스도께서 2,000년 전에 십자가를 지심으로, 우리에게 죄 대신 용서를, 죽음 대신 영원한 부활의 생명을, 질병 대신 치유를 주셨다. 또한 저주에서의 자유에는 신체적 치유도 포함된다.

예수님은 치유를 위해 그분께 오는 사람들을 고쳐 주셨다. 마태복음 8장은 병자들이 찾아왔을 때, 주님께서 그들을 고쳐 주셨다고 말한다. 주님은 구약성경 이사야 53장 4-5절의 예언을 성취하셨다. "그는 실로 우리의 질고를 지고 … 그가 채찍에 맞으므로 우리는 나음을 받았도다." 베드로전서 2장 24절은 이와 비슷한 말을 한다. "친히 나무에 달려 그 몸으로 우리 죄를 담당하셨으니 이는 우리로 죄에 대하여 죽고 의에 대하여 살게 하려 하심이라 그가 채찍에 맞음으로 너희는 나음을 얻었나니."

안식일에 예수님께서 한 회당에서 가르치실 때, 주님은 질병의 영으로 인

해 불구가 된 한 여인을 앞으로 불러내셨다. 여기서 주의해야 할 것은 예수님께서 많은 질병을 고치셨지만, 모든 질병이 귀신으로 인한 것은 아니었다는 점이다. 그러나 이 경우에 질병의 원인은 귀신이었다. 예수님께서 그녀에게 안수하시자 꼬부라진 몸이 즉시 펴졌으며, 여인은 하나님께 영광을 돌렸다(눅 13:13). 이 일로 회당장은 몹시 분개했다. 그는 이런 일에 익숙하지 않았다. 때로 종교적인 사람들은 우리가 질병의 저주에서 해방될 수 있다는 사실을 믿기 어려워한다. 그러나 그럼에도 불구하고 이것은 부인할 수 없는 일이다. 예수 그리스도께서 그 여인을 자유케 하신 것이다. 이와 동일한 일이 오늘날에도 일어날 수 있다. 성경은 예수 그리스도께서는 어제나 오늘이나 영원토록 동일하시다고 말한다(히 13:8).

편두통과 암, 심장병을 비롯한 모든 질병은 예수 그리스도를 통해 십자가에 달렸다. 우리는 하나님의 말씀을 진지하게 취하고 눈에 보이는 몸의 증상 대신 하나님의 말씀을 믿어야 한다. 우리는 삶 가운데 주님의 임재를 구하고, 하나님의 말씀에 깊이 잠기며, 기적을 기대해야 한다(마 7:8, 19:26).

앞부분에서 언급한 것처럼 나는 어려서부터 심장에 문제가 있었다. 그러나 예수 그리스도를 주님으로 안 후, 얼마 안 되어 의사는 나의 병이 완전히 치유되었다고 진단했다. 하나님의 은혜로 나는 지금까지 심장질환에서 완전히 자유하다. 예수 그리스도는 어제나 오늘이나 영원토록 동일하신 우리의 치유자이시다.

치유의 장애물들

때로 사람들은 "저는 예수님께서 영적으로 치유하신다는 것을 알지만, 그분이 육신까지 치유하신다는 것에 대해서는 확신이 서지 않습니다"라고 말한다. 그러나 변치 않는 진리는, 하나님께서 우리의 영과 육을 모두 축복하길 원하신다는 것이다.

얼마 전 레스토랑을 운영하는 한 친구가 우리 가족에게 식사를 대접했다. 그는 메뉴 중 원하는 것은 어떤 것이든 공짜로 먹을 수 있다고 말했다. 나에게는 선택할 권한이 있었다. 원래는 공짜 음식을 먹을 자격이 없지만, 그곳이 친구가 경영하는 곳이기 때문에 돈을 낼 필요가 없었다. 메뉴에 있는 온갖 산해진미를 보고 '너무 많은 걸 요구하고 싶지 않아. 친구를 이용하고 싶지도 않고 말이야'라고 생각할 수도 있다. 그러나 내가 이런 식으로 반응하면 친구는 크게 실망할 것이다. 그리고 얼마든지 누릴 수 있는 축복을 스스로 제한하는 것은 교만한 행동이 될 것이다. 나는 주님께서도 이와 동일하게 반응하신다고 믿는다. 하나님의 독자이신 예수 그리스도께서 십자가를 지신 것은, 당신과 내가 그분이 주신 온전함이라는 소중한 선물을 마음껏 누리게 하기 위함이었다. 주님은 이미 청구서 대금을 모두 지불해 주셨다!

예수 그리스도께서는 모든 저주에서 당신과 나를 해방시키시기 위해 오셨다. 그 저주에는 질병과 온갖 종류의 신체적 연약함이 들어 있다. 내 친구 중 류머티즘열이 기적적으로 치유된 자가 있다. 그의 부모님은 하나님의 말씀을 신뢰하기로 결정했고, 그 결과 아들이 치유되는 것을 목도했다. 그가 극심한 열로 괴로워할 때에도, 그들은 눈에 보이는 증상 대신 하나님의 말씀을 믿기로 선택했다. 그리고 결국 그는 고침을 받았다! 예수 그리스도께서 오셔서 내 친구를 질병의 저주에서 해방시키셨다. 성경은 이렇게 말한다.

> 내 영혼아 여호와를 송축하며 그의 모든 은택을 잊지 말지어다 그가 네 모든 죄악을 사하시며 네 모든 병을 고치시며 (시 103:2-3)

하나님은 우리의 모든 질병을 치유하길 원하신다. 하지만 우리 삶에는 하나님의 거룩한 치료를 방해하는 여러 장애물이 있다. 예를 들면, 고백하지 않은 죄(약 5:16), 귀신의 억압이나 묶임(눅 13:11-13), 두려움이나 심한 불안(잠 3:5-8, 빌 4:6-7), 현재의 믿음을 갉아먹는 과거의 실패와 그로 인한 실망감(막 5:26, 요 5:5-7), 비성경적 가르침(막 3:1-5, 7:13), 믿음의 기도를 드리지 못하는 지도자들(막 11:22-24, 약 5:14-16), 하나님이 뜻하신 대로 능력(miracles)과 병 고치는 은사를 구하고 얻지 못하는 교회(행 4:29-30, 6:8, 8:5-6, 고전 12:9-10, 29-31, 히 2:3-4), 불신(막 6:3-6, 9:19, 23-24), 자기중심적인 행동(고전 11:29-30) 등이 그것이다. 때로 경건한 사람의 경우에 신체의 질병이 계속해서 떠나가지 않는 이유가 분명치 않을 때가 있다(갈 4:13, 딤전 5:23, 딤후 4:20). 또 어떤 경우에 하나님은 사랑하시는 성도들이 투병하는 동안에 천국으로 데려가시기도 한다(왕하 13:14).[1]

만일 치유를 위한 기도가 응답되지 않아도 우리는 포기할 수 없다. 우리는 치유가 즉각 일어날 때에도 기뻐하고, 전혀 치유가 일어나지 않을 때에도 기뻐해야 한다(빌 4:4). 하나님은 결코 우리를 버리시거나 잊지 않겠다고 약속하신다. 때로 우리를 향한 하나님의 뜻을 이해할 수 없지만, 더 큰 유익을 주시기 위함일 때가 있다.

만일 주님께서 우리가 병원에 가길 원하신다고 믿으면, 병원에 가는 것은 정말 문제될 것이 없는 일이다. 그러나 먼저 우리의 위대한 의사이신 주님께로 가자! 의학의 능력은 제한적이지만, 하나님과 그분의 말씀의 능력은 제한이 없다! 결국 병을 고쳐 주시는 분은 언제나 우리의 위대한 의사이신 예수님이시다.

우리는 신앙생활 가운데 하나님의 말씀에 명시된 약속들을 살아내고, 주님의 유업의 약속을 삶에 적용하는 법을 배우는 중이다. 따라서 비록 기대한 결과들을 보지 못한다 할지라도, 우리는 하나님께서 말씀하신 것에 따라 살아갈 것을 선택해야 한다. 때로 하나님은 우리가 참으로 그분을 경외하는지, 안 하는지 보시기 위해 마음을 시험하신다. 그분은 독자 이삭을 제물로 바치게 하심으로 아브라함을 시험하셨다(창 22:1-18). 욥도 시험을 받았지만 결국 그는 번성했다(욥 42:10). 하나님은 우리를 자유케 하길 원하신다. 하지만 또한 그분은 우리가 언약이 주는 축복보다 그분을 더 사랑한다는 것을 확인하고 싶어 하신다.

하나님은 우리가 함께 온전함과 승리 가운데 행하도록 교회를 이끄신다. 그리고 그 가운데 하나님의 말씀을 삶에 적용하면서 계속해서 성장해 간다. 때로 우리는 교회 장로들을 불러서 우리를 위해 기도하고 기름을 바르도록 청하는 것과 같은 구체적인 행동을 취해야 할 때가 있다.

> 너희 중에 병든 자가 있느냐 그는 교회의 장로들을 청할 것이요 그들은 주의 이름으로 기름을 바르며 그를 위하여 기도할지니라 믿음의 기도는 병든 자를 구원하리니 주께서 그를 일으키시리라 혹시 죄를 범하였을지라도 사하심을 받으리라 (약 5:14-15)

하나님은 만일 우리가 이처럼 성경의 명령에 순종하면 주님께서 우리를 일으켜 주신다고, 즉 믿음의 기도를 통해 우리를 고치시고 온전케 해주시겠다고 약속하신다.

고통스러운 기억에서 자유하기

많은 그리스도인들이 주님과 더 깊고 친밀한 관계를 갈망한다. 그러나 그들은 계속해서 두려움과 상처로 가득한 기억들 때문에 몸부림을 치지만 해방되지 못한다. 감정적으로 불구가 된 그들은 고통스러운 기억과 상처에서 해방되어야 한다. 우리의 마음이 아픈 것은 하나님의 뜻이 아니다. 누가복음 4장 18-19에 따르면 그분은 우리를 감정적으로 치유하길 원하신다.

> 주의 성령이 내게 임하셨으니 이는 가난한 자에게 복음을 전하게 하시려고 내게 기름을 부으시고 나를 보내사 포로된 자에게 자유를, 눈먼 자에게 다시 보게 함을 전파하며 눌린 자를 자유롭게 하고 주의 은혜의 해를 전파하게 하려 하심이라 하였더라

어느 날 한 청년과 그의 약혼녀가 결혼 전 예비부부 상담을 받으러 왔다. 그는 살면서 마음에 많은 상처를 입었다. 하나의 예로, 그의 아버지는 자신의 결혼생활에 대한 책임을 아들에게 돌렸다. 그가 혼전 관계를 통해 임신이 되어 태어났기 때문이었다. 그 일로 그는 매우 아파했고, 행복한 가정을 이루기 위해 치유가 필요했다. 내가 아버지를 용서할 의향이 있는지 묻자, 그는 그러고 싶다고 했다. 나는 그에게 안수하고, 성장하면서 받았던 고통스러운 기억에서 치유되도록 기도했다. 몇 달 후, 그 청년은 멋진 결혼식을 올렸다. 물론 그의 아버지도 결혼식에 참여했으며, 두 사람 사이에 더 이상 벽은 없었다. 하나님께서는 그렇게 그를 고치셨다. 고통도 사라졌다. 하나님은 초자연적으로 그를 고치셨다. 왜냐하면 예수 그리스도께서 2,000년 전에 십자가에서 그 고통을 대신 지셨기 때문이었다. 예수 그리스도께서는 그를 위해 저주를 당하셨다.

감정적인 치유를 설명하기 위해 가끔 '내적 치유'란 말이 사용된다. 내적 치유를 받는다는 것은 거짓으로 가득한 기억이나 깨어진 마음이 고침을 받는다는 의미이다. 때로 현재의 감정적 고통은 기억 자체보다는 기억 속에 각인된 잘못된 해석(거짓말)에서 오기도 한다. 예를 들어 근친상간의 희생자가 수치감을 느끼는 것은, 그녀가 당한 성추행 때문이 아니라 그것이 그녀의 잘못

(거짓말)이라고 믿기 때문이다. 그러나 그 거짓말이 드러나면 그녀는 마침내 자유를 얻는다!

내적 치유나 기억 치유는 오늘날 그리스도의 몸에 있어서 매우 타당한 사역이다. 만일 누군가가 상처를 줘서 계속해서 그 상처와 사건에 대한 기억들을 품고 있다면, 우리는 감정적으로 치유를 받아야 한다. 우리는 온전해질 수 있다! 예수님은 우리를 고치시고, 그분의 이름으로 우리를 해방시키길 원하신다.

기억 치유는 문제의 사건을 우리가 더 이상 기억하지 않는 것이 아니다. 사건을 기억할 수도 있지만, 그 고통이 우리에게 진리를 계시하시는 예수님을 통해 치료되는 것이 기억 치유다. 혹시라도 과거를 회상하더라도 우리를 치료하신 하나님과 그분의 은혜, 그리고 계속 전진할 수 있는 힘을 주신 것을 찬양할 수 있다.

용서하라, 용서하라, 용서하라!

우리는 치유와 자유함에 대한 중요한 성경적 열쇠를 마태복음 6장 14-15절에서 발견할 수 있다.

> 너희가 사람의 잘못을 용서하면 너희 하늘 아버지께서도 너희 잘못을 용서하시려니와 너희가 사람의 잘못을 용서하지 아니하면 너희 아버지께서도 너희 잘못을 용서하지 아니하시리라

이것은 매우 중요하다! 우리에게 상처를 준 사람들을 용서할 때, 하나님께서 우리를 온전히 치유하실 수 있다. 마태복음 18장에서 예수님은 왕에게

백만 달러 빚진 종을 비유로 말씀하신다. 그가 빚을 갚을 수 있는 시간을 달라고 애원했을 때, 왕은 그를 불쌍히 여겨 그의 모든 빚을 탕감해 준다. 그런 뒤 밖으로 나간 그 종은 자기에게 2천 달러 빚진 동료를 만난다. 그는 그의 멱살을 잡으며 당장 빚을 갚으라고 요구했다. 그의 동료는 좀 더 시간을 달라고 간청했지만, 빚을 탕감 받은 종은 그의 부탁을 거절하고 그를 감옥에 넣었다. 이 소식을 들은 왕은 바로 그 종을 불러들였다. "나는 너에게 백만 달러를 탕감해 주었다. 그런데 너는 몇 천 달러 빚진 자를 용서할 수 없더냐? 나는 너에게 자비를 베풀었는데, 은혜를 입은 너는 다른 사람에게 자비를 보일 수 없더냐?" 그런 뒤에 성경은 흥미로운 선언을 한다.

> 주인이 노하여 그 빚을 다 갚도록 저를 옥졸들에게 넘기니라 너희가 각각 마음으로부터 형제를 용서하지 아니하면 나의 하늘 아버지께서도 너희에게 이와 같이 하시리라
>
> (마 18:34-35)

왕은 종이 다른 이에게 용서와 자비를 베풀지 않았기 때문에 그를 감옥에 넣었다. 예수님께서는 만일 우리가 우리에게 상처를 주거나 손해를 끼치는 사람을 용서하지 않으면, 하나님도 우리를 옥졸, 즉 지옥의 귀신들에게 넘기실 것이라고 말씀하신다. 심지어 그리스도인들도 때로는 혼동과 좌절 그리고 우울증 등으로 고통을 받을 수 있다. 이런 것들은 우리가 용서하길 선택하지 않으면 지옥의 귀신들이 가져다주는 것들이다. 이처럼 우리가 누군가를 용서하지 않으면 마귀에게 문을 활짝 열어놓게 된다.

나는 방금 르완다에서 돌아왔다. 1994년, 이 나라에서 거의 백만 명의 사람들이 인종대학살로 희생되었다. 사랑하는 가족을 잃어버린 자들의 고통은 너무도 컸다. 그러나 그들은 치유와 자유를 위해 자기의 가족을 살인한

그들을 용서해야 한다는 것을 깨달았다. 그리스도를 믿은 이 신자들은 현재 자유를 누리고 있다. 심지어 어떤 이들은 감옥까지 찾아가서 자기 가족을 죽인 자들에게 그리스도를 전하고 있다. 용서가 그들을 자유케 만든 것이다.

우리에게 상처를 준 자를 용서하는 것이 자유케 되는 첫 번째 단계이다. 그럴 마음이 전혀 내키지 않을 수도 있지만, 하나님이 우리를 용서하셨기 때문에 우리도 예수님의 이름으로 다른 이들을 용서해야 한다. 우리가 하나님의 말씀에 순종하고 믿음 안에서 진심어린 마음으로 용서할 때, 하나님은 감정적 치유를 주실 것이다.

온전히 용서하라

우리에게 상처를 준 사람을 용서함과 더불어, 우리는 하나님께서 그 사람을 용서해 주시도록 간구해야 한다. 하나님의 용서를 구하는 것은 용서에 있어서 두 번째로 중요한 단계로, 이는 우리가 자유함을 얻기 위해 취하는 것이다. 스데반이 돌에 맞았을 때에 그는 "아버지, 이 죄를 그들에게 돌리지 마옵소서"라고 말했다(행 7:60). 십자가 위에서 예수님은 "아버지 저들을 사하여 주옵소서 자기들이 하는 것을 알지 못함이니이다"라고 말씀하셨다(눅 23:34).

용서의 세 번째 단계는, 하나님께 우리의 죄를 숨기기 위해 취한 잘못된 모든 태도나 시도를 용서해 달라고 간구하는 것이다. 잠언 28장 13절은 "자기의 죄를 숨기는 자는 형통하지 못하나 죄를 자복하고 버리는 자는 불쌍히 여김을 받으리라"고 말한다. 형통이란 단어는 '속박을 끊는다'는 뜻이다.2) 만일 우리가 죄를 숨기고 이에 대해 정직하지 않으면, 우리는 삶 가운데서 속박을 끊고 벗어날 수 없다. 우리가 잘못된 태도를 하나님께 고쳐 달라고 구하지 않으면, 그 영역 안에서 우리는 형통할 수 없다.

네 번째 단계는 우리의 잘못을 누군가에게 고백하고 하나님이 우리를 치유하시도록 기도를 부탁하는 것이다. 성경은 야고보서 5장 16절에서 이렇게 말한다. "그러므로 너희 죄를 서로 고백하며 병 낫기를 위하여 서로 기도하라 의인의 간구는 역사하는 힘이 큼이니라."

감정적 치유를 위해 누군가에게 안수기도를 해 달라고 부탁하라. 그래서 지역 교회 안에서 그리스도의 몸의 지체들과 연결되는 것이 중요하다. 다른 신자들과 교제할 때, 당신을 위해 기도해 달라고 부탁할 정도로 신뢰할 수 있는 사람을 보여 달라고 주님께 간구하라. 주님은 당신을 고치길 원하시며, 예수의 이름으로 당신을 저주에서 해방시키길 원하신다.

나치 포로수용소에서 수감생활을 한 코리 텐 붐의 이야기는 《은신처》(The Hiding Place)라는 책과 영화의 모티브가 되었다. 그녀는 많은 경우에 의지적으로 용서를 선택했다. 레이 프리차드 박사의 설교에 소개된 다음의 이야기를 들어 보라.

> *코리 텐 붐은 그녀의 저서에서 자기에게 공개적으로 모욕을 준 그리스도인 친구들에 대해 이야기한다. 그 일로 그녀는 며칠 동안 억울했고 화가 났지만, 결국 그들을 용서했다. 그러나 한밤에 잠에서 깨어 그들이 행한 것을 생각하자 다시 화가 났다. 그 기억은 사라지지 않을 것 같았다. 2주 동안 제대로 잠을 자지 못해 자신의 좌절과 괴로움을 한 루터교 목사님에게 고백함으로 그녀는 그 문제에 대한 실질적인 도움을 받을 수 있었다. 그는 그녀에게 말했다. "코리 자매님, 교회 종탑에 밧줄을 당기면 울리는 종이 있습니다. 교회 관리인이 그 밧줄을 당기면 '땡땡'하고 종이 울립니다. 만일 그가 밧줄을 다시 당기지 않으면 무슨 일이 일어날까요? 종소리는 서서히 사라지죠. 용서도 이와 같습니다. 우리가 누군가를 용서하면, 이것은 밧줄에서 손을 놓는 것과 같습니다. 그러나 우리가

꽤 오랫동안 분노를 붙들고 있었다면, 과거에 대한 안 좋은 생각들이 일시적으로 떠오르는 것에 놀라지 말아야 합니다. 그것은 과거의 종소리가 잦아들면서 나는 소리에 지나지 않습니다."3)

당신이 주님께 치유해 달라고 간구할 때, 마귀는 과거의 상처와 고통을 다시 반복해서 생각하게 하려 할지도 모른다. 이때야말로 당신이 강하게 "예수의 이름으로 나는 주님께서 나의 고통을 십자가에서 지셨다는 것을 안다"라고 말해야 할 때이다. 당신이 이 진리를 선포하고 초점을 고통 대신 치유자이신 예수님께 맞출 때, 상처받은 감정은 사라질 것이다. 교회당의 종이 처음에는 크게 울리지만 점점 소리가 작아지듯, 상처의 기억들도 예수님께서 당신을 고치셨다는 진리를 선포할 때 점점 더 작아진다. 얼마 안 가서 당신은 마귀가 더 이상 이 부분에 대해 괴롭힐 수 없는 위치에 도달하게 될 것이다. 당신은 완전한 치유를 받게 될 것이다.

자유케 되어 건강한 마음을 갖게 되다

우리는 극도의 스트레스를 받는 시대에 살고 있다. 많은 이들이 정신적 고뇌에 직면해 있다. 예수님은 이러한 마음의 저주에서 우리를 해방시키기 위해 오셨다. 이런 저주는 온전치 못한 두려움에 그 뿌리를 두고 있다. 성경은 디모데후서 1장 7절에서 이렇게 말한다.

하나님이 우리에게 주신 것은 두려워하는 마음이 아니요 오직 능력과 사랑과 절제하는 (sound) 마음이니 당신의 인생을 향하신 하나님의 목적은 당신이 건강한(sound) 마음을 갖는 것이다. 아마도 당신의 조상들에게 일종의 정신적 문제가 있었을 수도 있다. 그러나 하나님은 예수의 이름으로 당신이 그러한 저주에서 해방될 수 있다고 말씀하신다. 성장하면서 나는 우리 부모님의 가족 중 몇몇 분에게 정신 병력이 있다는 것을 알게 되었다. 나는 한때 그들처럼 정신병 때문에 병원에서 일생을 보내야 하는 게 아닌가 하며 두려워했다. 그러던 어느 날, 나는 정신병을 두려워할 필요가 없다는 것을 깨달았다. 왜냐하면 예수 그리스도께서 우리를 위해 대신 저주를 당하셨기 때문이다. 하나님의 은혜로 나는 이러한 저주에서 해방되었다.

우리 모두를 향하신 주님의 뜻은 우리가 마음의 평화를 누리는 것이다. 이사야서 26장 3절은 이렇게 말한다.

> 주께서 심지가 견고한 자를 평강하고 평강하도록 지키시리니 이는 그가 주를 신뢰함이니이다

예수의 이름으로 저주에서 해방되었기 때문에, 주님은 나를 정신질환에 대한 두려움에서 구원해 주셨다. 우리는 좋으신 하나님을 섬긴다! 우리는 그분을 신뢰할 수 있다. 우리가 계속해서 모든 평화의 주관자이신 하늘 아버지께 초점을 맞출 때, 그분은 우리에게 완전한 평화를 주겠다고 약속하셨다(고전 14:33).

당신과 나는 예수 그리스도를 믿음으로 말미암아 완전히 새로운 가족에 속하게 되었다. 그것은 하나님의 가족이다. 우리는 완전히 새로운 하나님의 가문의 일원이 되었다. 우리의 새로운 하늘 아버지는 정신적인 문제가 전혀 없으시다.

우리는 예수의 이름으로 삶을 지배하는 모든 저주를 끊어야만 한다. 하나님의 은혜로 나는 예수의 이름으로 내 삶을 지배하는 모든 저주를 끊었다. 나는 자유자이다! 오늘은 당신의 자유의 날이다. 오늘은 당신의 삶을 지배하는 모든 저주가 예수의 이름으로 완전히 끊기는 날이다.

예수님의 이름으로 자유하기

묵상을 위한 질문

1. 베드로전서 2장 24절의 말씀에서 '우리' 대신 당신의 이름을 넣어 보라. 하나님께서 당신이 모든 질병에서 자유롭게 되길 원하신다는 사실을 믿는가?

2. 성경의 모든 약속을 받은 후사인 당신은 왜 당신이 받은 모든 약속을 취하지 않는가? 치유를 위한 기도가 응답되지 않는다면 어떻게 해야 하는가? (빌 4:4)

3. 과거의 상처에 대한 아픈 기억들이 있는가? 당신은 왜 그 상처를 끊고 자유롭게 될 수 없다고 생각하는가?

4. 항상 두려움과 스트레스와 걱정에 싸여 있다면, 디모데후서 1장 7절의 말씀이 그 해결책을 제시한다. 해결책은 무엇인가?

Chapter 20
당신도 완전히 자유할 수 있다

재정적 자유

19장에서 우리는 우리 존재의 모든 면에서 저주로부터 구속함을 받았다는 것을 배웠다. 저주는 아직도 세상에 존재하지만, 그리스도인인 우리에게는 더 이상 권리가 없다. 우리는 저주에서 구속함을 받았다. 예수의 보혈이 우리의 영적·신체적·감정적·정신적 영역에서 저주를 제거했다.

우리가 경험할 수 있는 자유의 다섯 번째 영역은 재정적 자유이다. 고린도후서 8장 9절은 "우리 주 예수 그리스도의 은혜를 너희가 알거니와 부요하신 이로서 너희를 위하여 가난하게 되심은 그의 가난함으로 말미암아 너희를 부요하게 하려 하심이라"라고 말한다. 하나님은 재정을 포함한 모든 면에서 우리를 형통케 하길 원하신다. 그러므로 우리는 예수님의 복음이 온 세상에 전파되도록 재정을 드릴 수 있다. 어떤 사람들은 가난한 것이 곧 경건한 것이라고 생각한다. 그러나 그들이 놓치고 있는 것은 가난이 저주의 한 부분이라는 사실이다. 만일 가난이 경건한 것이라면, 우리는 결코 가난한 자에게 돈을 줘서는 안 될 것이다. 그럴 경우 우리는 그들이 경건하게 사는 것을 방해하게 되기 때문이다.

　현재 당신이 재정문제로 힘들어 한다면, 당신에게 좋은 소식이 있다. 당신은 가난할 필요가 없다. 하나님은 당신이 형통하길 원하신다. 하나님은 당신을 축복하고 당신에게 소망을 주길 원하신다. 어떤 사람들은 돈이 악의 뿌리라고 생각한다. 그러나 성경은 그렇게 말하지 않는다. 디모데전서 6장 10절은 '돈을 사랑함'이 악의 뿌리라고 말한다. 만일 우리가 하나님보다 돈을 더 사랑한다면 그것은 우상숭배이며, 그로 인해 우리는 하나님에게서 멀어질 것이다.

　번영과 물질적인 풍요로움이 결코 우리를 행복하게 만들어주지 못한다는 사실을 기억하는 것은 현명한 일이다. 오직 예수님만이 우리에게 만족감과 풍성한 생명을 주실 수 있다. 동시에 주님은 우리를 축복해 주길 원하신다. 하나님은 우리가 형통하길 원하시는데, 이는 우리로 가족과 교회 그리고 가난한 자들에게 나눠주고 온 세상에 그분의 나라가 세워지는 것을 보시기 위함이다.

　한 여인이 있었는데, 그녀의 가정은 재정적으로 심각한 문제가 있었다. 남편과 아들이 모두 실업자였던 그녀는 도움을 구하러 목사님을 찾아갔다. 목사님은 그녀에게 "갈라디아서 3장 13절을 읽어야 합니다"라고 말했다. 그는 성경을 펴서 그 구절을 읽어 주었다. "그리스도께서 우리를 위하여 저주를 받은 바 되사 율법의 저주에서 우리를 속량하셨으니 기록된 바 나무에 달린 자마다 저주 아래에 있는 자라 하였음이라."

　그는 "예수 그리스도께서는 당신을 위해 저주를 받으셨습니다"라고 그녀에게 설명했다. "그러므로 당신은 재정적으로 자유케 될 수 있습니다." 날마다 조언과 지혜를 구하러 왔지만, 그녀는 그의 말을 진심으로 들으려 하지 않았다.

　목사님의 조언을 구한 지 약 1년 뒤, 그녀가 목사님의 사무실로 찾아가 말했다. "무슨 일이 일어났는지 맞춰 보세요. 저는 마침내 성공했어요. 어느 날 저는 성경을 읽다가 하나님으로부터 계시를 받았습니다. 그것은 갈라디아서 3장 13절이었습니다." 그것은 목사님이 계속 반복해서 그녀에게 전했던 바로 그 말씀이었지만, 이번에는 그녀가 직접 하나님에게서 계시를 받았다. "저에게 일어난 이야기를 말씀드릴게요. 저는 하나님께서 저를 형통케 하시길 원하신다는 것을 깨달았습니다. 이 가난은 내 삶을 지배하는 저주였습니다. 그래서 저는 나가서 레스토랑에서 일자리를 얻었습니다. 주님의 기쁨이 내 삶에 있었고, 저는 재정적 저주가 끊어졌다는 것을 알았습니다. 결국 저는 그 레스토랑을 매입했어요." 하나님의 은총이 그녀에게 임하여 오늘날 그녀는 성공한 여인이 되었다. 실제로 그녀의 레스토랑에 흐르는 경건한 분위기 때문에, 한번 그곳을 찾은 사람들은 어김없이 다시 방문했다. 에베소서 4장 28절에서 성경은 우리에게 이렇게 말한다.

> 도둑질하는 자는 다시 도둑질하지 말고 돌이켜 가난한 자에게 구제할 수 있도록 자기 손으로 수고하여 선한 일을 하라

예수님은 우리가 다른 사람들에게 나눌 수 있을 정도로 우리를 축복하기 원하신다. 자유와 기쁨의 태도로 일할 때, 우리는 주님의 축복을 경험할 것이다. 저주는 끊어졌다. 당신이 순종할 때, 주님은 당신을 형통케 하시다.

사회적 자유

저주로부터 자유케 되어야 할 여섯 번째 영역은 사회적 자유이다. 하나님은 우리가 삶의 모든 영역에서 성공을 거두길 원하시며, 여기에는 우리가 사회적으로 사람들과 관계를 맺는 방식도 포함된다. 성장과정 중 나는 열등감 때문에 사람들의 눈을 쳐다보는 것이 어려운 시기가 있었다. 그것은 끊어

져야 할 저주였다. 하나님의 은혜로 현재 나는 사람들을 만나는 것을 좋아한다. 사람들을 쳐다보길 두려워하는 저주는 예수의 이름으로 사라졌다! 성경에 따르면 사람을 두려워하는 것은 함정이다! 그러나 우리가 진정으로 주님을 신뢰할 때, 관계 가운데서 평안할 수 있다.

> 사람을 두려워하면 올무에 걸리게 되거니와 여호와를 의지하는 자는 안전하리라
> (잠 29:25)

예수님은 사람들에게 아주 인기가 좋았다. 예수님이 가시는 곳마다 많은 사람들이 그분의 말씀을 즐겁게 들었다(막 12:37). 나는 예수님께서 함께 있고 싶은 재미있는 분이었다고 믿는다. 성경을 자세히 보면 어린이들까지도 예수님과 함께 하는 것을 좋아했다는 것을 알 수 있다(마 18:2-5).

하나님은 당신과 내가 다른 사람들과 긍정적인 방식으로 관계를 맺기를 원하신다. 과거의 세대로부터 흘러와 당신을 지배하고 있는 저주는 당신이 사랑스럽고 다정한 방식으로 사람들과 관계 맺는 것을 방해할 것이다. 예수님은 여러 세대에 영향을 미칠 수 있는 무서운 죄의 열매로부터 우리를 해방시키셨다. 오늘날에도 저주는 예수의 이름으로 끊어져야만 한다. 예수 그리스도는 당신을 위해 저주를 받으셨다!

이는 우리가 핍박을 피하거나 모든 사람들이 우리를 좋아할 것이라는 뜻은 아니다. 핍박에는 많은 형태가 있을 수 있다. 지금도 어떤 나라에서는 그리스도인들이 신앙 때문에 고문을 당하고 투옥된다. 나는 최근에 그런 나라에 방문해서 그리스도인 지도자들을 만났다. 그들 대부분은 자신의 믿음 때문에 감옥에 갔다 왔다. 어떤 경우에는 종교적 확신 때문에 그리스도인들이 직장을 잃거나 회사나 학교에서 조롱의 대상이 될 수도 있다. 디모데후서 3

장 12절은, 우리가 참으로 경건하게 살면 어떤 식으로든 핍박을 당하게 될 것이라고 말한다. "무릇 그리스도 예수 안에서 경건하게 살고자 하는 자는 박해를 받으리라."

예수님도 그분 때문에 사람들이 온갖 악한 말을 할 때 기뻐하라고 명하셨다(마 5:11-12). 하지만 성경은 초대교인들이 모든 사람들에게 칭찬을 들었으며, 날마다 예수 그리스도를 알리고 많은 사람들이 그분께 나왔다고 말한다(행 2:47). 당신은 삶 가운데 하나님의 은총을 발견하고 있는가? 주님은 당신이 그분의 은총을 경험하길 원하신다. 시편 5편 12절을 자세히 살펴보라. "여호와여 주는 의인에게 복을 주시고 방패와 같은 은혜로 그를 호위하시리이다."

하나님은 지금도 그분의 은총으로 당신을 두르길 원하신다. 예수 그리스도를 통해 저주에서 해방되었음을 선언하라. 구속의 값이 이미 다 치러졌다. 당신 자신을 위해 이를 받으라. 오늘은 당신의 자유의 날이다.

귀신의 활동으로부터의 자유

자유의 일곱 번째 영역은 귀신의 활동으로부터의 자유이다. 신약성경의 '귀신 들렸다'라는 단어는 헬라어로 '귀신화되었다'(demonized)이며, 이는 '귀신을 가지고 있다'라는 의미이다.[1] 신약성경 전체에 걸쳐 사람들은 종종 사탄의 억압을 받고 내주하는 악한 영의 영향을 받았다. 그래서 예수님과 신약의 그리스도인들은 계속해서 사람들에게서 귀신을 쫓아냈다.

> 저물매 사람들이 귀신 들린 자를 많이 데리고 예수께 오거늘 예수께서 말씀으로 귀신들을 쫓아 내시고 병든 자들을 다 고치시니 (마 8:16)

현대사회의 사람들은 종종 너무 고상해서 자신에게 귀신이 역사할 수 있다는 사실을 믿지 않는다. 어떤 사람들은 심지어 귀신의 존재조차 믿지 않는다. 그러나 성경은 귀신이 악한 영이며, 하나님과 인간의 원수라고 말한다(마 12:43-45). 나아가 그들은 불신자의 몸에 살면서 그들을 부도덕과 악의 노예로 삼을 수 있다(막 5:15, 눅 4:41, 8:27-28, 행 16:18). 그리고 비록 모든 질병의 원인이 악한 영은 아니지만, 그들은 신체의 질병을 일으킬 수 있다(마 4:24, 눅 5:12-13).

사람들이 믿고 싶든 아니든 상관없이, 오늘날 많은 사람들이 귀신으로 인해 고통받고 있는 것이 사실이다. 마술이나 점괘판을 이용한 심령술, 강령술, 타로카드 혹은 점성술에 관여한 사람들은 악한 영들을 상대하기에 귀신의 묶임을 받을 수 있다. 그들의 삶 가운데 귀신들이 역사할 때, 분노의 발작, 혼동, 폭력, 부도덕이나 우울증 등이 나타날 수 있으며 이는 일부에 지나지 않는다.

때로 사람들은 나에게 그리스도인의 삶에도 귀신이 역사할 수 있냐고 묻는다. 그렇다. 그럴 수 있다. 그러나 그들이 귀신에 들린다(demon possessed, 즉 귀신의 소유가 된다는 뜻 - 역주)거나 귀신의 완전한 통제 하에 있다는 뜻은 아니다. 그러나 그리스도인들도 삶 가운데 성령의 인도하심에 순종하지 않을 때, 귀신이 그들의 생각과 감정 가운데 영향을 미칠 수 있다.

한 영적 지도자와 이야기를 나눈 적이 있는데, 그는 그의 삶에서 분노의 귀신이 떠나간 이야기를 해주었다. 그는 종종 통제할 수 없는 분노를 드러내곤 했는데, 그 이유를 알 수가 없었다. 마침내 어느 날 그는 귀신을 제압할 수 있는 권세를 지닌 한 목사님에게 이 사정을 털어놓고, 그날 예수의 이름으로 귀신을 쫓아냈다. 그는 그 이후로 전혀 다른 사람이 되었다. 그는 내가 만난 사람들 중 가장 부드러운 사람 중 하나이다. 예수 그리스도께서 그를 해방시키신 것이다.

비록 사탄은 계속해서 하나님의 백성들과 전쟁을 하고 그들이 그리스도께 충성하지 못하도록 역사하지만, 예수님은 믿는 자들에게 사탄과 그의 귀신들을 제압할 권세를 약속하셨다. 그분이 우리를 위해 저주를 당하셨기 때문에, 우리는 삶에 영향을 미치는 그 어떤 종류의 귀신에게서도 해방될 수 있다. 그러므로 우리는 어둠의 세력들을 두려워해서는 안 된다. 몇 년 전에 낙심자 한 사람이 내게 말했다. "래리 목사님, 제가 부두교(voodoo) 인형을 이용해 당신에게 저주를 걸었다는 사실을 기억하십시오." 그 말을 들었을 때, 나는 마음에 아무런 두려움이 없었다. 왜냐하면 나는 예수 그리스도께서 나를 위해 저주가 되셨다는 것을 알기 때문이었다. 나는 예수 그리스도의 보혈로 보호하심을 받기 때문에, 저주에 걸릴 수 없었다.

> 또 우리 형제들이 어린 양의 피와 자기들의 증언하는 말씀으로써 그를 이겼으니
> (계 12:11)

그리스도인인 우리는 하나님의 말씀을 믿음으로 산다. 우리는 그분의 은혜 아래 살고 있으며, 그리스도를 통해 원수에게서 보호하심을 받는 하나님의 법으로 두르심을 입었다. 그리스도인인 우리는 주님께서 십자가에서 행하신 일 때문에 사탄을 제압할 권세를 가지고 있다. 주님께서 죽으시고 부활하심으로 사탄의 권세를 파쇄하셨다. 주님은 사탄을 무력화시키셨다.

성경은 "하나님이 우리에게 주신 것은 두려워하는 마음이 아니요"라고 말한다(딤후 1:7). 만일 우리가 사탄과 그의 악한 의도에 대해 마비될 정도로 두려워한다면, 그것은 단순히 두려워하는 것이 아니다. 그럴 경우 우리는 두려움의 영의 지배를 받는 것이다. 두려움의 영은 속이는 귀신의 영일 수 있다. 사탄은 두려움의 주관자로 우리가 두려움 가운데 행하길 원한다. 우리는 모든 종류의 귀신에 대항하고, 예수의 이름으로 그들에게 떠날 것을 명해야 한

다. 우리는 우리에게 역사하려는 세력을 부술 수 있다. 만약 거친 성품과 우울증, 갑작스러운 자살 충동이나 삶을 지배하는 다양한 문제들과 씨름하고 있다면, 그것은 삶을 조종하고 있는 귀신의 역사일 가능성이 매우 높다. 우리는 그들의 기만을 감지해야 한다. 우리는 사탄의 궤계와 유혹을 경계하고 자유케 되길 갈망해야 한다.

마귀를 대적하라, 그리하면 피하리라

귀신의 묶임에서 자유케 되려면, 우리는 기도로 마귀를 대적하고 하나님의 말씀을 선포하며 능력 있는 예수의 이름을 불러야 한다. 한 친구가 자신이 친구 집에 있을 때, 악한 영의 임재를 느낀 적이 있다고 말했다. 그때 몇몇의 그리스도인들이 예수 그리스도의 이름을 부르며 기도했고, 권세를 가지고 그 집에 떠도는 끊어져야 할 저주를 압도했다. 그러자 악한 영의 임재가 떠났다. 야고보서 4장 7절은 이렇게 말한다.

> 그런즉 너희는 하나님께 복종할지어다 마귀를 대적하라 그리하면 너희를 피하리라

스미스 위글스워스는 오래 전에 활동한 영국의 복음전도자이다. 일전에 그가 한 여인에 대해 이야기한 내용을 소개하겠다. 어느 날 여인이 키우는 개가 버스정류장까지 쫓아와 집으로 돌아가려 하지 않았다. 마침내 그녀는 발을 구르며 엄한 목소리로 "당장 집으로 가라!"고 말했다. 그러자 개는 꼬리를 다리 사이로 감추고 즉시 집으로 가버렸다. 이 장면을 지켜보던 위글스워스가 말했다. "마귀를 다룰 때에도 이래야 합니다. … 버스 정류장에서 기다리던 모든 사람들이 다 들을 수 있을 정도로 큰 소리로 말해야 합니다."[2] 위글

스워스의 이야기에 나오는 개처럼, 우리가 마귀를 단호하게 대적하지 않으면 그는 계속해서 '컹컹거리며' 주변을 맴돌며 공격할 것이다. 그러나 우리가 담대하게 떠나라고 하면, 그는 피할 것이다. 우리가 예수의 이름으로 마귀를 대적할 때, 그에게는 선택의 여지가 없다. 그는 도망가야만 한다.

그리스도인인 우리는 예수님께 사탄과 귀신의 세력을 물리쳐 달라고 요청한다. 마태복음 12장 29-30절의 말씀에 따르면, 우리는 강한 자(사탄)를 결박하고 그의 집을 약탈할 수 있다(즉 사탄에게 노예가 된 자들을 해방시킬 수 있다)고 말한다.

> 사람이 먼저 강한 자를 결박하지 않고서야 어떻게 그 강한 자의 집에 들어가 그 세간을 강탈하겠느냐 결박한 후에야 그 집을 강탈하리라 나와 함께 아니하는 자는 나를 반대하는 자요 나와 함께 모으지 아니하는 자는 헤치는 자니라 (마 12:29-30)

우리는 우리와 다른 사람의 삶에 영향을 미치는 귀신을 '결박함으로써' 예수의 이름으로 그것을 쫓아낼 수 있다. 그럴 때에야 비로소 우리는 자유할 수 있다. 신자인 우리는 사탄의 권세에 포로가 된 자들을 구출해 낼 수 있다.

> 믿는 자들에게는 이런 표적이 따르리니 곧 그들이 내 이름으로 귀신을 쫓아내며 새 방언을 말하며 (막 16:17)

축사(逐邪)는 주님이 그분을 믿는 자들에게 맡기신 사역이다. 그리스도인들은 사탄에 묶인 자들을 축사해 주라는 부르심을 받았다. 만일 주님이 귀신에게서 사람들을 자유케 하라고 당신을 부르신다면, 나는 예수님의 모범을 따르라고 권하고 싶다. 예수님은 사역을 위해 제자들을 두 사람씩 보내셨고,

그들은 흥분되어 돌아왔다. 왜 그런가? "이르되 주여 주의 이름이면 귀신들도 우리에게 항복하더이다!"(눅 10:17)

우리는 예수님께서 제자들에게 경고하신 말씀에 주의해야 한다. "그러나 귀신들이 너희에게 항복하는 것으로 기뻐하지 말고 너희 이름이 하늘에 기록된 것으로 기뻐하라"(눅 10:20). 예수님은 귀신을 제압한 것을 기쁨의 근원으로 삼지 말고, 주님과의 관계로 인해 기뻐할 것을 강조하셨다.

귀신을 쫓아내라는 위임을 받은 예수님의 제자들 앞에서 귀신들이 항복한 것은 지금도 충분히 일어날 수 있는 일이다. 또한 주님은 사람들에게서 귀신을 쫓아내고, 예수의 강력한 이름으로 삶 가운데 마귀가 역사하는 일이 없도록 하라는 명령을 우리에게 주셨다.

귀신과의 관계를 끊으라

때로 사람들은 미래를 알고 싶은 호기심과 비밀스러운 것을 들춰 보고 싶은 마음에 초자연적인 세계에 접함으로써, 악의 없이 귀신들과 접하게 된다. 예를 들면, 타로카드 점을 보거나, 점괘판과 같은 귀신 놀이를 한다거나, 감춰진 물줄기를 찾기 위해 수맥 탐사를 하거나, 죽은 자의 영혼과 접촉하기 위해 교령회(seance)에 참석하거나, 영적인 체험을 목적으로 마약을 복용하는 것들이 그렇다. 이런 모든 행동들은 비술(occult)과 관련이 있다. 이런 방법으로 초자연적인 존재들과 교신하려고 하는 시도는 실제로 귀신들과 교제를 하는 것이다(삼상 28:8-14, 왕하 21:6, 사 8:19).

이런 종류의 비술에 관여하는 것은 매우 위험하며, 이 일로 인해 귀신에게 묶일 수 있다. 성경은 다음과 같이 경고한다.

점을 치지 말며 술법을 행하지 말며 (레 19:26)

너희는 신접한 자와 박수를 믿지 말며 그들을 추종하여 스스로 더럽히지 말라 나는 너희 하나님 여호와이니라 (레 19:31)

어렸을 때, 나는 우리 가족 농장에서 수맥을 탐사함으로써 일종의 점술에 참여했다. 막대기를 들고 지하의 수맥을 찾을 수 있다고 믿었던 우리는 어디에 우물을 파야 할지를 안다고 생각했다. 비록 당시에는 제대로 인지하지 못했지만, 나는 비술에 접하고 있었던 것이다. 이처럼 미신적인 행동을 통해 자연의 숨겨진 힘을 찾아내려고 시도하는 것은, 귀신들에게 우리 자신을 열어주는 위험한 일이다. 예수 그리스도를 주님으로 영접한 후, 나는 이와 같은 비술에 참여함으로써 원수가 내 삶에 놓으려 했던 저주로부터 자유케 될 것을 선포했다. 나는 또한 오래 전에 알지 못할 영적 세력에 순복함으로써 비밀한 것들을 알아내는 게임인 점괘판 놀이를 했다. 나는 예수 그리스도의 이름으로 그로 인한 저주를 끊었다.

이 세상에는 두 개의 초자연적 권능이 있다. 그것은 예수 그리스도를 통한 하나님의 권능과 원수의 권능이다. 만일 우리가 어떤 비술에 관여한다면, 우리 삶에 저주가 놓일 수 있다. 나는 심각한 자살충동에 시달리거나 우울증에 걸린 사람들을 위해 사역한 적이 있다. 그런데 그들은 비술에 관여한 일로 인해 마귀의 영향력 아래 놓여 있었다. 그러나 여기 기쁜 소식이 있다! 그것은 바로 당신이 완전히 해방될 수 있다는 것이다. 만일 당신과 당신의 조상들이 어떤 형태로든 비술에 관여했다 할지라도, 당신은 해방될 수 있다. 당신이 이러한 귀신들을 예수의 이름으로 쫓아낼 때, 그들은 더 이상 당신의 삶을 통제할 수 없다.

한 여인이 8년 동안 편두통을 앓았다. 그녀의 질병은 그녀가 관여했던 비술과 관련이 있었다. 필사적으로 편두통에서 벗어나고 싶었던 그녀는 도움을 청하기 위해 그리스도인들을 찾아갔다. 그들은 예수의 이름으로 마귀를 꾸짖었다. 그러자 그녀는 오랫동안 시달렸던 두통의 저주에서 해방되었다.

우리의 삶은 마치 양파 껍질과도 같다. 당신은 이미 귀신들에게서 해방됨으로 하나님께서 벗겨주신 작은 양파 껍질들이 있을지도 모르겠다. 그러나 주님은 장차 새로운 자유의 영역으로 당신을 데려가실 것이다.

주님은 당신을 사랑하시며 날마다 한 걸음 한 걸음 인도하신다. 그분은 우리가 다룰 수 있는 것이 무엇인지 아신다. 주님께서 우리 삶에 묶여 있는 영역을 드러내실 때, 우리는 그분이 주신 자유를 누리게 된다. 그러면 그로 인해 또 다른 양파 껍질이 벗겨진다. 주님은 우리가 온전히 깨끗해지고 그분이 본래 부르신 목적대로 살게 되기까지 계속해서 이 과정을 반복하신다. 그분은 우리를 완전히 해방시키시기로 이미 작정하셨다. 이 과정은 며칠, 몇 달 혹은 몇 년이 걸릴 수도 있다.

가족의 저주로부터의 자유

이 책의 앞부분에서 우리는 여러 세대를 통해 전해 내려올 수 있는 가계의 저주에 대해 언급했다. 회개하지 않은 죄는 가계의 특정 부분에 대해 영적인 약함을 야기할 수 있다. 예를 들어, 성적인 죄는 저주를 낳을 수 있다. 그럴 경우, 그 저주는 그 죄에 대한 약함을 가계에 흐르도록 만든다. 만일 죄의 문제를 하나님 앞에서 바르게 해결하지 않으면, 그것은 계속해서 일정한 패턴을 유지하며 우리 삶에 강하게 영향을 미친다.

가계에 흐르는 죄들은 영적으로 견고한 진을 구축하고 사고방식에 영향을 미쳐 "하나님이라도 이 상황을 바꾸실 수 없어. 난 소망이 없어"라고 말하게 만든다. 이러한 거짓말을 받아들이기 시작하면, 우리는 죄에 빠지게 되고 그 죄는 우리 삶을 옥죈다. 가계를 통해 전해질 수 있는 견고한 진들은 수없이 많다. 예를 들면 알코올중독, 음식중독, 쇼핑중독 그리고 우울증, 분노, 걱정과 같은 정신적 문제, 동성애, 간음, 포르노와 같은 성적인 문제, 원한, 탐욕, 반역, 율법주의, 험담과 같은 마음의 문제 등이 있다.

우리가 삶 가운데 있는 이러한 강력한 요새들을 파하기 전에, 먼저 우리 가계를 괴롭히는 요새들을 규명하는 것이 중요하다.

> 우리의 싸우는 무기는 육신에 속한 것이 아니요 오직 어떤 견고한 진도 무너뜨리는 하나님의 능력이라 모든 이론을 무너뜨리며 하나님 아는 것을 대적하여 높아진 것을 다 무너뜨리고 모든 생각을 사로잡아 그리스도에게 복종하게 하니 (고후 10:4-5)

다음으로 우리는 자신의 죄를 회개해야 한다. 우리가 가계로부터 어떤 특정한 죄에 대해 약함을 물려받긴 했지만, 우리가 범한 죄를 변명할 수는 없다. 그러므로 우리는 이런 죄를 가계에 들여온 조상들을 용서해야 한다 "너희가 누구의 죄든지 사하면 사하여질 것이요 누구의 죄든지 그대로 두면 그대로 있으리라"(요 20:23). 우리는 마음에 용서하지 않는 마음을 품어서는 안 된다. 마지막으로 우리는 그 죄를 회개해야만(혹은 버려야만) 한다. 이렇게 함으로써 우리는 우리 세대에서 그 죄의 권능을 끊을 수 있다. 이를 통해 우리는 특정 분야에서 우리와 우리 자녀들을 계속해서 괴롭히는 사탄의 법적 권리를 제거하는 것이다.

영적 무기들

그리스도인인 우리는 악한 세력과 영적 전쟁을 하고 있다. 그리스도의 십자가의 죽음을 통해 승리를 보장받았지만, 우리는 영적 전신갑주로 무장하여 성령의 능력으로 전쟁에 임해야만 한다(엡 6:10-18).

한번은 제자들이 한 젊은이에게서 귀신을 쫓아내지 못했다. 그러자 예수님께서는 "기도[와 금식](다른 사본에는 '금식'이란 말이 추가로 들어가 있다) 외에 다른 것으로는 이런 종류가 나갈 수 없느니라"고 말씀하셨다(막 9:29).

예수님은 제자들이 주님처럼 기도의 삶을 유지하면 그들도 성공적으로 귀신을 쫓아낼 수 있다는 의미로 이렇게 말씀하셨다. 영적 세력 및 악의 권세들과 전쟁을 하고 있다는 사실을 깨달을 때, 우리는 하나님 앞에서 바로 서서 다른 사람들에게서 악한 영들을 축사하기 위해 믿음으로 무장할 것이다.

하나님은 악을 이길 수 있도록 우리에게 무기들을 주셨다. 첫 번째 무기는 '예수 그리스도의 이름'이다. 성경은 우리에게 이렇게 말한다.

> 하늘에 있는 자들과 땅에 있는 자들과 땅 아래 있는 자들로 모든 무릎을 예수의 이름에 꿇게 하시고 모든 입으로 예수 그리스도를 주라 시인하여 하나님 아버지께 영광을 돌리게 하셨느니라 (빌 2:10-11)

얼마 전, 한밤중에 깬 나는 방에 악한 영이 있다는 것을 감지했다. 당시 나는 집을 멀리 떠나 있었고, 내가 머물던 곳에는 나 말고는 아무도 없었다. 나는 그냥 침대에 누워 있고 싶었다. 그래서 단지 '예수'의 이름만을 외쳤다. 그러자 악한 자의 임재가 떠났고, 나는 다시 잠을 잘 수 있었다. 이처럼 예수의 이름에는 능력이 있다.

주님께서 원수를 대항하기 위해 우리에게 주신 두 번째 무기는 예수 그리스도의 보혈이다. 나는 예수님의 보혈을 언급했을 때, 사람들 안에 있는 귀신들이 두려워 비명을 지르는 것을 실제로 목격했다. 한번은 내가 예수의 보혈을 언급했을 때, 귀신들린 사람이 손으로 자기 귀를 덮고 비명을 질렀다. 어린양의 보혈이 원수의 권능에서 우리를 해방시켰다. 요한계시록 12장 11절에서 성경은 우리에게 이렇게 말한다.

또 우리 형제들이 어린 양의 피와 자기들의 증언하는 말씀으로써 그를 이겼으니 그들은 죽기까지 자기들의 생명을 아끼지 아니하였도다 (계 12:11)

원수의 저주를 대항하기 위해 주님이 주신 세 번째 무기는 우리의 간증이다. 간증은 단지 주님께서 우리 삶 가운데 행하신 것과 하나님이 우리에 대해 말씀하시는 것을 고백하는 것이다. 우리는 하나님의 말씀을 믿음으로써, 그분이 우리에 대해 무엇을 말씀하시는지 안다. 하나님의 말씀의 진리는 우리를 해방시킨다.

이번 장을 마치면서 나는 당신이 아래의 기도문을 따라서 큰 소리로 기도하길 바란다. 우리가 하나님의 말씀과 간증을 고백하면 예수의 이름으로 저주에서 자유케 될 것이다.

기도 │ 예수 그리스도의 이름으로 나와 가족, 그리고 나의 조상까지 비술에 참여했던 모든 것을 버리노라. 나는 내가 예수 그리스도를 믿음으로 살아 계신 하나님의 자녀인 것을 선포하노라. 예수 그리스도는 내 삶의 주인이시며 왕이시다. 그분의 보혈이 나의 모든 죄를 씻으셨고 원수가 내 삶에 놓으려 했던 모든 저주를 씻어 주셨다. 성경은 "아들이 너희를 자유롭게 하면 너희가 참으로 자유로 우리라"고 말씀하신다(요 8:36). 오늘 나는 예수의 전능하신 이름으로 자유하다. 나는 예수의 이름으로 영적인 묶임과 거짓 죄책감에서 자유롭게 되었음을 선언한다. 나는 오늘 모든 종류의 신체적 질병에서 자유롭게 되었음을 예수의 이름으로 선언한다. 나는 감정적으로 온전케 되었음을 예수 그리스도의 이름으로 선언한다. 나는 예수의 이름으로 나에게 상처를 준 모든 사람을 용서한다. 나는 재정적으로 자유롭고 형통할 것을 예수의 이름으로 선언한다. 나는 사회적으로 자유로우며, 내 인생 가운데 하나님의 은총이 있음을 예수의 이름으로 선언한다. 나는 모든 귀신의 요새와 원수의 전략에서 자유로움을 예수의 이름으로 선언한다. 강한 자는 예수의 이름으로 묶임을 받았고, 예수 그리스도께서 나를 해방시키셨다. 나는 예수 그리스도의 보혈이 나를 해방하였음을 선언한다! 나는 예수 그리스도께서 나를 위해 저주가 되셨다는 하나님의 말씀에 따라 나의 기업을 요구한다. 예수의 이름으로 이에 대해 주님께 감사드립니다. 아멘!

묵상을 위한 질문

1. 가난한 것이 경건한 것인가? 하나님은 세상에 복음을 전파하고 수많은 사람들의 필요를 채우기 위해 누구를 사용하기 원하시는가?

2. 시편 5장 12절에서 하나님은 우리를 무엇으로 호위하기 원하신다고 말하는가?

3. 그리스도와 상관없는 초자연적 존재와 접할 때, 우리는 어떤 위험들을 인식해야만 하는가? 비술은 이렇게 관련된 사람들의 삶에 어떻게 영향을 미치는가?

4. 당신의 가계 안에 세대를 따라 흐르는 죄가 있는지, 있다면 그것이 무엇인지 규명해 보라. 이들을 적은 뒤, 앞에서 설명한 회개와 용서의 단계들을 밟으라.

Discovering the Basic Truths of CHRISTIANITY

PART VI
하나님의 은혜 안에 살기

은혜는 확연히 구분되는 양면을 가진 동전으로 설명할 수 있다. 우리는 이제 막 하나님의 구원의 은혜라는 특징을 지닌 동전의 한 면을 설명했다. 그것은 '받을 자격이 없는 자에게 무조건적으로 거저 베푸시는 하나님의 호의'이다. 은혜라는 동전의 다른 면은 하나님께서 신자들에게 주시는 은혜로, 그것은 신자들에게 '하나님의 뜻을 행할 수 있는 갈망과 능력'을 주시는 것이다. 우리는 이 책의 후반부에서 이 부분을 살펴볼 것이다. 이와 같은 은혜의 양면은 그리스도인의 삶을 처음부터 끝까지 아우른다. 그러므로 우리는 온전히 하나님의 은혜를 의지해야 한다.

Chapter 21

은혜란 무엇인가?

은혜는 모든 것에 영향을 미친다

*덴버시 동물원에 북극곰 한 마리가 새로 들어왔다. 그들은 북극곰이 살 수 있는 자연환경을 마련할 때까지 임시로 우리를 만들었다. 그 우리의 크기는 곰이 한쪽 방향으로 몇 발자국 이동하고 돌아서 다시 반대 방향으로 돌아갈 정도의 크기였다. 곰은 그 우리를 계속해서 왔다갔다하였다. 마침내 곰을 위한 새로운 환경이 조성되고 임시 우리가 제거되었다. 그러나 곰은 계속해서 옛날의 위치를 그대로 왔다갔다했다.[1)]

원래 곰은 단지 몇 주만 그 우리 안에 머물 예정이었다. 하지만 공사가 지연되어 몇 주가 아닌 몇 달을 그 작은 우리에서 보냈다. 그 안에서 곰은 우리의 이쪽에서 저쪽 끝까지 단지 세 걸음밖에 걷지 못했다. 마침내 공사가 끝나고 넉넉한 새로운 환경에 풀어졌지만, 곰은 습관 때문에 계속해서 오른쪽으로 세 걸음, 그런 다음에 휙 돌아서 왼쪽으로 세 걸음을 걸었다. 물리적 경계에서 자유롭게 되었음에도 불구하고 곰은 상상의 경계 속에 자신을 가둔 것이다.

그리스도인들 가운데 이와 비슷한 딜레마에 빠진 자들이 있다. 그들은 삶의 특정 영역에 있어서 패배와 실패에 대한 생각의 패턴에 너무 익숙해져서, 그것이 절대로 바뀌지 않을 것이라는 확신 속에 보이지 않는 감옥에 갇혀 지낸다.

온 마음을 다해 예수님을 사랑하는 성령 충만한 그리스도인들도 이러한 정신적 함정에 빠지기 쉽다. 삶 가운데 엄청난 장애물을 만났을 때, 어떤 이들은 제풀에 지쳐서 주님이 뜻하신 것보다 훨씬 더 초라한 수준에 만족하며 안주한다.

오래 전에 주님으로부터 하나님의 은혜에 대해 계시를 받았는데, 그것은 말 그대로 나의 인생에 놀라운 혁명을 가져왔다. 당시 나는 예수님을 사랑하고 성령 충만했지만, 여전히 정신적 감옥 가운데 살고 있었다. 그리고 상황은 절대로 바뀌지 않을 것처럼 보였다. 그런데 어느 날 누군가가 '하나님의 은혜'를 생생하게 설명해 주었고, 그로 인해 내 삶이 문자 그대로 변했다. 성경이 제공하는 하나님의 은혜는 다른 세계의 종교들이 제공하는 것을 훨씬 능가한다. 대부분의 종교는 인간이 받을 자격이 될 만한 것만을 받는다고 말하다. 종종 어떤 종교는 인간이 받을 만한 것(자비)조차 제대로 받지 못한다고 덧붙여 말한다. 그러나 은혜는 이런 개념을 초월한다.

은혜는 상상을 초월하는 하나님의 완전한 친절하심이다. 우리는 이것을 받을 만한 자격이 없는데 거저 받으며, 이로 인해 우리 마음은 바뀔 수밖에 없다. 우리는 이것을 다 설명할 수 없지만, 경험할 수는 있다. 은혜는 삶 가운데 우리가 행하는 모든 것에 영향을 미친다. 내가 마침내 하나님의 은혜를 이해하기 시작했을 때, 그것은 나의 생각과 행동 방식에 변화를 주었고, 살면서 직면하는 난관에 반응하는 방식을 바꿨다.

은혜는 신약성경에서 156회 이상 언급된다.[2] 이처럼 자주 언급되기 때문에, 우리는 하나님의 은혜의 진정한 의미와 그것이 우리 삶에 어떻게 영향을 미치는지를 이해해야 한다. 사도 바울은 교회에 편지를 쓸 때, 은혜를 언급하며 시작할 때가 많았다. 또한 그는 "주 예수의 은혜가 너희와 함께 있을지어다"라는 말로 편지를 끝내곤 했다. 이처럼 그는 신약성경 전체에 걸쳐 은혜를 강조했다.

> 하나님 우리 아버지와 주 예수 그리스도로부터 은혜와 평강이 있기를 원하노라 그리스도 예수 안에서 너희에게 주신 하나님의 은혜로 말미암아 내가 너희를 위하여 항상 하나님께 감사하노니 (고전 1:3-4)

구원, 거저 주시는 하나님의 선물

은혜는 때로 받을 만한 자격이 없는 자에게 거저 주시는 하나님의 무조건적인 호의로 정의된다. 하나님은 우리를 사랑하셔서, 죄로 인해 우리가 그분과 분리되는 것을 원치 않으신다. 그래서 비록 우리가 받을 만한 자격이 없거나 그것을 위해 수고하지 않았지만, 하나님이 우리에게 구원을 주실 때 은혜를 처음으로 경험하게 된다. 그분은 불신자들에게 일정 분량의 은혜를 선물로 주셔서 그들이 예수 그리스도를 믿을 수 있게 하신다. 에베소서 2장 8-9절은 이렇게 말한다.

> 너희는 그 은혜에 의하여 믿음으로 말미암아 구원을 받았으니 이것은 너희에게서 난 것이 아니요 하나님의 선물이라 행위에서 난 것이 아니니 이는 누구든지 자랑하지 못하게 함이라

우리가 처음에 하나님께 나오게 된 것은 그분께서 우리를 이끌어 주셨기 때문이다. 예수님은 요한복음 6장 44절에서 "나를 보내신 아버지께서 이끌지 아니하시면 아무도 내게 올 수 없으니"라고 말씀하신다. 나는 종종 "내가 하나님을 찾았다"라고 말하는 사람들을 만난다. 그러나 우리는 하나님을 찾지 못한다. 다만 그분이 우리를 찾으신다! 하나님은 우리를 그분에게로 줄곧 이끌어 오셨다. 우리가 그리스도인이 된 이유는 오직 하나님의 은혜이며, 우리 삶 가운데 보여주신 그분의 선하심 때문이다. 무한하신 선하심으로 하나님은 우리에게 은혜를 주셨다. 하나님은 선하시다! 그리고 그분이 선하시고 우리를 너무나 사랑하시기 때문에, 은혜의 선물을 거저 주시며 우리를 그분께로 이끄시고 구원하신다. 우리는 구원 받을 자격이 없지만, 하나님은 그분의 은혜를 우리에게까지 거저 주신다. 로마서 11장 6절은 이렇게 말한다. "만일 은혜로 된 것이면 행위로 말미암지 않음이니 그렇지 않으면 은혜가 은혜되지 못하느니라."

하나님께서 우리에게 구원을 주시는 동기가 된 것이 바로 은혜이다. 우리는 이를 얻을 자격이 없으며, 그것은 값을 측정할 수 없는 귀한 선물이다. 그래서 우리는 우리의 구원이 하나님의 은혜의 선물로서 온다는 것을 안다. 그리고 믿음으로 이 은혜에 다가간다.

은혜는 확연히 구분되는 양면을 가진 동전으로 설명할 수 있다. 우리는 이제 막 하나님의 구원의 은혜라는 특징을 지닌 동전의 한 면을 설명했다. 그것은 '받을 자격이 없는 자에게 무조건적으로 거저 베푸시는 하나님의 호의'이다. 은혜라는 동전의 다른 면은 하나님께서 신자들에게 주시는 은혜로, 그것은 신자들에게 '하나님의 뜻을 행할 수 있는 갈망과 능력'을 주시는 것이다. 우리는 이 책의 후반부에서 이 부분을 살펴볼 것이다. 이와 같은 은혜의 양면은 그리스도인의 삶을 처음부터 끝까지 아우른다. 그러므로 우리는 온전히 하나님의 은혜를 의지해야 한다.

자비 vs 은혜

하나님의 은혜와 자비 사이에는 차이가 있다. 때로 우리는 이 두 용어를 혼동해서 사용한다. 하나님의 자비는 '하나님께서 우리가 마땅히 당해야 할 것을 피해가게 하시는 것'이며, 하나님의 은혜는 '하나님께서 우리가 받을 자격이 없는 것을 주시는 것'이다.

우리는 마땅히 지옥에 가고, 질병에 시달리고 고난을 받아야만 한다. 왜냐하면 죄로 인해 우리가 어둠 가운데 있기 때문이다. 그러나 이것을 피해가게 하신 것이 하나님의 자비다. 한편, 받을 자격이 없지만 하나님은 우리에게 용서, 평화와 영생, 소망, 치유와 성령을 주시며, 그 목록은 끝이 없다. 이 모든 것은 그분의 놀라운 은혜 때문이다!

몇 년 전, 나는 가족과 함께 여행하다가 중서부의 작은 마을을 통과한 적이 있다. 당시 나는 속도제한이 25마일인지 모르고 35마일로 운전했다. 그 마을을 벗어날 즈음 갑자기 내 뒤에서 날카로운 사이렌 소리가 들렸다. 분명 그것은 경찰관이었다. 그는 나에게 도로 한편으로 차를 대라고 신호를 보냈다. 그런 다음 그는 속도위반 딱지를 끊었고, 경찰관으로서의 책임을 다했다. 그 순간 만일 그 경찰관이 자비를 베푼다면, 그는 나에게 이렇게 말할 것이다. "저는 당신이 속도제한을 몰라서 10마일 더 초과해서 달렸다고 생각합니다. 그래서 이번만 봐줄 테니 자유롭게 가십시오." 이와는 달리, 만일 그가 은혜의 원리를 따라 움직인다면 그는 이렇게 말했을 것이다. "당신은 정말로 멋진 분이군요. 저는 당신이 너무 좋아서 당신이 우리 도로를 운전해 준 것에 대해 감사한 마음으로 100달러를 드리겠습니다." 그러나 불행하게도 그는 나에게 자비나 은혜를 베풀지 않았다. 대신 그는 공의를 따라 벌금을 부과했다.

신앙생활 초기에 나는 하나님께서 나에게 멋진 가정과 번성하는 삶을 주시고, 나아가 매주 급료를 주셔야 할 책임이 있다고 생각했다. 그러나 결국 나는 일을 해야만 했다. 당시에는 내가 얼마나 교만한지 깨닫지 못했다. 만일 하나님의 은혜가 없었다면, 나는 무엇보다도 일을 할 힘이나 건강을 얻지 못했을 것이다. 그러나 그분은 자비를 베푸셔서 나를 구원해 주셨고, 은혜를 베푸셔서 내가 받을 자격이 없는 것들을 주셨다. 그것은 예수 그리스도를 통해 내 삶에 임하신 하나님의 놀라운 임재였다.

> 미쁘다 모든 사람이 받을 만한 이 말이여 그리스도 예수께서 죄인을 구원하시려고 세상에 임하셨다 하였도다 죄인 중에 내가 괴수니라 그러나 내가 긍휼을 입은 까닭은 예수 그리스도께서 내게 먼저 일체 오래 참으심을 보이사 후에 주를 믿어 영생 얻는 자들에게 본이 되게 하려 하심이라 영원하신 왕 곧 썩지 아니하고 보이지 아니하고 홀로 하나이신 하나님께 존귀와 영광이 영원무궁하도록 있을 지어다 (딤전 1:15-17)

더 이상 율법 아래 있지 않음

하나님은 모세에게 이스라엘 백성이 따라야 할 도덕적 율법(십계명)을 주셨다. 이는 사람들의 죄악된 상태를 보여주기 위해 주신 것이다. 율법은 인간에게 옳은 것과 그른 것의 차이를 보여주었다. 그러나 율법을 지키려는 시도를 통해, 인간은 그들이 행한 것에 의거하여 하나님의 축복을 얻으려고 노력했다.

그러다가 예수님께서 오셔서 이 모든 것을 바꾸셨다. 그분을 통해 우리는 은혜를 받았다. 그 은혜는 받을 자격이 없는 자에게 주시는 하나님의 호의였고, 이것은 진리이신 예수님을 믿음으로 주어졌다. 그리스도를 믿음으로 구원을 받으면 우리의 의는 더 이상 율법 준수 여부에 따라 정해지지 않는다. 그리스도인은 은혜 아래 있기 때문에 율법 아래 있을 수 없다. 성경은 은혜와 진리는 예수 그리스도를 통해 왔다고 말한다.

> 율법은 모세로 말미암아 주어진 것이요 은혜와 진리는 예수 그리스도로 말미암아 온 것이라 (요 1:17)

율법 아래 있는 자들은 언제나 그들 안에 있는 죄를 의식하기 때문에 승리의 삶을 살지 못한다. 율법 아래 있는 자들은 율법의 모든 요구를 항상 지켜야만 한다. 왜냐하면 만일 그들이 율법의 한 가지라도 어기면 모든 율법을 어기는 것이기 때문이다(약 2:10). 그러므로 우리는 율법을 지킴으로써 의롭게 될 수 없다. 율법에 온전히 순종하지 못하는 우리는 양심의 가책을 받는다. 이에 대한 유일한 탈출구는 율법에서 빠져나오는 것이다. 그래서 우리는 그리스도를 믿음으로써만 의롭게 된다. 죄의 권세에서 탈출하려면 율법에서 빠져나와 은혜 아래 들어가야 한다.

> 죄가 너희를 주관치 못하리니 이는 너희가 법 아래 있지 아니하고 은혜 아래 있음이라 (롬 6:14)

십계명

모든 사람이 어떻게 율법을 온전히 지키지 못했는지를 보기 위해 십계명을 간단히 살펴보자(신 5:6-21). 율법은 은혜가 우리의 삶에 얼마나 중요한지를 알 수 있도록 도와준다.

1. 나 외에는 다른 신들을 네게 두지 말지니라.

우리는 사랑하는 마음에 있어서 하나님 이외의 다른 것을 더 중요하게 여길 때마다 이 율법을 어긴다. 어떤 사람도 지금까지 이 계명을 온전히 지킨 적이 없다.

2. 너는 자기를 위하여 새긴 우상을 만들지 말라.

하나님에 대한 형상이나 그림이 하나님과 그분의 모든 영광을 참으로 대표하기란 불가능하다. 만일 우리가 마음이 아니라 입술로만 하나님께 나아가면, 우리는 그분에 대해 그릇된 형상을 가진 것이며 그분에게서 멀리 떨어져 있는 것이다(막 7:6).

3. 너는 네 하나님 여호와의 이름을 망령되이 일컫지 말라.

대부분의 경우 우리는 "여호와의 이름을 망령되이 일컫지 말라"란 말씀의 뜻을 그분의 이름을 넣어 욕설을 내뱉는 것으로 생각한다. 그러나 만일 우리가 그분을 주라고 부르면서 불순종하면, 그것이 바로 그분의 이름을 망령되이 일컫는 것이다. 만일 우리가 두려움과 의심으로 가득하다면, 그분의 이름을 부인하는 것이다.

4. 안식일을 지켜 거룩하게 하라.

하나님의 계획은 사람들이 집중된 마음으로 예배할 수 있도록 안식의 날을 주시는 것이었다. 그리스도께서는 우리의 짐을 대신 지시고, 우리에게 영적 안식, 즉 '안식일의 안식'을 주신다(히 4:10). 하지만 종종 우리는 그런 안식에 들어가지 못한다.

5. 네 부모를 공경하라.

부모는 그들의 자녀에게 하나님의 권위를 대표한다. 그러나 그들은 부모에 대해 존경과 감사를 표하지 않을 때가 많다.

6. 살인하지 말라.

예수님은 이유 없이 다른 사람에게 화를 내거나 모욕을 주는 것은 살인죄만큼 심각하다고 말씀하셨다(마 5:21-22). 우리는 험담, 무관심, 잔인함 혹은 질투로 다른 사람들을 죽일 수 있다.

7. 간음하지 말라.

이 명령은 혼외정사만을 이야기하는 것이 아니라 음란한 생각이나 포르노를 보거나 불결한 상상을 하거나 지분거리거나 부부 간에 이기적인 행위를 요구하는 것을 포함한다(마 5:27-28).

8. 도둑질하지 말라.

탈세도 도둑질이다. 근무시간을 다 채우지 않는 것도 고용주에게서 도둑질하는 것이며, 직원들에게 합당한 임금을 주지 않는 고용주 또한 도둑질을 하는 것이다.

9. 네 이웃에게 거짓 증거하지 말라.

이는 법정에서 일어나는 것만 이르는 것이 아니라 모든 종류의 한담, 거짓말, 과장, 험담 혹은 심지어 다른 사람을 깎아내리며 하는 농담까지도 포함된다.

10. 탐하지 말라.

탐심은 마음과 생각에서 일어난다. 다른 사람의 집이나 라이프스타일 혹은 그의 배우자나 자동차를 질투할 때, 우리는 탐심의 노예가 된다.

십계명은 우리의 죄에 대해, 또한 우리가 하나님의 의로운 율법을 지킬 수 없다는 사실에 대해 분명하게 확신시킨다. 십계명이 중요한 것이 사실이지만, 우리의 힘으로는 이 규칙들을 온전히 지킬 수 없다. 그러므로 우리에게는 구세주가 필요하다. 예수님은 우리 죄에 대한 치료책으로 오셨다. 죄는 그리스도인들을 지배하지 못한다. 왜냐하면 우리는 율법 아래 있지 않기 때문이다. 우리는 은혜 아래 있다.

은혜는 죄보다 더 강력하다

하나님의 도덕률인 십계명은 죄의 참된 본질이 무엇인지를 인류에게 보여주기 때문에 중요하다. 하나님의 율법에 순종하지 못하는 우리의 모습을 봄으로써, 우리를 용서하시는 하나님의 은혜가 얼마나 큰지를 더욱 선명하게 본다! 성경은 "그러나 죄가 더한 곳에 은혜가 더욱 넘쳤나니"라고 말한다(롬 5:20).

은혜는 죄보다 훨씬 더 강력하다! 로마서 5장 21절은 계속해서 죄가 이전에 모든 사람을 다스리고 그들로 죽음에 이르게 했지만, 이제 하나님의 자비가 대신 통치하시기 때문에 우리가 하나님과 올바른 관계를 맺을 수 있게 되었고, 그 결과 예수 그리스도를 믿음으로 영원한 생명을 얻게 되었다고 말한다. 죄와 불순종이 발견되던 곳에서, 이제 당신은 하나님의 은혜가 역사하는 것을 발견하게 될 것이다.

성령께서는 신자들 안에 역사하셔서 그들로 의로운 삶을 살 수 있도록 허락해 주신다. 이것은 하나님의 도덕적 율법의 성취이다. 우리는 이것을 우리의 힘으로 할 수 없으며, 오직 하나님의 은혜로 할 수 있다. 따라서 은혜와 하나님의 율법에 대한 순종은 모순되지 않는다. 이 둘은 모두 의와 거룩함을 가리킨다. 우리는 그분의 은혜로 하나님의 도덕률을 지키며 거룩한 삶을 살 수 있다.

오래 전에 나는 자그마한 폭스바겐 '풍뎅이차'(bug)를 몰았다. 그런데 어느 날 이 차가 움직이질 않았다. 나는 기계적 배경지식이 충분하기 때문에 얼마든지 내 힘으로 엔진을 고칠 수 있다고 결론 내렸다. 그러나 곧 나는 내가 아무것도 할 수 없다는 것을 깨달았다. 나는 분명 나름대로 다양한 시도를 했지만, 전문가의 도움이 절실하다는 것을 알았다. 나는 차를 견인하여 정비소에 갔다. 그러자 정비 기술자가 능숙하게 차를 고쳐 주었다! 하나님의 은혜가 없으면 우리는 우리 자신을 고칠 수 없다. 내게 차를 고칠 능력이 있는가? 아니다. 그러나 하나님의 은혜로, 그리고 그 차를 고쳐 준 정비사의 은혜로 차는 다시 움직였다. 이처럼 우리를 죄에서 구원해 주시고 다시 살게 하신 것은 하나님의 은혜이다.

실수할 경우 우리는 그것을 하나님께 고백하고 그분의 은혜로 다시 전진할 수 있다. 왜냐하면 우리에게 전진할 힘을 주시는 것은 하나님의 은혜라는 것을 잘 알기 때문이다. 왜 하나님은 우리를 용서하시는가? 하나님이 우리를 용서하시는 것은 그분의 은혜의 선물 때문이다. 왜 하나님은 우리를 성령으로 충만케 하시는가? 그 또한 하나님의 은혜로 성령 충만함을 받는 것이다. 비록 우리가 삶을 엉망으로 만든다 할지라도, 하나님의 은혜 때문에 용서를 받고 얼마든지 계속 나아갈 수 있다.

값싼 은혜?

만일 하나님이 죄를 기꺼이 용서하시고 그리스도인이 율법이 아닌 은혜 아래 있다면, 이는 우리가 얼마든지 죄를 지어도 심판으로부터 안전하다는 것을 의미하는가? 결국 하나님의 은혜가 죄를 용서한다. 하나님께서 언제나 우리를 용서하시기 때문에 우리는 죄를 지을 수 있다. 이 말이 맞는가? 아니다! 이것은 초대교회가 부딪혔던 바로 그 문제이다. 바울은 하나님의 은혜를 '값싼 것으로 만드는' 이런 사조에 도전장을 내민다.

> 그런즉 우리가 무슨 말을 하리요 은혜를 더하게 하려고 죄에 거하겠느냐 그럴 수 없느니라 죄에 대하여 죽은 우리가 어찌 그 가운데 더 살리요 (롬 6:1-2)

우리가 계속해서 죄 가운데 살아도 하나님의 은혜가 이를 덮어줄 것이라고 생각하는 것은 그분의 은혜를 왜곡하는 것이다. 성경은 요한일서 3장 4절에서 "죄를 짓는 자마다 불법을 행하나니 죄는 불법이라"고 말한다. 우리가 그리스도께 나왔을 때, 우리는 죄에서 분리되었다. 그 즉시 우리는 죄의 권능과 삶에 대한 통제력에 대해 죽었다. 그리스도인인 우리는 죄의 권능에서 해방되었기 때문에 새 생명 가운데 행할 수 있다(롬 6:4-5, 10). 우리는 더 이상 죄의 노예가 아니다.

그러나 모든 신자들은 죄에 저항하고 그리스도를 따르기로 날마다 신중하게 재결단해야 한다(롬 8:13, 히 3:7-11). 우리가 살면서 짓는 죄는 성령을 근심케 하고, 그분의 능력의 불을 끈다(엡 4:30, 살전 5:19). 만일 우리가 계속해서 죄로 돌아가고 이에 저항하길 중단하면, 결국 마음은 강퍅해지고 고집불통이 될 것이다. 우리가 더 이상 진정으로 믿지 않을 경우 반역과 불순종의 나락으로 떨어질 가능성이 있다(이것은 우리 마음에 생길 수 있는 강퍅함 때문이다). 그 결과 우리는 다시 사망과 더불어 죄의 노예가 된다. 왜냐하면 '죄의 삯은 사망'이기 때문이다(롬 6:23).

하나님의 은혜는 죄에 저항할 수 있는 능력을 주지만, 일상 속에서 우리는 언제나 계속해서 죄에 저항하지는 못할 것이다. 우리가 실패할 때, 하나님의 은혜와 자비는 우리를 기꺼이 용서할 것이다. 우리가 삶을 엉망으로 만든 후 하나님께 다시 돌아갈 때에도, 하나님은 그분의 은혜를 거저 주실 것이다. 그러나 우리가 은혜 아래 있기 때문에 죄를 지을 수 있다는 생각을 항상 조심해야 한다. 그러다가 다시 돌아올 수 없는 지경에 이를 수 있다는 사실을 기억하라.

은혜란 무엇인가?

묵상을 위한 질문

1. 우리에 갇힌 곰처럼 당신도 옛 습관이나 기만(deceptions)에 사로잡혀 있는 것은 아닌가?

2. 하나님께서 그분의 은혜로 주신 것들은 무엇인가? 그분의 자비하심으로 당신이 당하지 않게 하신 것들은 무엇인가?

3. 율법은 모세를 통해 왔지만, 예수 그리스도를 통해 온 것은 무엇인가?(요 1:17) 우리는 어떻게 율법에서 벗어나 은혜 아래 있게 되었는가?

4. 로마서 5장 20절에 따르면 죄가 더하면 무엇이 더하는가? 삶 가운데 이것을 어떻게 경험했는가?

Chapter 22
하나님의 은혜에 반응하기

하나님의 은혜를 전적으로 의지하기

사도 바울은 오랫동안 신학 훈련을 받았고 흠잡을 데 없는 순수한 유대 혈통을 지녔다. 그러나 그는 자신의 출신, 학력 그리고 개인적인 성취의 우월함이 모두 하나님의 은혜 때문이라고 말한다.

> 그러나 내가 나 된 것은 하나님의 은혜로 된 것이니 내게 주신 그의 은혜가 헛되지 아니하여 내가 모든 사도보다 더 많이 수고하였으나 내가 한 것이 아니요 오직 나와 함께 하신 하나님의 은혜로라 (고전 15:10)

자신이 영적으로 강하거나 멋진 남편이거나 아니면 훌륭한 학생, 성숙한 청년이라고 생각한다면, 우리는 이러한 강점이 우리 자신에게 있는 것이 아니라 예수 그리스도 안에 있다는 것을 기억해야 한다. 바울처럼 우리 또한 온전히 하나님의 은혜 덕분에 산다. 우리가 가진 것과 우리가 하는 것, 우리 존재의 모든 것은 단지 하나님의 은혜로 된 것이다.

삶 가운데 은혜가 어떻게 역사하는지 이해하게 되면, 우리는 일상 속 예수님과의 관계에 있어서 새로운 자유를 누리며 살게 될 것이다. 우리 삶의 모든 좋은 것은 하나님의 은혜의 산물이다. 당신과 나는 참으로 그 어떤 것도 받을 자격이 없다. 만일 현재 당신이 건강하다면, 그것은 하나님의 은혜 때문이다. 당신이 지니고 있는 그 어떤 능력이나 은사도 하나님의 은혜 덕분이다.

만일 당신이 탁월한 부모라면 그것은 당신에게 자녀들을 다루는 재능이 있어서가 아니라, 좋은 부모가 될 수 있게 해 주신 하나님의 은혜 때문이다. 만일 당신이 뛰어난 농구선수라면, 그것은 하나님의 은혜 때문이다. 아마도 당신은 "그러나 연습은 제가 하지요"라고 말할지도 모르겠다. 그렇다면 당신에게 연습할 능력과 건강을 주신 분은 누구인가? 바로 하나님이시다. 훌륭한 학생도 하나님의 은혜를 받은 자이다. 만일 당신이 재정적으로 탄탄한 기업을 운영하는 사업가라면, 당신의 성공 또한 하나님의 은혜 때문이다. 이 진리를 우리 영에 새기고 하나님의 은혜를 따라 살아간다면, 우리는 완전한 혁명을 경험할 것이다. 그것은 우리를 완전히 뒤집어 놓는다.

우리가 하나님의 은혜를 정확히 이해하면, 마귀는 당신을 교만하게 만들 수 없다. 교만한 사람들은 실제로 '만사가 너무 잘 풀리는 것은 나 때문이야'라는 생각으로 하나님 대신 자신을 바라본다. 그러나 하나님의 은혜 가운데 사는 사람들은 언제나 예수님을 바라본다. 그들은 모든 좋은 선물과 그들이 가진 모든 좋은 것을 주신 분이 주님이시라는 것을 알기 때문에 감사하는 마음을 가지고 산다.

변화를 가져오는 무한한 은혜

때로 사람들은 하나님의 은혜를 운명론과 혼동한다. 운명론은 무언가를 위해 노력하지만, 우리의 힘으로 상황을 변화시킬 수 없어서 운명에 맡긴다는 개념이다. 그러나 하나님의 은혜를 온전히 의지한다는 것은 가만히 앉아서 수동적으로 은혜만을 구하고 일을 하지 않는 것을 의미하지는 않는다. 우리는 은혜를 부지런히 갈망하고 감사로 받아들여야 한다.

당신이 따스한 여름날 푸른 언덕에 누워 일광욕을 하고 있다고 상상해 보라. 그때에 커다란 바위가 당신을 향해 언덕을 따라 굴러 내려오고 있다. 운명론자는 '내가 할 일은 아무것도 없어. 이 바위에 깔리는 것이 나의 운명임에 틀림없어'라고 생각한다. 그러나 하나님의 은혜를 의지하는 자는 "내가 여기에 누워 있다가 바위에 깔릴 필요는 없어. 나는 하나님이 내게 주시는 힘을 믿고 이를 사용해서 이 위기를 벗어날 거야!"라고 말한다. 물론 인생 가운데 우리가 바꿀 수 없는 것들이 있다. 하지만 우리는 하나님의 은혜가 없었다면, 상황이 더 악화될 수 있었다는 것을 깨달아야 한다. 우리가 매일 말씀 속에서 하나님을 만나고 상황을 바꿀 수 있는 지혜와 능력을 주시는 그분의 은혜를 신뢰할 때, 삶 가운데 일어나는 원치 않는 많은 상황들을 피하고 극복할 수 있다. 하나님은 우리가 그리스도인으로서 이 땅에서 승리의 삶을 살 수 있도록 더 많은 은혜를 주고 싶어 하신다. "그러나 더욱 큰 은혜를 주시나니"(약 4:6). 하나님은 인생의 모퉁이를 돌 때마다 우리에게 새로운 은혜를 주시려고 기다리고 계신다.

지금은 성인이 된 네 자녀의 부모로서 아내 라베른과 나는 그들을 올바로 훈육하고 성장 과정 가운데 적절한 때에 적절한 충고를 하기 위해 하나님의 은혜가 필요했다. 과거를 돌아볼 때, 부모로서 우리는 온전히 하나님의 은혜를 의지했다고 확신한다.

하나님의 은혜에 응답하면 언제나 더 많은 자유와 소망, 새로운 힘과 평화를 얻음으로, 우리는 하나님과 함께 전진할 수 있다. 사도 바울은 초신자들로 구성된 교회에게 핍박이 와도 계속해서 하나님의 은혜 가운데 머물라고 말했다.

> 회당의 모임이 흩어진 후에 유대인과 유대교에 입교한 경건한 사람들이 많이 바울과 바나바를 따르니 두 사도가 더불어 말하고 항상 하나님의 은혜 가운데 있으라 권하니라 (행 13:43)

바울은 새롭게 세워진 이 교회의 초신자들이 하나님의 목적 가운데 계속해서 전진하려면 은혜를 분명히 이해해야 한다는 것을 알았다. 그렇지 않을 경우, 그들은 마귀의 전술에 굴복하여 하나님의 은혜가 충분하다는 사실을 망각할 것이다.

하나님의 은혜에 이르지 못함

어느 날 예수님은 포도원 주인에 대한 비유를 말씀하셨다(마 20:1-16). 포도를 수확할 때가 되자 주인은 아침 9시에 일꾼들을 찾아 포도원으로 보냈다. 정오에 그는 더 많은 사람들을 고용하여 포도원으로 보냈다. 그 후 오후 3시에 그는 다른 일꾼들을 추가로 고용하였다. 포도 수확이 완전히 이뤄지지 않았기 때문에, 주인은 마지막으로 오후 5시에 일꾼들을 포도원으로 보냈다. 하루 일과를 마쳤을 때, 주인은 모든 일꾼들을 불러서 그들에게 품삯을 똑같이 주었다. 왜냐하면 일을 시작할 때에 그가 모두에게 약속한 것이 그 금액이었기 때문이다. 그런데 가장 오랜 시간을 수고한 일꾼들은 단지 몇 시간밖에 일하지 않은 일꾼들도 자신과 같은 품삯을 받는 것을 보고 주인에게 불평했다.

만약 이 이야기가 당신에게도 공평하게 들리지 않는다면, 당신은 아직 하나님의 은혜를 제대로 이해하지 못한 것이다. 하나님은 우리를 무조건적으로 사랑하신다. 우리가 그분의 사랑과 용납하심에 굳게 설 때, 우리는 다른 사람이 우리보다 '더 나은 거래를 했어도' 더 이상 개의치 않는다. 우리는 완전히 만족하며 은혜 가운데 산다. 우리는 하나님의 사랑과 용납하심을 받을 만한 자격이 없지만, 날마다 그분의 은혜의 축복 가운데 산다.

우리가 하나님의 은혜를 알고 그 안에서 산다면, 결코 질투하거나 억울해하지 않을 것을 아는가? 히브리서 12장 15절은 이렇게 말한다. "너희는 하나님의 은혜에 이르지 못하는 자가 없도록 하고 또 쓴 뿌리가 나서 괴롭게 하여 많은 사람이 이로 말미암아 더럽게 되지 않게 하며." 쓴 뿌리는 작은 뿌리처럼 시작한다. 길을 가다가 나무뿌리가 밀고 나와 바닥의 콘크리트에 금이 간 것을 본 적이 있는가? 그것은 처음에 작은 뿌리 하나로 시작했다. 많은 경우에 사람들은 하나님께 화를 낸다. 그들은 "하나님, 왜 저 사람은 성공하는데 저는 재정적으로 힘든가요?"라고 말한다. 그들은 결국 하나님의 은혜에 이르지 못한다.

고린도전서 10장 12절은 "그런즉 선 줄로 생각하는 자는 넘어질까 조심하라!"고 말한다. 만일 우리가 강하다고 생각하는 위치에 서서 괜찮을 거라고 생각하고 넘어지지 않을 거라고 생각할 경우, 성경은 "조심하라"고 말한다. 우리는 언제든 하나님의 은혜에 미치지 못할 수 있다.

겸손한 자에게 주시는 은혜

우리가 하나님의 은혜를 경험하기 시작할 때, 엄청난 영적 능력이 풀어진다. 오래 전에 나는 청소년 사역에 관여했다. 그 시절 어느 날 누군가가 짱돌을 들어 우리 집 창문에 던졌는데, 돌을 던진 사람은 우리가 돌보던 자였다. 당시 하나님은 우리에게 은혜에 대해 가르치고 계셨기 때문에, 주님은 우리를 도우셔서 모든 창문이 깨지지 않은 것이 오직 그분의 은혜라는 태도를 취하게 하셨다. 소리를 지르고 불평할 수도 있었지만, 하나님의 은혜로 우리는 전진할 힘을 얻었으며 우리에게 맡기신 자들 안에 그분의 생명을 세워가는 일을 계속해서 할 수 있었다. 베드로전서 5장 5-6절은 "하나님은 교만한 자를 대적하시되 겸손한 자들에게는 은혜를 주시느니라 그러므로 하나님의 능하신 손 아래에서 겸손하라 때가 되면 너희를 높이시리라"고 말씀한다.

겸손은 예수 그리스도를 온전히 의지하는 태도이다. 반면에 교만은 하나님의 은혜를 건강한 방식으로 이해하지 못할 때 나타나는 태도다. 성경은 만일 우리가 하나님의 능하신 손 아래에서 겸손하면, 그분께서 때가 되면 높이신다는 사실을 분명히 말한다. 하나님은 당신을 높이고 싶어 하신다. 그분은 당신을 존중하길 원하신다. 하나님은 언제 우리를 존중하시는가? 바로 우리가 그분 앞에서 자신을 낮출 때이다. 만일 우리가 하나님의 일을 하면서 스스로를 높이려 한다면, 그분은 나를 낮추셔야만 한다. 나는 스스로를 높여서 하나님께서 낮추시게 하기보다는, 오히려 자신을 낮추고 하나님께서 나를 높이시도록 하겠다. 당신도 그렇게 하지 않겠는가?

겸손은 이러한 은혜를 받을 수 있는 자리로 우리를 인도한다. 참된 겸손은 예수님이 없으면 우리가 아무것도 할 수 없고, 예수님이 계시면 모든 것을 할 수 있다는 사실을 계속해서 인정하는 것이다. 겸손은 머리를 숙이고 다니며 겸손한 것처럼 보이려고 노력하는 것이 아니다. 참된 겸손은 하나님의 은혜의 원리를 이해하고 그대로 사는 것이다.

은혜로 말을 고르게 하라

우리가 하나님의 은혜를 이해하면, 결코 험담(gossip)을 하지 않을 것이다. 사람들이 험담을 하는 이유는 거짓된 겸손 때문이다. 험담을 하는 사람들은 다른 사람들을 무시함으로써 자신을 높이려 한다. 누군가가 고난을 겪거나 죄에 연루되었을 때, 우리는 그들에 대해 험담을 하고 싶은 유혹을 받을 수 있다. 그러나 우리가 그들이 겪고 있는 그런 일들을 경험하지 않은 것이 오직 하나님의 은혜 때문이라는 것을 기억하면, 즉시 험담을 멈출 것이다.

우리가 하는 말은 매우 강력하다! 말은 마치 다이너마이트와 같다! 말은 선을 위해 강력하게 쓰임 받을 수도 있고, 반대로 악을 위해 강력하게 쓰임 받을 수도 있다. 골로새서 4장 6절은 이렇게 말한다.

> 너희 말을 항상 은혜 가운데서 소금으로 맛을 냄과 같이 하라 그리하면 각 사람에게 마땅히 대답할 것을 알리라

어떻게 하면 소금으로 맛을 냄과 같이 은혜 가운데 말할 수 있는가? 나는 소의 간을 별로 좋아하지 않는다. 그런데 결혼을 하자 아내가 그것을 즐겨 먹는다는 것을 알게 되었다. 어느 날 아내가 멋진 식사를 준비했는데, 그 냄새와 맛이 너무도 좋았다. 나는 "여보, 이게 뭐죠? 이 고기 정말 맛있네요"라고 말했다. 아내 라베른은 씩 웃더니 "간이예요!"라고 말했다. 그녀가 양념으로 맛을 냈기 때문에, 나는 그것을 맛있게 먹을 수 있었다.

고민하고 있는 사람을 다시 정상 궤도로 돌려놓을 교정의 말을 해야 할 필요성을 느낄 때, 당신의 말을 은혜로 고르게 하라. 이것을 다르게 표현하자면 상대가 당신의 권면을 기꺼이 받아들일 수 있는 방식으로 말하라. 우리가

말하는 방식은 말의 내용보다 더 중요하지는 않을 수 있지만, 최소한 그만큼은 중요하다. 교정의 말도 은혜로 맛을 내면 "나는 당신을 걱정합니다. 그리고 당신은 이 문제를 극복할 수 있습니다"라고 말하는 것과 같다. 성경은 우리에게 사랑 안에서 진리를 말하라고 말한다(엡 4:15).

고난 중에 주시는 하나님의 은혜

여러 세대에 걸쳐 사람들은 "하나님은 선하신데 어떻게 우리에게 고난을 허락하실 수 있단 말인가?"라는 질문을 해 왔다. 나는 이에 대해 나치 포로수용소 수감자가 한 간단한 대답을 좋아한다. "당신이 하나님을 알 때에 그 이유를 알 필요는 없습니다."[1] 중요한 것은 하나님이 우리의 고난에 개입하신다는 사실이다. 그분은 친히 우리의 상황 속으로 들어오셨다. 그분은 우리를 위해 죄가 되셨으며 이는 우리로 하나님의 의가 되게 하려 하심이었다(고후 5:21).

실제로 하나님은 우리가 고난 받을 것을 예상해야 한다고 말씀하신다(요 16:33). 우리가 고난을 받는 데는 많은 이유가 있다. 때로 그것은 우리의 행동의 결과 때문이며, 죄악된 세상에 살기 때문이고, 혹은 귀신이 주는 고통 때문이다. 만일 우리가 하나님께 허락해 드린다면, 그분은 고난을 우리 삶 가운데서 영적 성장의 촉매제로 사용하실 것이다.

하나님이 신실하시다 할지라도, 우리가 이생에서 환난으로부터 자유로울 수는 없다. 욥, 요셉, 다윗, 예레미야(이러한 목록은 계속된다) 이들 모두는 여러 가지 이유로 고난을 당했다. 바울도 많은 시련을 겪었다. 그는 사슬에 묶였고, 폭풍과 난파를 경험했다. 그럼에도 불구하고 그는 여전히 어떤 비극도 "우리를 하나님의 사랑에서 끊을 수 없다"고 선언했다(롬 8:35-39).

나아가 주님은 우리가 감당할 수 없는 시험을 받는 것을 허락지 않으실 것이다(고전 10:13). 그분은 우리가 시험 가운데 설 수 있도록 피할 길을 주실 것이다. 고린도후서 12장 9절에 따르면 실제로 고난은 우리가 그리스도의 풍성한 은혜를 받을 수 있도록 문을 열어준다.

내 은혜가 네게 족하도다 이는 내 능력이 약한 데서 온전하여짐이라

우리가 연약하거나 고난 가운데 있을 때, 우리를 강하게 하시는 그분의 능력을 의지할 수 있다. 눈물과 환란과 질병과 약함과 두려움의 때에 우리는 강해질 수 있다. 왜냐하면 우리의 약함을 그분의 강함과 바꿨기 때문이다. 우리의 강함은 그분의 강함에서 오고 오직 그분에게서만 온다.

종종 환란과 시련의 때에 우리는 하나님의 은혜가 매우 생생하게 다가오는 것을 발견한다. 이스라엘 백성들도 황량한 사막에서 은혜를 경험했다.

칼에서 벗어난 백성이 광야에서 은혜를 입었나니 (렘 31:2)

바울은 로마서 8장 28절에서 "하나님을 사랑하는 자 곧 그의 뜻대로 부르심을 입은 자들에게는 모든 것이 합력하여 선을 이루느니라"라고 말한다. 우리가 계속해서 하나님을 사랑하고 그분께 순종하면, 그분은 우리에게 고난을 감당하는 데 필요한 은혜를 주실 것이다. 성경은 그리스도인들이 '질그릇'과 같다고 말한다. 질그릇은 때로 슬픔과 고통을 경험하지만, 우리 안에 계신 하늘의 보화(예수님) 때문에 망하거나 깨지지 않는다.

우리가 이 보배를 질그릇에 가졌으니 이는 심히 큰 능력은 하나님께 있고 우리에게 있지 아니함을 알게 하려 함이라 우리가 사방으로 우겨쌈을 당하여도 싸이지 아니하며 답

답한 일을 당하여도 낙심하지 아니하며 (고후 4:7-8)

인생의 모든 고난과 압력 가운데서 우리는 패배할 수 없는 내적 생명으로 유지된다. 인생의 가장 어두운 시기에 나는 예수님께서 매우 가까이 계신 것을 발견했다. 예수님의 풍성한 은혜는 고난의 시기에 온다.

그분의 은혜가 당신의 동기가 되게 하라

나는 예전에 불평하면서 종종 이렇게 생각하곤 했다. "하나님 왜 당신은 저에게 고난을 경험케 하십니까? 저는 주님을 섬기고 있습니다. 그런 저에게 고난을 주시는 것은 옳지 않아 보입니다." 성경은 우리에게 "범사에 감사하라 이는 그리스도 예수 안에서 너희를 향하신 하나님의 뜻이니라"고 말한다(살전 5:18). 주님은 좋지 않은 날에도 그분께 감사하라고 가르치신다. 우리는 우리가 받은 축복을 계수해야 한다. 하나님의 은혜로 우리에게는 감사해야 할 것들이 너무나 많다.

어느 날 집에서 창문을 갈아 끼우고 있었다. 살짝 짜증이 난 나는 주의력을 잃어 창문을 놓쳤다. 순간 내 힘으로 하려고 했다는 것을 깨달았다. 짜증이 나고 초조해지자 하나님의 은혜를 벗어나 움직인 것이다. 내가 "하나님, 저는 당신의 은혜가 없으면 창문 유리 하나도 끼울 수 없습니다"라고 인정했을 때, 무슨 일이 일어났는지 아는가? 아무런 문제없이 나는 창문을 끼울 수 있었다. 이렇듯 하나님의 은혜는 삶의 실제적인 일상에도 영향을 미친다.

어떤 사람들은 쇼핑을 좋아한다. 그들은 값싸고 좋은 물건을 발견하면 "이거 괜찮은데. 원래 35달러였던 것을 10달러에 샀으니 말이야! 와, 정말 운이 좋은데"라고 생각할지 모른다. 그러나 실제론 그렇지 않다. 그것은 하나님의 은혜였다. 세상의 시스템은 그것을 운이라고 부른다. 만일 당신이 쇼핑 도중 값싸고 좋은 물건을 발견했다면, 그것은 당신의 삶에 주신 하나님의 은혜 때문이다. 싼 물건을 사게 하신 그분의 은혜에 대해, 주님은 우리가 감사하고 그분께 영광을 돌리길 원하신다.

초신자 시절, 나는 왜 하나님께서 내 차가 그렇게 자주 고장 나도록 허락하시는지 그 이유를 의아하게 생각하곤 했다. 그러나 지금은 내 차가 몇 년 더 일찍 망가지지 않은 것이 하나님의 은혜였다는 것을 깨닫는다. 당신은 "하나님은 우리 차가 고장 나길 원하시는가?"라고 물을지 모르겠다. 물론 그렇지 않다. 그러나 하나님은 모든 상황에서 그분의 은혜가 우리의 동기가 되길 원하신다.

바울은 우리가 하나님의 은혜를 받고 나서 고의로 죄를 범하고 믿음을 버리면, 다시 구원을 잃어버릴 수 있다고 굳게 믿었다.

> 우리가 하나님과 함께 일하는 자로서 너희를 권하노니 하나님의 은혜를 헛되이 받지 말라 이르시되 내가 은혜 베풀 때에 너에게 듣고 구원의 날에 너를 도왔다 하셨으니 보라 지금은 은혜 받을 만한 때요 보라 지금은 구원의 날이로다 (고후 6:1-2)

하나님의 은혜는 날마다 우리에게 영향을 미친다. 우리는 결코 이것을 당연한 것으로 여겨서는 안 된다. 만화 주인공인 포고(Pogo)가 말했듯이 "우리의 원수는 바로 우리 자신이다." 오직 우리만이 하나님의 은혜가 우리 삶을 통해 흘러가는 것을 막을 수 있다. 만일 우리가 하나님의 은혜 밖에 있다면 우리는 속히 하나님과 화해해야만 한다(고후 5:20). 이제 지금은 그분의 은혜를 받고 그 은혜가 우리 삶에 변화를 일으키도록 허락할 때이다. 오늘 바로 시작하자!

하나님의 은혜에 반응하기

묵상을 위한 질문

1. 하나님의 은혜를 받고 승리한 경험을 이야기해 보라.

2. 히브리서 12장 15절에 따르면 '쓴 뿌리'는 무엇인가? 쓴 뿌리가 당신의 삶에서 문제를 일으킨 적이 있는가?

3. 당신이 누군가의 삶에 '은혜 충만하게 소금으로 고르게 한' 말을 했을 때에 대해 말해 보라. 그 결과는 어떠했는가?

4. 고린도후서 12장 9절에 따르면 고난과 은혜는 어떻게 함께 역사하는가?

Chapter 23

산을 향해
은혜 선포하기

은혜는 거룩한 에너지를 풀어낸다

앞서 두 장에 걸쳐 우리는 하나님의 은혜가 우리 삶 가운데 어떻게 임하여 우리를 구원하는지를 설명했다. 은혜는 '받을 자격이 없는 자에게 무조건적으로 거저 주시는 하나님의 호의'이다. 이제 은혜라는 동전의 또 다른 면에 초점을 맞춰 보자. 하나님의 은혜의 또 다른 면은 '하나님의 뜻을 행하는 능력과 갈망'으로 정의된다. 하나님의 은혜는 문자 그대로 성령께서 우리 삶 가운데 풀어내시는 '거룩한 에너지'이다.

이에 대한 좋은 예가 에스라서에 나온다. 스룹바벨은 엄청난 도전에 직면했다(스 3장). 유대인들에게 고국으로 돌아갈 것을 허락한 고레스 왕은 스룹바벨을 그 지역의 총독으로 임명했다. 스룹바벨의 첫 번째 임무 중 하나는 새로운 성전의 기초를 세우는 것이었다. 그러나 적들의 반대로 인해 이 공사는 곧 중단되었다.

이것이 친숙하게 들리지 않는가? 우리는 주님께로부터 비전을 받거나 인생의 방향을 잡은 후 얼마 안 되어 반대에 직면하게 되면 쉽게 낙담하거나 포기하곤 한다. 아니면 포기는 하지 않더라도, 주님께서 맡기셨다고 믿는 임무를 완수하는 것이 불가능한 것처럼 보인다. 은혜가 개입하는 순간이 바로 이 때이다!

어느 날 스가랴 선지자는 주님에게서 환상을 받았다. 그는 그 환상을 스가랴 4장 6-7절에서 그리고 있는데, 주의 천사가 스룹바벨에 대한 예언의 메시지를 주었다.

> 그가 내게 대답하여 이르되 여호와께서 스룹바벨에게 하신 말씀이 이러하니라 만군의 여호와께서 말씀하시되 이는 힘으로 되지 아니하며 능력으로 되지 아니하고 오직 나의 영으로 되느니라 큰 산아 네가 무엇이냐 네가 스룹바벨 앞에서 평지가 되리라 그가 머릿돌을 내놓을 때에 무리가 외치기를 은총, 은총이 그에게 있을지어다 하리라 하셨고

그 후 성전 재건이 재개되었고 4년 뒤에 완성되었다. 주님은 그들에게 '거룩한 에너지'를 주셨으며, 공사를 완수할 수 있도록 모든 환경이 초자연적으로 바뀌었다. 문자 그대로 불가능해 보였던 일들이 바로 그들의 눈앞에서 실현되었다. 그들은 더 이상 그들 자신의 능력을 신뢰하지 않고 하나님의 은혜를 신뢰했다. "은혜, 은혜"라고 외침으로써 그들이 거룩한 에너지를 풀어내자 그들 앞에 있던 산은 평지가 되었다. 그들은 군사력이나 정치력 혹은 인간의 힘이 아니라 주의 영으로 성전이 건설되었다고 확신했다. 그들은 하나님의 은혜를 경험했던 것이다!

이처럼 우리는 성령의 능력을 받아야만 하나님의 일을 할 수 있다. 나는 감히 이 성경의 원리를 당신의 삶에 적용하기를 도전한다. 앞으로 오르지 못할 것 같은 거대한 산이 당신을 노려볼 때, 그 산에게 "은혜, 은혜"라고 외치라. 마귀와 대면했을 때, 단순한 믿음으로 "은혜, 은혜"를 외침으로 산이 평

지가 되는 것을 보라. 그 순간 당신의 초점은 자신의 능력(혹은 무능력)에서 그분의 능력으로 바뀌게 될 것이다.

얼마 전에 나는 대학생 리더그룹을 대상으로 사역한 적이 있다. 우리는 함께 서서 그 컨퍼런스에 참석한 모든 대학을 향해 "은혜, 은혜"를 선포했다. 우리가 더 이상 우리 자신의 전략과 능력을 의지하지 않고 살아계신 하나님을 의지할 때, 마음속에서 믿음이 솟아올랐다.

도저히 해낼 수 없을 것 같은 일에 대한 고민으로 무거운 마음을 안고 사무실에 들어섰을 때, 스태프들이 "은혜, 은혜"를 선포하는 소리를 들으면 마음이 새로워진다. 아버지들이 가족들을 향해 "은혜, 은혜"를 선포할 때, 그들의 믿음도 커진다. 그 순간 분투하는 마음이 주님 안에 있는 평화와 안식으로 대체된다.

이스라엘 자손들이 성전을 향해 "은혜, 은혜"를 외쳤을 때, 그들은 가만히 앉아서 천사가 성전을 지어주길 기다리지 않았다. 그들이 함께 일하면서 하나님의 계획을 성취했을 때, 성벽을 짓는 것이 그들 자신의 힘이 아니라 주의 영으로 된다는 것을 새롭게 깨달았다. 우리가 삶과 상황에 대해 "은혜, 은혜"라고 선포할 때, 우리는 게으름을 펴도 좋다는 허가증을 받은 것이 아니다. 반대로 우리는 우리 삶을 향하신 하나님의 뜻을 성취할 거룩한 에너지를 받는다.

불가능한 상황에 대해 은혜를 선포하라

회의론자들은 " '은혜, 은혜'란 말을 외치는 것과 하나님이 우리를 위해 일하시는 것과 무슨 상관이 있는가? 그건 너무 어리석어 보인다"라고 말할지도 모른다. 사실 하나님의 지혜와 세상의 지혜는 서로 상극이다.

> 십자가의 도가 멸망하는 자들에게는 미련한 것이요 구원을 받는 우리에게는 하나님의 능력이라 (고전 1:18)

세상의 지혜는 모든 것을 처리할 때 하나님을 배제하고, 우리 자신의 능력을 강조하는 지혜이다. 반면 하나님의 지혜는 하나님과 그분의 은혜를 온전히 의지할 것을 강조한다. 하나님은 이렇게 그분을 의지하고 순종하는 태도를 기뻐하신다.

아말렉과의 전투에서 왜 모세가 팔을 들 때에만 군대가 진격했는가? 그것은 인간적인의 생각으로는 전혀 앞뒤가 맞지 않지만, 모세는 그의 하나님께 순종했다(출 17장).

이스라엘의 왕 요아스가 도움을 청하러 선지자 엘리사에게 내려왔다. 왜냐하면 이스라엘 군대가 아람의 대군과 대면했기 때문이었다. 그것은 전혀 승리할 수 없는 상황처럼 보였다. 엘리사는 요아스 왕에게 활과 화살을 취하고 동쪽 창문을 열라고 명했다. 그런 뒤에 엘리사는 그에게 활을 쏘고서 그들이 승리할 것이라고 선포하라고 했다. 나아가 선지자는 요아스에게 "땅을 치라"고 말했다. 왕은 땅을 세 번 치고는 멈췄다. 그러자 엘리사는 왕에게 화를 냈다. "왕이 대여섯 번을 칠 것이니이다 그리하였더면 왕이 아람을 신멸하기까지 쳤으리이다 그런즉 이제는 왕이 아람을 세 번만 치리이다"(왕하 13:19). 이 일은 선지자가 말한 대로 이뤄졌다. 요아스 왕은 자신에게 주님께서 그분의 약속을 이루시는 데 필요한 헌신과 믿음이 없다는 것을 보여줬다. 그 결과 그는 아람 사람들을 완전히 멸할 수 없었다.

화살로 땅바닥을 친 것이 도대체 전쟁을 이기는 것과 무슨 상관이 있단 말인가? 주님께서 그렇게 하라고 우리에게 명하지 않으셨다면 아무런 관계가 없다. 엘리사가 요아스 왕에게 화살로 땅을 치라고 명했던 것처럼, 나는 주님께서 그분의 백성들에게 전혀 불가능해 보이는 상황에 대해 순종하는 마음으로 "은혜, 은혜"를 외치라고 부르고 계신다고 믿는다.

생명 가운데 왕 노릇 하는 은혜

왕은 한 국가에서 왕 노릇을 한다. 그리고 하나님의 자녀인 우리는 생명 가운데 왕 노릇할 것을 약속 받았다. 우리는 어떻게 왕 노릇을 하는가? 우리는 오직 하나님의 은혜로만 왕 노릇을 하거나 승리할 수 있다. 우리는 생명 가운데 왕 노릇할 은혜를 받는다. "더욱 은혜와 의의 선물을 넘치게 받는 자들은 한 분 예수 그리스도를 통하여 생명 안에서 왕 노릇 하리로다"(롬 5:17).

이 약속은 우리 모두를 위한 것이다. 하나님의 은혜와 거저 주시는 의의 선물을 넘치게 받는 자들은 생명 가운데 왕 노릇할 것이다. 우리는 모든 상황과 난관과 문제를 초월하여 살도록 부르심을 받았다. 이러한 삶을 가능케 하는 힘은 하나님의 은혜를 이해함으로 주어진다.

우리는 모든 영역(가정, 학교, 소그룹, 교회, 사업장)에서 승리할 수 있다. 하나님은 승리자의 삶을 살 수 있도록 초자연적인 능력을 우리에게 주셨다. 하나님은 풍성한 은혜를 우리에게 주신다. 우리는 이 모든 것을 받을 만한 자격이 없지만 주님은 우리에게 이를 부어주신다.

당신에게 고치기 위해 애쓰고 있는 습관이 있는가? 그 습관을 향해 "은혜, 은혜"라고 말하라! 이런 습관을 영원히 끊기 위해 필요한 거룩한 하나님의 에너지를 받으라. 사업, 학업, 가족 관계에서 몸부림을 치고 있는가? 도저히 넘을 수 없는 산처럼 보이는 삶의 영역을 향해 "은혜, 은혜"라고 말해보라.

한번은 뉴질랜드의 라이프웨이학교의 학생들에게 연설할 기회가 있었다. 당시 학교는 재정문제로 인해 예정되었던 건축 프로젝트가 중단된 상황이었다. 학생들과 학교의 지도자들과 함께 우리는 건축이 중단된 부지를 향해 "은혜, 은혜"라고 외쳤다. 그 후 8주도 못 되어서 학교는 일련의 재정적인 기적들을 경험했으며, 시설 확장 공사가 재개되었다. 이러한 놀라운 기적을 설명할 유일한 길은 하나님의 은혜밖에 없었다.

나는 때로 누군가에게 말을 하거나 상담을 한 후 낙담하곤 한다. 이처럼 사탄은 우리를 정죄하려 할 때가 많다. 그래서 그는 우리가 느끼는 방식이나 저지른 실수들을 이용하여 우리를 넘어뜨리려 한다. 사업장, 학교, 지역사회, 가정 혹은 교회의 상황이 나빠질 때, 우리는 하나님께서 계속 밀고 나갈 수 있는 거룩한 에너지를 주신다는 사실을 결코 잊어서는 안 된다. 상황이 좋을 때에는, 우리가 승리를 경험하며 생명 가운데 왕 노릇 하는 것이 오직 하나님의 은혜로 된 것임을 망각해서는 안 된다.

은혜의 분량대로 주시는 은사

하나님의 은혜는 너무 부요하고 다양해서 모든 그리스도인을 통해 은혜의 다양한 면들이 나타날 수 있다. 하나님은 믿는 자들에게 은사, 내적 동기, 능력을 주시는데, 이는 이를 사용하여 그리스도의 몸에 유익을 끼치게 하기 위함이다. 이 '은혜의 은사들'을 주시는 것은 다른 사람들을 섬기게 하기 위함이다.

우리에게 주신 은혜대로 받은 은사가 각각 다르니 (롬 12:6)

혹 예언이면 믿음의 분수대로, 혹 섬기는 일이면 섬기는 일로, 혹 가르치는 자면 가르치는 일로, 혹 위로하는 자면 위로하는 일로, 구제하는 자는 성실함으로, 다스리는 자는 부지런함으로, 긍휼을 베푸는 자는 즐거움으로 할 것이니라 (롬 12:6-8)

누군가와 믿음에 대한 이야기를 나눌 때, 당신의 입에서 적절한 말이 흘러나옴과 동시에 성령께서 역사하시는 것을 감지한 적이 있는가? 당신이 복음을 나눌 때 이런 일이 생기는 것은, 오직 당신의 삶에 역사하시는 하나님의 은혜 때문이다. 당신은 섬기는 일을 좋아하는가? 하나님은 당신에게 다른 사람들에게 실제적인 도움을 줄 수 있는 갈망과 능력을 주셨다. 가르치는 일은 하나님의 말씀을 검토하고 그 진리를 선포하여 사람들이 경건하게 성장하도록 돕는 능력이다. 우리는 이러한 은사들을 사용하여 그분이 주신 분량을 따라 우리 삶을 향하신 하나님의 목적을 이루어 드려야 한다. 우리가 가지고 있는 각각의 은사와 능력은 하나님의 은혜로 인한 결과이다. 그분께서 우리에게 이런 은사와 축복을 주신 것은 다른 사람들에게 축복이 되고 그들을 섬기게 하기 위함이다.

> 각각 은사를 받은 대로 하나님의 여러 가지 은혜를 맡은 선한 청지기 같이 서로 봉사하라 (벧전 4:10)

주님께서 우리에게 주신 은사들은 다른 사람들을 돕고 축복하기 위한 거룩하신 하나님의 능력이다. 당신에게 예언의 은사가 있다면, 누군가의 삶에 격려와 확신의 말을 해 주는 데 이를 사용하라. 베풀고자 하는 마음이 있다면, 주변의 사람들은 당신의 도움을 통해 축복을 받을 것이다. 당신이 은사 가운데 움직일 때, 주님은 그분의 은혜를 다른 사람들에게 흘려보내는 데 당신을 사용하실 것이다.

비교는 지혜롭지 못하다

마태복음 20장에 나오는 포도원 일꾼들을 기억하는가? 그들은 하나님의 은혜를 이해하지 못했기 때문에 서로 노동 시간이 다름에도 불구하고 모두가 동일한 품삯을 받은 이유에 대해 의아하게 생각하고 이를 불평했다. 우리가 하나님께서 어떤 사람에게 다른 사람들보다 더 큰 달란트와 재능을 주시는 이유에 대해 의문을 품는다면, 우리는 하나님의 은혜를 제대로 이해하지 못한 것이다. 우리가 존보다 더 훌륭한 예배인도자이고 샐리보다 더 훌륭한 교사라고 생각한다면, 하나님의 은혜에 이르지 못하게 된다.

자신을 다른 사람과 비교하지 않는 것은 너무나 중요하다. 우리는 우리 자신을 하나님의 말씀에만 비교해야 하며, 말씀으로 우리 안에 거하게 하여 은혜의 원리 속에 살아야 한다. 자신이 남보다 훌륭하다고 생각하면 쉽게 교만에 빠진다. 반면에 우리가 주변 사람들보다 많이 부족하다고 느끼면 열등감에 시달릴 수 있다. 이처럼 자신을 다른 이들과 비교하는 것은, 하나님의 말씀에 비춰볼 때 지혜롭지 못한 일이다. 고린도후서 10장 12절은 "우리는 자기를 칭찬하는 어떤 자와 더불어 감히 짝하며 비교할 수 없노라 그러나 그들이 자기로써 자기를 헤아리고 자기로써 자기를 비교하니 지혜가 없도다"라고 말한다. 교만이나 열등감 그 어느 것도 은혜 충만한 반응이 아니다.

하나님이 다른 사람에게 특정 사역이나 책임을 맡기시고 우리를 부르시지 않았을 때, 어떻게 반응하는가? 자신을 다른 사람들과 비교하기 시작할 때, 우리는 하나님의 은혜에 이르지 못하게 된다. 그분은 우리가 무엇을 필요로 하는지 아신다. 그분은 누군가에게 어떤 은사를 주시고, 또 다른 누군가에겐 다른 종류의 은사를 주실 수 있다. 하나님의 은혜를 이해하고 그 가운데 행하면, 은혜가 우리의 전 존재와 사고방식을 적실 것이다. 은혜는 우리의 태도를 바꾸고, 우리로 영적으로 성장하고 싶게 만든다. 그리고 이는 우리로 하여금 주변 사람들을 돕고 섬기게 하기 위함이다.

은혜를 전달하라

하나님은 당신이 가는 곳(직장, 학교, 가정 혹은 소그룹)마다 그분의 은혜를 전달하시기 위해 당신을 부르셨다. 그분은 사람들에게 은혜를 전달하고 그들이 세워져 가는 것을 보시기 위해 당신을 부르셨다.

> 무릇 더러운 말은 너희 입 밖에도 내지 말고 오직 덕을 세우는 데 소용되는 대로 선한 말을 하여 듣는 자들에게 은혜를 끼치게 하라 (엡 4:29)

우리가 말을 할 때에는 사람들에게 덕을 세우고 그들의 삶에 은혜(거룩한 에너지)를 전달해 줄 수 있는 말을 해야만 한다. 격려의 말은 하나님이 우리에게 주신 은혜로 다른 이들을 섬기는 것이다. 배우자와 부모님 혹은 다른 가족에게 감사를 표할 때, 당신은 하나님의 은혜로 그들을 섬기는 것이다. 직장에서 당신의 상사가 감독하는 것에 대해 감사하라. 그러면 그것은 하나님의 은혜로 섬기는 것이 된다. 어쩌면 당신이 상사일지 모르겠다. 그렇다면 함께 일하는 사람들을 격려해야 한다. 그것이 바로 하나님의 은혜로 섬기는 것이다.

당신이 속한 소그룹 리더를 격려하며 하나님의 은혜로 섬겨보지 않겠는가? 당신의 리더들을 격려하고, 그들이 한 일에 대해 감사를 표하라. 하나님의 은혜는 우리가 하는 모든 일에 근간이 되는 태도가 되어야 한다. 사도행전은 '큰 은혜'가 사도들에게 있었다고 말한다.

> 사도들이 큰 권능으로 주 예수의 부활을 증언하니 무리가 큰 은혜를 받아 (행 4:33)

우리는 날마다 하나님의 '큰 은혜'가 필요하다. 사도 요한은 은혜와 진리는 예수 그리스도를 통해 온다고 말한다(요 1:17). 예수님은 우리의 구원을 위해 우리에게 이미 은혜를 베풀어 주셨다. 그분은 지금 우리가 그분과 그분의 은혜를 인정해 드리길 기다리고 계시며, 이는 우리로 그분의 거룩한 에너지를 일상에서 경험하게 하시기 위함이다.

우리는 낙담되는 말이 입에서 나오지 않도록 조심해야 한다. 대신 오늘 주님께서 당신을 통해 그분의 은혜를 나눠 주길 원하시는 사람들을 생각해 보라. 그리고 그대로 행하라!

모든 공로는 하나님께

하나님의 은혜를 이해하면, 우리는 결코 하나님이 하신 일의 공로를 스스로 취하지 않을 것이다. 예를 들어, 나는 과거 몇 년 동안 전 세계를 다니며 많은 사람들을 섬기는 특권을 누렸다. 수많은 사람들의 삶이 하나님의 능력으로 변화되는 것을 목도하는 것은 너무나 큰 축복이었다. 그러나 이에 대한 공로를 결코 내가 취할 수 없었다. 나는 내가 예수 그리스도의 복음으로 섬길 수 있는 것이 오직 하나님의 은혜임을 안다.

성경은 우리 모두가 능숙한 사역자라고 말한다(고후 3:5, 우리말 성경은 영어의 '능숙한'(competent)을 만족으로 번역했다 – 역주). 우리는 예수의 이름으로 다른 사람들을 돕고 섬기도록 부르심을 받았다. 우리는 자신의 힘으로 다른 사람들을 섬기는 것이 아니라, 우리 안에 살아계시는 하나님께서 우리를 통해 일하시게 해야 한다. 당신과 나는 하나님의 사랑의 채널로 부르심을 받았다.

전깃줄은 전기를 보내는 채널이다. 우리는 전깃줄을 보고서 "이 얼마나 아름다운 전깃줄인가!"라고 생각하지 않는다. 그렇다. 우리는 단지 전깃줄을 통과하는 전기에 감사한다. 마찬가지로 우리는 성령의 채널이며, 결코 하나님이 하시는 일의 공로를 스스로 취할 수 없다. 우리는 그분의 은혜와 능력이 우리 삶에서 흘러가도록 통로가 되어야 한다. 우리는 그의 은혜를 힘입어 의롭다 하심을 얻은 그리스도의 깃발을 든 상속자로 택함을 입었다(딛 3:7). 이 얼마나 놀라운 특권인가! 하나님은 이 세상의 모든 사람들 가운데 당신과 나를 택하셨다!

나는 당신의 산을 향하여 "은혜, 은혜"라고 외칠 것을 권한다. 스룹바벨을 기억하는가? 그는 자신이 순종하면 하나님의 은혜가 풀어지고, 그분이 맡기신 일을 신속하게 효과적으로 완수하게 될 것을 알았다. 그래서 사람들은 성전을 향해 "은혜, 은혜"라고 외침으로 그 일을 완수했고, 그것은 사람들 가운데 크나큰 흥분을 자아냈다. 그들은 그것이 자신들의 힘이 아니라 그들을 통해 역사하시는 하나님의 은혜의 힘이었다는 것을 깨달았다.

어떤 상황에 있든지 당신은 그에 대해 "은혜, 은혜"라고 말하는 법을 배워야 한다. 마음으로는 정복하고 싶은데 자꾸만 바닥에 납작 엎어진다면, 그 상황에 대해 "은혜, 은혜"를 외치기 시작하라. 사업가인 당신은 재정적으로 허덕이고 있을지 모른다. 그렇다면 당신의 사업에 대해 은혜를 말하기 시작하라. 어쩌면 당신은 삶의 문제와 씨름하고 있는 초신자를 격려하고 있을지도 모르겠다. 그렇다면 그 영역에 대해 은혜를 말하기 시작하라. 결혼생활에 갈등이 있는가? 아니면 미혼으로서 특별한 필요가 있을지도 모르겠다. 어떠한 상황에 처해 있든, 당신의 삶을 향해 은혜를 말하기 시작하라. 기도생활에 활력이 필요하다면, 그것을 향해 은혜를 말하라.

천국 군대의 사령관께서는 우리가 우리의 가정, 교회, 도시 그리고 국가를 향해 "은혜, 은혜"를 선언하길 기다리고 계신다. "세상 나라가 우리 주와 그의 그리스도의 나라가 되어 그가 세세토록 왕 노릇 하시리로다"(계 11:15).

"은혜, 은혜!"

산을 향해 **은혜** 선포하기

l 묵상을 위한 질문

1. '거룩한 에너지'에 대해 설명하라. 이것은 당신의 삶 가운데 어떻게 역사하는가?

2. 우리는 어떻게 생명 가운데 왕 노릇할 능력을 얻는가?(롬 5:17) 당신이 지금 애쓰고 있는 몸부림들을 열거한 후, 그것들을 향해 "은혜"를 외쳐보라. 당신은 어떤 일이 일어나길 기대하는가?

3. 은혜를 다른 사람의 삶에 전달해 준 경험이 있다면 이야기해 보라. 당신은 그 결과를 바로 확인했는가, 아니면 그렇지 않은가?

4. 삶 가운데 은혜를 적용해야 할 영역들의 목록을 적어 보라.

일상을 위한 은혜

은혜 가운데 자라가라

　영적으로 어렸을 때, 나는 은혜를 전혀 이해하지 못했다. 그 당시 나는 하나님께서 나에게 빚을 지셨다고 생각했다. 나는 "보세요, 하나님. 저는 저의 인생을 당신께 드렸습니다. 저는 저의 가족을 당신께 드렸습니다. 이 모든 것은 당신 것입니다"라고 말했다. 나는 청소년 사역을 전임으로 하면서도 추가로 직업을 가지고 매주 60시간씩 일했다. 나는 "하나님, 당신은 저의 가족을 돌보셔야만 합니다. 당신은 제 아내와 저의 관계를 돌보셔야만 합니다"라고 생각했다. 나중에야 나는 하나님께서 나에게 빚지신 것이 하나도 없으시다는 것을 알았다. 하나님께서 나에게 결혼생활이나 가족의 건강을 보장하실 책임이 없으셨다. 그러나 나는 받을 자격이 없지만, 하나님은 그분의 놀라운 은혜로 나의 결혼생활과 가족의 건강을 보장해 주길 원하셨다. 이처럼 놀라운 은혜를 베푸시는 하나님을 찬양하라!

　하나님의 은혜는 삶의 모든 분야에 영향을 미친다. 사실 하나님의 은혜가 아니면 우리는 아무것도 할 수 없다. 해가 쨍쨍 비치는 여름날을 누릴 자격이 우리에게 있는가? 아니다. 그러나 하나님의 은혜로 우리는 햇볕을 쬘 수 있다. 우리는 태양이 비치는 위치에 서서 그 빛을 받는다. 이처럼 그리스도인인 우리는 삶 가운데 하나님의 은혜를 받을 위치에 들어서야 한다. 그러나 은혜 가운데 자라가는 것은 하나의 과정이다. 그것은 하룻밤 사이에 일어나지 않는다. "오직 우리 주 곧 구주 예수 그리스도의 은혜와 그를 아는 지식에서 자라 가라 영광이 이제와 영원한 날까지 그에게 있을지어다"(벧후 3:18).

우리가 하나님께 순종하는 삶을 살면, 그분은 우리의 걸음마다 성장할 수 있는 은혜를 주신다. 우리는 하나님의 은혜로 인하여 믿음으로 말미암아 구원을 받았으며(엡 2:5, 8), 계속해서 그리스도인답게 살 수 있는 은혜를 받는다. 이번 장에서는 하나님이 그분의 은혜로 우리가 계속해서 침투하기 원하시는 삶의 몇 가지 영역들을 살펴볼 것이다.

성령의 열매

그렇다면 우리는 어떻게 은혜 가운데 자라가는가? 성령과 우리의 죄의 본성은 서로 치열하게 싸운다. 우리가 회심한 후에도 우리 안에 죄성은 남아 있고 여전히 치명적인 원수이기 때문에(롬 8:6-8, 13, 갈 5:17, 21), 성령의 권능을 통해 이에 대항하고 지속적인 전투 가운데 이겨내야 한다(롬 8:4-14). 만일 우리가 죄성과 싸우지 않고 계속해서 그것을 따를 경우, 성경은 우리가 하나님의 나라를 유업으로 받을 수 없다고 말한다(갈 5:21). 갈라디아서 5장 19-21절에 따르면 죄성으로 인해 우리는 음행과 더러운 것과 호색과 우상 숭배와 주술과 원수 맺는 것과 분쟁과 시기와 분냄과 당 짓는 것과 분열함과 이단과 투기와 술 취함과 방탕함에 빠진다.

그러나 하나님의 은혜에 감사하라. 왜냐하면 이 말씀은 계속해서 우리가 하나님과 교제하면, 그분께서 우리 삶 가운데 성령의 열매를 맺게 하실 것이라고 말하기 때문이다.

> 오직 성령의 열매는 사랑과 희락과 화평과 오래 참음과 자비와 양선과 충성과 온유와 절제니 이같은 것을 금지할 법이 없느니라 그리스도 예수의 사람들은 육체와 함께 그 정욕과 탐심을 십자가에 못 박았느니라 만일 우리가 성령으로 살면 또한 성령으로 행할지니 헛된 영광을 구하여 서로 노엽게 하거나 서로 투기하지 말지니라 (갈 5:22-26)

성령 충만한 그리스도인과 죄성의 통제를 받는 그리스도인의 삶은 너무나 대조적이다. 타락한 욕망을 지닌 인간의 성품이 바로 우리의 '죄성'이다. 우리가 사랑과 희락과 화평과 오래 참음과 자비와 양선과 충성과 온유와 절제와 같은 라이프스타일을 따라 살게 하는 하나님의 은혜를 의지하면, 삶 가운데서 이런 덕들, 즉 '열매들'을 경험하게 될 것이다. 성령께서 우리의 삶을 인도하시도록 허락할 때, 죄의 능력은 파괴된다. 그럴 때 우리는 하나님과 교제 가운데 행하며, 하나님은 그분의 은혜로 성령의 열매를 맺게 하셔서 삶의 모든 영역에서 승리의 삶을 살도록 도우신다.[1]

순결한 삶을 살게 해 주시는 은혜

하나님의 말씀에서 성도덕에 대한 기준은 분명하다. 히브리서 13장 4절에 따르면 그리스도인들은 도덕적·성적으로 순결한 삶을 살아야 한다.

> 모든 사람은 결혼을 귀히 여기고 침소를 더럽히지 않게 하라 음행하는 자들과 간음하는 자들을 하나님이 심판하시리라 (벧후 3:18)

헬라어에서 '순결한'(pure)이란 단어는 '타락한 욕망으로부터 자유롭다'라는 뜻이다.2) 이것은 동정(virginity) 및 결혼서약과 일치하지 않는 욕망을 부추기는 모든 행위와 생각을 금하는 것을 의미한다. 또한 하나님 앞에서 우리의 순결함을 더럽히는 모든 성적 행위와 흥분을 절제하고 피해야 할 것을 강조하며, 우리의 몸을 '거룩하고 귀하게' 다루고 '정욕대로'(살전 4:4-5) 다루지 않는 것을 내포한다. 이러한 성경의 지침은 독신자와 기혼자 모두에게 해당된다.3)

성적 친밀감에는 경계가 있다. 그것은 한 남자와 한 여자가 하나가 되는 결혼관계에만 국한된다. 그 안에서 하나님은 신체적·감정적 쾌락을 누리는 관계를 축복하신다.

성경은 혼전 성관계를 죄로 정한다. "몸은 음란을 위하여 있지 않고 오직 주를 위하여 있으며 주는 몸을 위하여 계시느니라"(고전 6:13). 18절은 계속해서 이렇게 말한다. "음행을 피하라 사람이 범하는 죄마다 몸 밖에 있거니와 음행하는 자는 자기 몸에 죄를 범하느니라." 갈라디아서 5장 19절은 "육체의 일은 분명하니 곧 음행과 더러운 것과 호색과 …"라고 말한다. 에베소서 5장 3절은 이에 대해 가장 분명하게 말한다. "음행과 온갖 더러운 것과 탐욕은 너희 중에서 그 이름조차도 부르지 말라 이는 성도에게 마땅한 바니라." 이러한 말씀들에서 우리는 성경이 혼전 성관계에 있어서 완전한 금욕을 권한다는 사실을 보게 된다. 결혼하기 전까지 순결을 지키는 것은 남자와 여자 모두를 향하신 하나님의 성적 순결의 기준이다.

동성애는 어떤가? 위선적이게도 다른 형태의 성적 죄를 자랑하는 문화에서 동성애자는 종종 배제되고 핍박을 받는 경우가 많다. 동성애자라고 해서 다른 종류의 죄를 범하는 자들과 다르게 취급되어서는 안 된다. 동성애는 분명 죄이지만(롬 1:26-27, 딤전 1:9-10), 죄는 결코 동성애에만 국한되지는 않는다.

고린도전서 6장 9-11절에서 바울은 동성애를 죄로 묘사하지만, 그리스도인들에게 동성애자도 용서와 변화의 필요가 있는 사람으로 대할 것을 요구한다.

> 불의한 자가 하나님의 나라를 유업으로 받지 못할 줄을 알지 못하느냐 미혹을 받지 말라 음행하는 자나 우상 숭배하는 자나 간음하는 자나 탐색하는 자나 남색하는 자나 도적이나 탐욕을 부리는 자나 술취하는 자나 모욕하는 자나 속여 빼앗는 자들은 하나님의 나라를 유업으로 받지 못하리라 너희 중에 이와 같은 자들이 있더니 주 예수 그리스도의 이름과 우리 하나님의 성령 안에서 씻음과 거룩함과 의롭다 하심을 받았느니라

때로 그리스도인들도 지속적으로 동성에게 성적으로 끌리는 문제로 몸부림을 친다. 이에 대한 충분한 이해와 현명한 조언을 통해 동성에게 끌리는 사람이 그것을 피할 수 있도록 도울 수 있다. 유혹을 받는 자들과 이미 이런 죄에 빠진 사람들 모두가 긍휼과 온유함을 통해 회복될 필요가 있는 자들이다(갈 6:1). 그리스도인인 우리는 동성애자들과 이런 유혹으로 힘들어하는 자들을 향해 그들을 향한 하나님의 도우심을 신뢰하며 은혜를 베푸는 사역자가 되어야만 한다. 성경은 모든 죄인에게 소망을 이야기한다. 모든 사람들은 동일하게 하나님의 은혜를 필요로 한다. 우리는 사람들이 오직 예수 그리스도를 통해서만 가능한 승리의 삶을 살 수 있도록 그들을 사랑해야만 한다.

결혼을 향한 은혜

결혼은 하나님의 아이디어이다. 창세기 2장 24절은 결혼이 배타적인 관계임을 암시하는데, 공적으로 인정되는 관계이고(자기 부모를 떠나), 영원하며(아내와 합하여), 성적 관계(둘이 한 몸을 이룰지로다)를 통해 절정에 이른다. 결혼의 결합은

거룩한 언약이며 평생 지속되어야 하는 것이다. 남편과 아내가 함께 그리스도의 생명을 세울 때 생기는 정절, 지원 그리고 상호적 나눔은 이 관계의 중심이 된다.

하나님은 아담과 하와에게 살아 있는 모든 피조물을 다스릴 수 있는 통치권을 주셨다(창 1:28). 그런 다음 그들을 에덴동산에 두어 그분이 지으신 것을 보살피게 하셨다(창 2:15). 그분은 질서를 창조하셔서 이 세상에 혼돈이 없게 하셨다. 결혼생활도 마찬가지이다. 그리스도인의 결혼생활에 대한 성경적 기초는 에베소서 5장 21-33절에 나온다.

> 그리스도를 경외함으로 피차 복종하라 아내들이여 자기 남편에게 복종하기를 주께 하듯 하라 이는 남편이 아내의 머리 됨이 그리스도께서 교회의 머리 됨과 같음이니 그가 바로 몸의 구주시니라 그러나 교회가 그리스도에게 하듯 아내들도 범사에 자기 남편에게 복종할지니라 남편들아 아내 사랑하기를 그리스도께서 교회를 사랑하시고 그 교회를 위하여 자신을 주심 같이 하라 이는 곧 물로 씻어 말씀으로 깨끗하게 하사 거룩하게 하시고 자기 앞에 영광스러운 교회로 세우사 티나 주름 잡힌 것이나 이런 것들이 없이 거룩하고 흠이 없게 하려 하심이라 이와 같이 남편들도 자기 아내 사랑하기를 자기 자신과 같이 할지니 자기 아내를 사랑하는 자는 자기를 사랑하는 것이라 누구든지 언제나 자기 육체를 미워하지 않고 오직 양육하여 보호하기를 그리스도께서 교회에게 함과 같이 하나니 우리는 그 몸의 지체임이라 그러므로 사람이 부모를 떠나 그 아내와 합하여 그 둘이 한 육체가 될지니 이 비밀이 크도다 나는 그리스도와 교회에 대하여 말하노라 그러나 너희도 각각 자기의 아내 사랑하기를 자신 같이 하고 아내도 자기 남편을 존경하라

남편과 아내는 사랑 가운데 서로에게 복종해야 한다. 성경은 남편이 아내

의 머리의 위치에 있다고 말하는데, 이는 그가 책임을 지는 자라는 뜻이다. 그러나 책임은 통제를 의미하지 않는다. 가정폭력이 큰 문제가 되고 있는 오늘날, 우리는 신체적 혹은 언어적 학대를 복종의 결핍과 연관지어 생각해선 안된다. 이기심과 통제는 머리됨의 모습이 아니다. 결혼생활에 있어서 신체적·감정적·영적 혹은 성적 학대를 포함해 어떤 종류의 학대도 잘못된 것이다. 만일 신체적 학대가 있다면 피해를 당하는 배우자는 안전한 곳으로 가야만 한다.

결혼은 남녀가 서로를 보완해 온전해지도록 하나님께서 세우신 제도이다. 결혼은 이 결합을 통해 풍성한 삶을 살도록 두 사람이 함께 수고할 것을 요구한다. 그러나 슬프게도 우리의 현실은 이혼이 거의 전염병 수준에 육박하고 있다. 실패한 결혼생활을 어떻게 해야 하는가? 몇 가지 대답을 아래에 제시해 보겠다.

결혼이 실패할 때의 은혜

화해는 기독교의 심장에 위치해 있다. 성경은 이혼에 대해 두 가지 성경적 근거를 언급하지만 결혼을 회복하기 위해서는 모든 노력을 경주해야만 한다. 바울은 고린도 교회에게 이렇게 말했다.

> 네가 아내에게 매였느냐 놓이기를 구하지 말며 (고전 7:27)

바리새인들이 예수님께 이혼의 근거에 대해 물었을 때, 주님은 결혼의 근원을 언급하시며 결혼이 평생을 위한 것임을 강조하셨다(마 19:3-8). 하나님은 이혼을 미워하신다(말 2:13-16). 이혼은 파괴적이다. 이혼은 단지 부부 두 사람뿐만 아니라 자녀들과 가족들에게 영향을 미친다. 결혼생활에 있어서 화해는 하나님이 바라시는 것이다(고전 7:12-14). 그러나 때로 화해가 불가능할 때가 있다. 이런 경우에 성경은 이혼을 허락하는 두 가지 경우를 언급한다. 그것은 외도(마 5:31-32, 19:9)와 유기(고전 7:15-16)이다.

결혼의 실패는 종종 주원인이 이기심에 있다. 우리는 주로 우리가 원하는 것을 주장한다! 이혼의 과정을 겪고 있는 당사자에게는 이 중요하고도 가슴 아픈 시기에 믿을 수 있는 교회 지도자들이나 상담자와 함께 상호책임 지는 기도가 필요하다. 그들은 신뢰와 두려움의 문제들(내가 어떻게 다시 배우자를 신뢰할 수 있는가? 어떻게 해야 또 다른 결혼생활이 실패하지 않겠는가?)을 다뤄야 할 것이다.

가장 안타까운 사람들 중에 하나는, 원하지 않았지만 유기와 별거 그리고 이혼을 당하고서도 비난을 받는 사람들이다. 자신이 죄를 범하지 않았음에도 불구하고, 이들은 교회 안에서 많은 이들로부터 거절감을 느낀다. 예수님은 그분의 자녀들을 유기하거나 그들과 별거하거나 거절 혹은 이혼하지 않으신다. 이런 어려운 시기에 그분의 은혜는 더욱 증가할 것이다!

> 모든 사람은 결혼을 귀히 여기고 침소를 더럽히지 않게 하라 음행하는 자들과 간음하는 자들을 하나님이 심판하시리라 … 그가 친히 말씀하시기를 내가 과연 너희를 버리지 아니하고 너희를 떠나지 아니하리라 하셨느니라 그러므로 우리가 담대히 말하되 주는 나를 돕는 이시니 내가 무서워하지 아니하겠노라 사람이 내게 어찌하리요 하노라
> (히 13:4-6)

독신자들을 위한 은혜

앞서 우리는 성(性)이 결혼만을 위한 것이라고 말했다. 성경은 독신에 대해 어떻게 말하는가? 세상은 인간이 성적인 경험을 하지 않고는 살 수 없다

고 말하지만, 성경은 이에 동의하지 않는다. 성경에 따르면 독신은 성적 경험을 하지 않아도 충만한 삶을 살 수 있다. 예수님은 마태복음 19장 12절에서 독신을 거룩한 부르심으로 언급하셨다.

> 천국을 위하여 스스로 된 고자도 있도다 이 말을 받을 만한 자는 받을지어다

사도 바울은 독신의 축복 중 하나가 그들의 마음이 나뉘지 않고 예수님께 헌신하게 하는 것이라고 말했다.

> 너희가 염려 없기를 원하노라 장가 가지 않은 자는 주의 일을 염려하여 어찌하여야 주를 기쁘시게 할까 하되 장가 간 자는 세상 일을 염려하여 어찌하여야 아내를 기쁘게 할까 하여 마음이 갈라지며 시집 가지 않은 자와 처녀는 주의 일을 염려하여 몸과 영을 다 거룩하게 하려 하되 시집 간 자는 세상 일을 염려하여 어찌하여야 남편을 기쁘게 할까 하느니라 내가 이것을 말함은 너희의 유익을 위함이요 너희에게 올무를 놓으려 함이 아니니 오직 너희로 하여금 이치에 합당하게 하여 흐트러짐이 없이 주를 섬기게 하려 함이라 (고전 7:32-35)

바울은 또한 독신과 결혼 모두가 하나님의 은혜의 선물이라고 말한다. "나는 모든 사람이 나와 같기를 원하노라 그러나 각각 하나님께 받은 자기의 은사가 있으니 이 사람은 이러하고 저 사람은 저러하니라"(고전 7:7). 기혼자와 독신자 모두는 그들에게 합당한 은혜를 받을 것이다.

미혼자들은 때로 무척 외로울지 모르지만, 하나님은 언제나 그분께 순종하며 살 수 있는 은혜를 주신다. 만일 당신이 미혼이라면, 당신은 결코 반쪽 인생이 아니다. 당신은 그리스도 안에서 온전하다. 주님은 당신이 미혼으로

서도 얼마든지 충만하길 원하시며, 당신에게 그런 은혜를 주실 것이다.

나에겐 독신인 친구들이 많은데, 그들은 매우 풍성한 삶을 살고 있다. 그들은 독신의 삶 가운데서도 충만한 삶을 살 수 있는 은혜를 받았다. 그들은 청소년들과 다른 독신자들을 섬길 여분의 시간을 충분히 가지고 있다. 자신의 눈을 예수님과 그분의 은혜에 고정시킴으로 그들은 하나님의 신실하심을 증거하는 삶을 산다.

은혜에 미치지 못하는 자가 되지 말라

히브리서 기자는 12장 15절에서 하나님의 은혜를 놓치지 말라고 경고한다. "너희는 하나님의 은혜에 이르지 못하는 자가 없도록 하고." 스스로의 힘으로 신앙생활을 하려고 할 때, 우리는 하나님의 은혜에 이르지 못할 수 있다. 갈라디아서 5장 3-4절에서 바울은 갈라디아 성도들이 그리스도 안에 있는 믿음에서 떠나 율법을 지키는 자들이 되었다고 말한다. 그래서 그들은 '은혜에서 떨어진 자'가 되었다(갈 5:4).

때로 사람들은 자기에게 상처를 준 사람에 대해 "그는 정말 제 감정을 상하게 했어요"라고 말한다. 만일 상한 감정이 삶을 조종하도록 방치한다면, 우리는 하나님의 은혜의 영역을 벗어난 것이다. 모든 사람이 우리를 좋게 대해야만 하는 법이 어디 있는가? 만일 우리가 오해했을 때 사태가 더 악화되지 않을 유일한 이유는, 하나님의 은혜 때문에 그렇다. 만일 상처를 받았다면 우리의 권리를 요구할 수 있다. 그러나 우리에겐 권리가 없다. 그 권리는 모두 2,000년 전에 십자가에 못 박혔다. 우리는 더 이상 상처 받을 권리가 없다. 그러나 우리는 하나님을 위해 살고, 또한 승리의 삶을 경험할 수 있는 특권을 가지고 있다. 우리가 가지고 있는 이러한 특권은 하나님의 은혜의 결과이다.

그리스도인인 우리는 마귀에 대항할 권리가 있다는 것을 분명히 하자. 성경은 우리가 마귀를 대적하여 예수의 이름으로 그를 꾸짖을 권리가 있다고 가르친다. 우리는 예수의 이름과 그리스도의 보혈과 하나님의 말씀을 사용할 권리를 가지고 있다. 그러나 우리는 이러한 권리가 가능한 것이 바로 하나님의 은혜 때문이라는 것을 깨달아야 한다.

자녀들을 신앙 안에서 경건하게 잘 키운 부모들을 만날 때 나는 종종 "당신은 어떻게 이렇게 키우셨습니까?"라고 묻는다. 그때 그들의 대답을 듣고 놀라지 않는다. 그들은 나에게 그건 단지 하나님의 은혜 때문이었다고 말한다. 만일 우리가 모든 일을 제대로 했기 때문에 경건한 자녀와 좋은 직업과 좋은 친구들을 가질 만한 자격이 있다고 생각한다면, 그건 정말 심각한 오해이다!

나는 하나님께서 나에게 멋진 결혼생활과 가족을 허락하신 것에 대해 감사를 드린다. 그러나 그것은 내가 행한 그 어떤 것 때문이 아니다. 나는 단지 하나님의 은혜의 수혜자이며, 그것은 거저 주시는 선물로 받은 것이다.

처음부터 끝까지 우리는 하나님의 은혜 안에서 살아야만 한다. 신앙생활을 시작할 때, 우리는 믿음으로 말미암아 하나님의 은혜로 구원을 받았고 계속해서 그 은혜로 말미암아 하나님께 반응하고 죄에 저항할 수 있는 힘과 능력을 받았다. 은혜는 하나님이 우리를 사랑하시기 때문에 주시는 놀라운 선물이다!

묵상을 위한 질문

1. 하나님의 은혜 가운데 성장하는 다양한 방법에 대해 말해 보라.

2. 왜 성적으로 순전한 삶을 사는 것이 중요한가?(히 13:4)

3. 이혼의 과정을 경험하고 있는 사람에게 어떻게 하면 긍휼함을 가지고 사역할 수 있는가? 어떤 상황에서도 결코 우리를 떠나지 않으시는 분은 누구신가?(히 13:4-6)

4. 권리를 갖는 것과 특권을 갖는 것 사이의 차이를 설명해 보라.

참고도서

PART I | 예수 그리스도를 주님으로 모시기

Chapter 1 견고한 기초를 세우는 법

1. The New Testament Greek, s. v. "Hamartia", http://www.studylight.org/lex/grk/view.cgi?number=266 (2008년 9월 23일 방문).

2. D. L. Moody, "Where Art Thou?"(설교), http://www.scrollpublishing.com/store/DL-Moody.html (2008년 9월 17일 방문).

3. Derek Prince, The Spirit-Filled Believer's Handbook (Lake Mary, FL: Creation House, 1993), 101.

4. John R. W. Scott, Basic Christianity (Downers Grove, IL: InterVarsity Press, 1971), 125.

5. Paul R. McReynolds, Word Study Greek-English New Testament [Carol Stream, IL: Tyndale House Publishers, 1999]; 또한 http://www.studylight.org/lex/를 보라.

Chapter 2 대가를 계산하라

1. Charles Finney Revival Sermons, http://www.firesofrevival.com/charlesfinney/index.html (2008년 9월 10일에 방문)

2. Patrick McIntyre, The Graham Formula, (White Harvest Publishing, 2006), 12.

3. Juan Carlos Ortiz, Disciple, (Carol Stream, IL: Creation House, 1975), 35.

PART II | 새로운 삶의 방식

Chapter 5 행위 vs 믿음

1. Derek Prince, The Spirit-Filled Believer's Handbook (Lake Mary, FL: Creation House, 1993), 101.

Chapter 6 진정한 믿음

1. W. E. Vine, *Vine's Expository Dictionary* (Old Tappan, NJ:Fleming H. Revell Company, 1981), s.v. "Accounted."

2. "Bamboo", *Microsoft Encarta Online Encyclopedia*, 2001, http://encarta.msn.com.

Chapter 8 우리는 승리의 삶을 살 수 있다

1. The New Testament Greek Lexicon, s.v. "Zoe," www.studylight.org/lex/grk/view.cgi?number=2222 (2008년 9월 24일 방문).

PART Ⅲ | 신약성경의 세례들

Chapter 9 물세례

1. The New Testament Greek Lexicon, s.v. "Baptizo," www.studylight.org/lex/grk/view.cgi?number=907 (2008년 9월 24일 방문).

Chapter11 성령세례 Ⅰ

1. 성령 세례에 대해 더 자세한 내용을 알고 싶으면 나의 소책자 《어떻게 하면 성령 충만을 받을 수 있는가?》 (How Can I Be Filled With the Holy Spirit?) (Litiz, PA: House to House Publications, 2007)를 읽으라. www.h2hp.com.

2. R. A. Torrey, "Why God Used D. L. Moody," Christian Biography Resources, www.wholesomewords.org/biography/biomody6.html (2008년 9월 24일 접속).

3. "Dwight Lyman (D. L.) Moody", Faith Hall of Fame, www.eaec.org/faithhallfame/dlmoody/fame/dlmmoody.htm (2008년 9월 24일 접속).

Chapter12 성령세례 Ⅱ

1. P. C. Nelson, Kenneth E. Hagin의 저서 《성령을 받는 데 필요한 7가지 단계》(Seven Vital Steps To Receiving the Holy Spirit) (Tulsa, OK: Faith Library Publications, 1980), 10에서 인용함.

2. Dwight L. Moody, Joel Comiskey의 "성령의 충만함(The Filling of the Holy Spirit)," CBN.com, www.cbn.com/spirituallife/BibleStudyAndTheology/Discipleship/Comiskey_SpiritFilling.aspx (2008년 9월 25일 접속).

PART Ⅳ | 영원을 위한 삶

Chapter 14 권세의 임파테이션

1. Sutarman Soediman Patronadi, Sadrach's Community and Its Contextual Roots: A Nineteenth Century Javanese Expression of Christianity (Rodopi, 1990), 208-209.

Chapter 15 우리는 영원히 살 것이다

1. John Myers, *Voices From the Edge of Eternity* (Uhrichsville, OH: Barbour Publishing, 1994), 133.

2. Myers, *Voices From the Edge of Eternity*.

3. Derek Prince, *Foundation Series* (Lancaster, UK: Sovereign World International, 1986), 579.

4. Myers, 23-24.

5. Ibid.

Chapter 16 하나님은 모든 자를 심판하신다

1. Merriam-Webster's Collegiate Dictionary, 11th ed., s.v. "Judgment."

2. John Myers, *Voices From the Edge of Eternity* (Uhrichsville, OH: Barbour Publishing, 1994), 22.

3. Derek Prince, *Foundation Series* (Lancaster, UK: Sovereign World International, 1986), 579.

4. Leonard Ravenhill, *Why Revival Tarries* (Grand Rapids, MI: Bethany House, 2004), 32.

PART Ⅴ | 저주로부터의 자유

Chapter 17 저주란 무엇인가?

1. Merriam-Webster's Collegiate Dictionary, 11th ed., s.v. "Redeem."

2. Ibid., s.v. "Curse."

Chapter 19 예수의 이름으로 자유하기

1. "치유의 장애물들" 섹션에 나오는 목록은 Full Life Study Bible(Grand Rapids, MI: Zondervan, 1992), 1424 페이지에서 취한 것이다.

2. The Old Testament Hebrew Lexicon, s.v. "Tsalach"(prosper, 형통하다), www.studylight.org/lex/heb/view.cgi?number=06743 (2008년 9월 26일 접속).

3. Dr. Ray Pritchard, 설교제목 "완전한 용서가 현실적으로 가능한가?(Is Total Forgiveness Realistic?)," (Keep Believing Ministry, June 2003), www.keepbelieving.com/sermon/2003-06-01-Is-Total-Forgiveness-Realistic/+ding+dong+theory+corrie+ten+boom&hl=en&ct=clnk&cd=3&gl=us (2008년 9월 15일 접속).

Chapter 20 당신도 완전히 자유할 수 있다

1. The New Testament Greek Lexicon, s.v. "Daimonizomai"(demonized), www.studylight.org/lex/grk/view.cgi?number=1139 (2008년 9월 26일 접속).

2. Andrew Strom and Larry Magnello, "Great Healing Revivalists—How God's Power Came" Revival School, 1996, 2004, www.revivalschool.com/books/GREAT%20HEALING%20REVIVALISTS.htm (2008년 9월 26일 접속).

PART VI | 하나님의 은혜 안에 살기

Chapter 21 은혜란 무엇인가?

1. Bradford P. Keeney, *Aesthetics of Change*, (New York: Guilford Press, 2002), 48.

2. Paul R. McReynolds, *Word Study Greek-English New Testament* (Carl Stream, IL: Tyndale House Publishors, 1999).

Chapter 22 하나님의 은혜에 반응하기

1. Grantley Morris, "No Loving God Would Let a Bystander Be Maimed by a Drunk Drivers," Arguments Against God and Christianity (1996), www.geocities.com/heartland/estates/6535/Questions/drunk.htm (2008년 9월 15일 접속).

Chapter 24 일상을 위한 은혜

1. 성령의 열매에 관해 더 많은 것을 알고 싶으면 래리 크레이더와 샘 스머커의 공저인 《성령의 열매를 연습하고 생명을 누리기 위해 영적으로 강건하라》(Exercise the Fruit of the Spirit and Get Fit for Life)(Litiz, PA: House to House Publications, 2008)를 읽으라.

2. The New Testament Greek Lexicon, s.v. "Katharos"(pure), www.studylight.org/lex/grk/view.cgi?number=2513 (2008년 9월 27일 접속).

3. Full Life Study Bible (Grand Rapids, MI: Zondervan Publishing House, 1992), 1936.

www.purenard.co.kr